长沙市开发区志系列丛书

# 宁乡高新技术产业园区志

2005—2017

Chorography of Ningxiang High-Technology Industrial Zone

◎长沙市地方志编纂委员会

方志出版社
Publishing House of Local Records

图书在版编目（CIP）数据

长沙市开发区志. 宁乡高新技术产业园区志：2005—2017 / 长沙市地方志编纂委员会编. — 北京：方志出版社，2021,10

ISBN 978-7-5144-4799-6

Ⅰ. ①长… Ⅱ. ①长… Ⅲ. ①高技术开发区—概况—宁乡—2005—2017 Ⅳ. ①F127.641

中国版本图书馆 CIP 数据核字（2021）第 276344 号

长沙市开发区志·宁乡高新技术产业园区志（2005—2017）

编　　者：长沙市地方志编纂委员会
责任编辑：高孟君

出 版 者：方志出版社
地址　北京市朝阳区潘家园东里 9 号（国家方志馆 4 层）
邮编　100021
网址　http://www.zgfzcb.cn
发　　行：方志出版社图书经销中心
电话（010）67110500
经　　销：各地新华书店
印　　刷：兰州万易印务有限责任公司

开　　本：880×1230　　1/16
印　　张：20.5
字　　数：309 千字
版　　次：2021 年 10 月第 1 版　　2021 年 10 月第 1 次印刷
印　　数：0001～1000 册

ISBN 978-7-5144-4799-6　　定价：165.00 元

# 长沙市开发区志丛书编纂委员会

主　任　张迎春　舒行钢　夏建平　彭　楠

副主任　蒋集政　涂文清　王刁加

委　员　王　剑　王曙光　师大学　刘正文　刘永红　寻院豪　张列群
肖清平　张　毅　吴　皓　李文沙　张庆红　李科明　张永久
沈裕谋　李国军　杨应龙　杨懿文　周岳云　郑　旗　周庆年
屈志峰　罗社辉　周　剀　周耀辉　卓精华　姚　兰　贺国成
赵祖翔　易新宇　侯烛天　高　路　袁政国　郭四军　郭力夫
谈文昌　黄　燕　黄　勇　黄　滔　曾超群　彭泽南　曾跃平
喻　辉　谭小平　谭　勇　缪晨光　黎春秋　戴中亚

# 《宁乡高新技术产业园区志（2005—2017）》编纂委员会

顾　问　黎石秋　黎春秋　谭小平　王雄文　付旭明　刘永红　郑　旗
廖非平

主　任　苏继桃

副主任　欧立新　喻　晓　刘　颖　曾　辉　朱文祥　张阳生　田奇晖
姜　伟　潘剑灵　李锷华　童志国　石启明

委　员　马建新　叶伟强　向成承　任永霞　朱新辉　朱　容　刘旭明
刘智波　邵宝胜　陈福泉　杨　勇　杨鹏可　杨海丰　张喜红
周海鹏　赵曦芝　姚有明　饶　健　唐文滔　陶建平　彭　波
谢启文

# 《宁乡高新技术产业园区志（2005—2017）》
# 编辑部

| | |
|---|---|
| 主　　编 | 欧立新 |
| 执行主编 | 邵宝胜 |
| 编　　辑 | 刘　婷　胡逊飞　成湘南　彭典文　周立东　郭向宇　李喜军　高建华　谈新华　廖立方　魏清明　李石岩　柴　建　黄智明　周　琦　胡　边　胡杨戈　朱发芳　唐永芳　王文勋　杨　进　潘　灿　刘惠林　王　慧　谢丽莎　方艺平　黄宁湘　彭湘艳　肖　婧　徐茂忠　宾玉洁　余小玲　周香萍 |
| 初　　审 | 马建新　向成承　叶伟强　任永霞　朱新辉　朱　容　刘旭明　刘智波　邵宝胜　杨　勇　杨鹏可　杨海丰　张喜红　周海鹏　赵曦芝　姚有明　饶　健　彭　波　姜婵娟　唐文滔　陶建平　潘剑灵　谢启文 |
| 复　　审 | 杨旺兴　姜小平　高　丽　彭智勇 |
| 终　　审 | 王习加　肖清平　陈先枢　余梅香　周建文　贺国成　姜小平　高　路　曾牧野　彭智勇 |

# 宁乡高新区地图

1：35 000

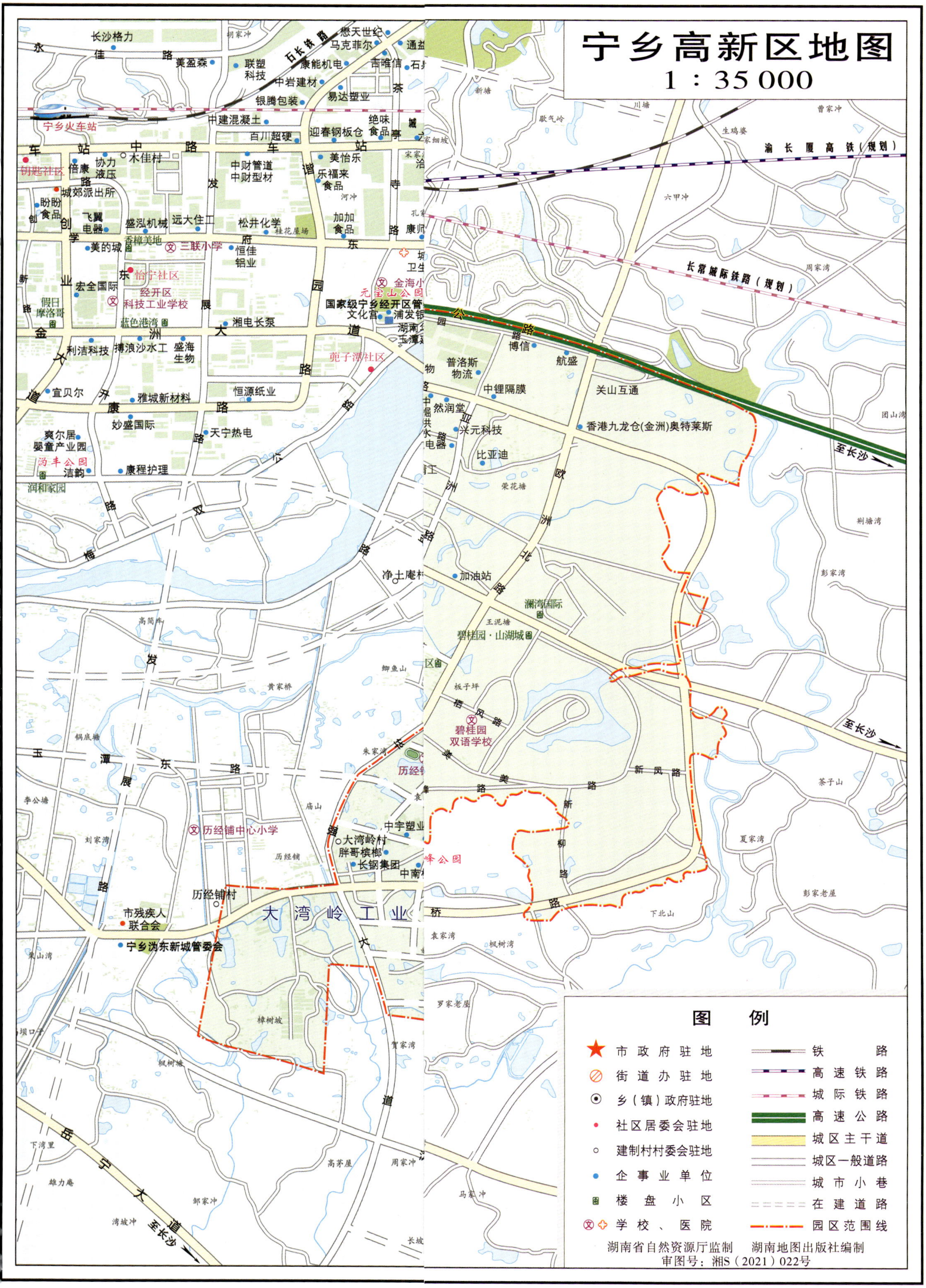


湖南省自然资源厅监制　湖南地图出版社编制

审图号：湘S（2021）022号

# 湖南省人民政府

湘政函〔2015〕79号

## 湖南省人民政府<br>关于设立宁乡高新技术产业园区的批复

长沙市人民政府:

你市《关于批准宁乡金洲新区升级为省级高新区的请示》(长政〔2013〕92号)收悉。经研究,现批复如下:

一、同意你市在金洲新区工业集中区基础上设立宁乡高新技术产业园区,实行省级开发区相关政策。

二、宁乡高新技术产业园区原核准的规划范围保持不变,今后如需调扩区,按有关规定办理。

三、宁乡高新技术产业园区要按照土地集约、人才集聚、企业集中、产业集群、资源集成的要求,立足承接泛珠三角、长株潭尤其长沙市高新技术产业转移,立足地方特色,壮大优势产业,努力成为我省创新创业活跃区、转型升级及"两型"发展示范区、新兴产业集聚区、区域经济增长极。

四、宁乡高新技术产业园区必须严格实施土地利用总体规划和城镇总体规划,按规定程序履行用地报批手续,合理、集约、

高效利用土地资源

五、你市要加强领导和管理，促进宁乡高新技术产业园区又好又快发展。省直有关部门要对园区建设给予支持。

湖南省人民政府

2015年5月26日





抄送：省发改委，省科技厅，省经信委，省国土资源厅，省住房城乡建设厅，省环保厅，省商务厅，省统计局，宁乡县人民政府。

宁乡高新技术产业园区管理委员会办公大楼

宁乡高新技术产业园区(以下简称“宁乡高新区”)全景图

金洲大道由东向西进入宁乡高新区路段

宁乡高新区一角(金水路口)

# 第一部分 | 领导关怀

2006 年 12 月 3 日，湖南省委常委、长沙市委书记陈润儿(右二)考察金洲新区

2009 年 11 月 13 日，湖南省政协主席胡彪(左三)一行在宁乡三一产业园考察

2010 年 8 月，长沙市委常委、统战部部长虢正贵（前排右二）考察三一汽车起重机械有限公司

2013 年 5 月 16 日，湖南省委常委、长沙市委书记易炼红（左三）调研三一汽车起重机械有限公司

2015 年 5 月 21 日，长沙市委常委、长沙市副市长张迎春（左二）考察湖南杉杉新能源有限公司

2015 年 6 月 26 日，湖南省大学科技产业园、湖南省高等院校知识产权运营服务中心揭牌暨项目签约仪式在宁乡高新区举行，湖南省副省长李友志在揭牌仪式上讲话

2016 年 7 月 8 日上午，湖南省人大常委会党组成员、副主任李友志（前排右一）率省人大常委会、省教育厅、省科技厅、省知识产权局等单位的负责人到宁乡高新区调研

2016 年 7 月 29 日，科技部高新司副司长曹国英（前排左三）调研宁乡高新区

2017 年 3 月 29 日，工信部副部长徐乐江(前排左二)调研宁乡高新区

2017 年 8 月 2 日，湖南省委书记、省人大常委会主任杜家毫(前排右一)到宁乡高新区调研

2017 年 9 月 19 日，长沙市委组织部部长张宏益（左三）调研长沙族兴新材料股份有限公司

2017 年 12 月 8 日，湖南省委副书记、省长许达哲（前排右一）调研湖南杉杉新能源有限公司

2017年12月20日,湖南省委常委、长沙市委书记胡衡华在宁乡高新区调研

2017年12月26日,长沙市委副书记、市长陈文浩(右一)到宁乡高新区调研

2018 年 7 月 18 日，湖南省委常委、长沙市委书记胡衡华（前排中间）调研宁乡高新区

2018 年 7 月 24 日，湖南省委常委、副省长陈向群（前排右一）到宁乡高新区调研先进储能材料及电动汽车产业链发展情况

# 第二部分 | 园区风貌

2008 年，建设中的三一汽车起重机械有限公司宁乡产业园

2012 年，宁乡金洲新区一角

2012年1月31日,金洲新区党委书记刘永红、管委会主任廖非平深入企业开展“两帮两促”活动

2015年3月27日,湖南省低碳技术实践交流会在宁乡高新区举行

2015年9月18日,宁乡高新区举行“新材料(锂电)高峰论坛”,中南大学教授、中国工程院院士刘业翔(前排左一)在论坛上发言

2015年11月13日,“2015新能源新材料产业对接会暨院士专家宁乡行”活动在宁乡高新区举行,现场签约投资金额达39亿元

2015年12月2日,宁乡县委常委、宁乡高新区管委会党工委书记刘永红(前排左二)在湖南省大学科技产业园建设工地现场办公

2015年12月24日,宁乡高新区“长沙2049”项目PPP合作签约仪式

2016 年 4 月 8 日，宁乡高新区召开 2016 年"四优四强"讲评大会

2016 年 4 月 21 日，宁乡县委常委、宁乡高新区管委会党工委书记刘永红在"四优四强"颁奖典礼上致辞

2016 年 5 月 13 日，宁乡高新区管委会主任郑旗(前排右二)在项目现场

2016 年 5 月 28 日，湖南红宇耐磨新材料股份有限公司全球首条 PIP 生产线投产

2016 年 7 月 1 日，宁乡高新区举行“宁乡高新技术产业园区　中国储能材料有限公司”签约仪式，项目总投资 68 亿元

2016 年 11 月 12 日，特种粉末冶金及复合材料制备/加工第一届学术会议在宁乡高新区举行

2016 年 11 月 23 日，第四届中国（湖南・宁乡）锂电新能源产业国际高峰论坛在宁乡高新区开幕

2017 年 4 月 8 日，公司董事长、中南大学教授、中南大学粉末新技术研究所副所长范景莲（前排左一）陪同院士王兴治（前排左二）、院士黄伯云（前排左四）参观长沙微纳坤宸新材料有限公司

2017 年 11 月 5 日，湖南创新服务中心投入使用，宁乡高新区全体干部职工及参与园区建设的相关单位代表参加升旗仪式

2017 年 11 月 9 日，“能动世界　智造未来”宁乡高新区过百亿投资项目签约仪式在湖南省大学科技产业园举行

2017 年 12 月 6 日，第二届中国创新挑战赛(湖南)现场赛在湖南省大学科技产业园举行，中南大学胡军科等 3 个团队获“金点子奖”，14 个技术需求企业与 16 个挑战单位达成 6090 万元的技术合作意向

2017 年 12 月 15 日，由宁乡市委、市政府主办，宁乡市政协承办的“对话西线工业走廊”活动(第三期)在宁乡高新区举行。市领导、园区与市直相关部门负责人、规模企业代表、行业协会人士和部分界别政协委员约 400 余人参加

2017 年 2 月 8 日，宁乡高新区工会联合会举办主题为“快乐运动　健康生活”的联谊交友运动会

2017 年 3 月 10 日，宁乡高新区组织机关干部职工、企业员工参加义务献血活动

2017 年 4 月 28 日上午，宁乡高新区部分职工参加“圣得西”杯宁乡县第 28 届春季马路赛暨全民健身活动

2017 年 7 月 1 日，宁乡高新区党员集中交纳党费

# 长沙市开发区志总述

长沙市自20世纪80年代末开始兴办开发区，按照“布局合理、用地集约、产业集聚、形成特色”的要求，紧紧围绕进新型工业化和城镇化两大战略，加大招商引资力度，着力引进战略投资者。充分利用现有基础条件和优势，以发展现代制造业为主，着力优化产业、产品结构，培育优势产业和骨干企业，发展配套和关联企业，拉长产业链条。开发区逐步成为长沙经济社会发展特别是工业发展的主力军、主战场和主阵地。

2015年，长沙市全部工业增加值占全省比重的三分之一，成为全省工业经济增长的关键支撑。全市规模工业总产值达到10565亿元。2015年，产值过100亿元的企业有8家，湖南中烟、三一集团、中联重科等企业先后入围中国企业500强，企业实力不断增强。

工业发展对全市经济社会的贡献更加凸显。2015年，全市全部工业增加值占GDP比重的42.3%，工业对全市经济的贡献率为43.1%，贡献税收972.2亿元，占全部税收比重的62.5%；规模工业企业创造利税总额1590.7亿元，实现主营业务收入9638.36亿元，利润总额618.44亿元。工业成为拉动就业的主力军。2015年，全市规模工业企业期末从业人员64.36万人，占全社会从业人员的13.9%。

开发区的发展使企业逐步向园区集中，产业向园区集群聚集。2015年，园区规模工业增加值1881.4亿元，占全市规模工业的58.3%。全市开发区共集聚了1213家规模工业企业，占全市规模以上工业企业总数的46%，规模工业企业前100强中，开发区占91家。初步形成工程机械、新材料、食品烟草三大支柱；电子信息、汽车、生物医药三个补充的多点支撑的产业发展格局。2015年，工程机械、汽车及零部件、食品、新材料、电子信息、生物医药六大产业集群实现规模工业总产值、规模工业增加值分别达到7395.95亿元、2367.21亿元，占全市规模工业总产值和增加值的比重分别为70%和73.3%。

据统计，“十二五”规划期间，开发区工业累计投资7469.64亿元。全市开发区共引进上海大众、广菲克、联通长沙云数据、中兴通讯长沙基地、格力电器生产基地项目等重大项目105个，总投资2736亿元，全部竣工投产、达产后预计新增产值6800亿元。在建工程中德有色工业园、蓝思科技新材料面板项目、杉杉新能源、比亚迪电动卡车、大学科技城等10亿元以上项目共计56个，总资1400亿元，项目竣工、达产后预计新增产值4200亿元。竣工投产的广汽菲亚特及广汽菲克SUV项目、上海大众、广汽三菱、尔康例药、中联环境产业园、分而光电、中电软件园等10亿元以上项目共计28个，完成投资600亿元，预计新增产值860亿元。

2015年，开发区规模工业企业拥有自建研发机构数500余个，机构人数超过3万人。2015年，全市共取得省部级以上科技成果340项，专利申请和授权专利分别达1773件和1148件，城市万人有效发明专利拥有量居全国省会城市第4位。以中联重科、三一重工、楚天科技、千山制药为代表的工业企业专利授权量达7070件。2015年，全市高新技术产业实现产值8611.3亿元，实现增加值2730亿元，占GDP的比重达32.1%。全市高新技术产业增加值占全省的比重为4.5%。

全市规模工业企业计算机普及率达99.9%，85%的规模企业配有信息技术人员。推进“两型社会”(资源节约型、环境友好型社会)建设，构建绿色工业体系，指导企业推广应用节能新技术、新工艺和新设备，突出目标责任，强化重点企业节能监管，49家企业获批“两型”示范企业，5家园区获批“两型示范园区”。据统计，“十二五”规划期间全市规模万元增加值能耗累计下降42.09%，年均下降12.6%，规模工业综合能耗量实现年均下降1.2%。

按照“政府扶持枢组平台—平台聚合服务中介—中介集合服务企业—企业集体受益发展”的思路，着力打造融资担保、就业辅导、管理咨询、技术创断、市场开拓、人才培育、法律维权、信息服务9个服务平台，为全市中小微企业提供全方位、立体化的服务，2014年成为工信部认定的国家中小企业公共服务示范平台。深度服务中小微企业800余家，举办各类培训讲座近300场，辐射服务企业数千家，帮助大批中小微企业有效突破了技术和管理瓶颈，得到《人民日报》《经济日报》《湖南日报》等多家媒体报道，并被称为企业服务的“长沙模式”。

长沙市开发区志丛书编纂委员会

2016年6月

# 序

雄关漫道真如铁，而今迈步从头越。

翻开案头的《宁乡高新技术产业园区志(2005—2017)》，洋洋洒洒30万字，宁乡高新技术产业园区(以下简称“宁乡高新区”)从无到有、从小到大、从弱到强的发展历程历历在目。掩卷沉思，可以说宁乡高新区十几年的发展历程就是中国园区经济蓬勃发展的缩影，也是中国经济体制改革曲折进程的真实写照，更是宁乡高新区人拼搏进取、勇于创新、敢于担当的一个个动人故事的全景再现。

宁乡高新区(原宁乡县金洲新区)2006年成立。2012年，被湖南省人民政府办公厅批准为省级工业集中区。2015年，升级为省级高新技术产业园区。先后获评为国家节能环保新材料高新技术产业化基地、国家新型工业化电池材料产业示范基地、湖南省首批低碳试点示范园区。2017年，宁乡高新区共有规模工业企业1187家，包括上市企业十余家；主体园区的工业总产值从2007年的5亿元增长到2017年的533亿元；财政收入从2007年的0.5亿元增长到2017年的13亿元；固定资产投资、工业投资、规模工业增加值等经济指标均排在全市省级园区前列；园区规划面积65平方千米，建成区面积13平方千米，基础设施累计投资超500亿元，建成厂区300多万平方米；园区内申报纳税企业达229家，其中千万元以上企业17家、500万元以上企业6家、100万元以上企业43家。

回顾可以励志，感恩方能远行。

宁乡高新区的发展得益于部委、省、市各级领导的支持和宁乡县委、县人民政府的高瞻远瞩，果断决策。2005年，县委、县人民政府站在抓住中部崛起机遇的高度，吹响东进的号角，做出打造长沙西部经济走廊的战略决策。十几年的发展过程中，省、市领导对宁乡高新区发展给予高度肯定和巨大关怀，杜家毫、梅克保、陈润儿、谭仲池、易炼红、陈文浩、胡衡华等省、市领导多次视察和现场办公，在政策、资金等多方面给予支持。

宁乡高新区开发稳健前行得益于全市上下大力支持，形成强大合力。宁乡高新区自启动开发建设以来，市委、市人民政府主要领导多次到现场督查工程项目建设，排忧解难；各相关单位坚决贯彻市委、市人民政府提出的“举全市之力又好又快建设宁乡高新区”的指示精神，全力为宁乡高新区的发展服务；国土、公安、规划、建设、林业等部门派出专人驻宁乡高新区协助工作；交通、发改、电力、环保等部门为宁乡高新区的建设特事特办。

宁乡高新区快速发展得益于高起点、高品位、低成本的发展战略。宁乡高新区广泛汲取省内外发达地区工业园区的成功经验，站在新的高度，谋划新的发展；充分利用自身的资源、市场、成本等优势，打造以工业为主，集现代物流、商贸、房产、行政办公、娱乐服务于一体的生态型、园林化工业新城；在园区建设之中结合实际，对园区产业发展进行统筹规划，逐步走出一条以“一主一特”为重点，以高新科技为特点，多元并举的产业发展之路。

宁乡高新区建设和发展得益于将“创新、惠民、共建”的理念落到实处。在工作中创新方法、以人为本、尊重民意、引导共建、信守承诺，体现惠民原则，形成共建合力，从而形成“我为高新区做贡献，建好高新区我受益”的共识。广大企业家与园区同命运、同发展、同方向、做出了卓越贡献。



宁乡高新区的发展成就还得益于全体干部职工一直保持着一种百折不挠的创业激情。他们凭着高度的责任心和对工作的热爱，以创业者的姿态和激情迎难而上，不断创新、愈挫弥坚、负重前行。

宁乡高新区注重党风廉政建设，通过强化党的建设锻造了一支高效精干的干部队伍，建设出服务型机关和学习型机关。以同等经济总量园区三分之一的队伍，承担了全市四分之一左右的工业总产值，四分之一左右的财政收入，打造了一支有热情懂经济，会产业的狮子型队伍。

长风破浪会有时，直挂云帆济沧海。

在新的发展阶段，宁乡高新区将以党的十九大精神为指引，按照长沙、宁乡“两会”精神，以创建国家级高新区为目标，以“产业项目建设年”为抓手，以开放的视野、昂扬的斗志，夙夜不息奋战在打造西线工业走廊的前沿阵地。



《宁乡高新技术产业园区志（2015—2017）》付梓在即，甚感欣慰，是为序。

中共宁乡市委常委、宁乡高新区党工委书记　郑旗

2018 年 10 月 28 日

# 凡 例

一、本志以马克思列宁主义、毛泽东思想、邓小平理论、“三个代表”重要思想、科学发展观、习近平新时代中国特色社会主义思想为指导，坚持辩证唯物主义和历史唯物主义的立场、观点和方法，坚持实事求是的原则，全面记述宁乡高新技术产业园区发展的历史和现状，力求体现本志科学性、资料性、地域性、客观性的特征，以达到存史、资政、育人之目的。

二、本志上限为 2005 年，下限为 2017 年。因叙述完整性需要，部分资料可适当上溯或下延。

三、本志记事范围为宁乡高新技术产业园区所辖区域。区域内属于宁乡高新技术产业园区管委会管理的事项详记，不属于宁乡高新技术产业园区管委会管理或与地方共同管理的事项略写。

四、本志采用述、记、志、图、表、录等体裁，其中志为主体。采用中篇结构，设章、节、目 3 个层次。图片、序、概述、大事记依次列于志前，附录、后记列于志后。

五、本志文字、标点、数字、计量单位基本按国家颁布的标准用法使用，少数保留传统用法。统计数据采用国家统计部门公布的法定数据，统计部门没有的，采用业务部门的统计数据。专业术语的解释和其他需要说明的内容，随文括注，不另设注释。

六、本志对具有存史价值的政策文件、领导讲话、典型材料、新闻报道等，全文或节选收入文献汇编。

七、本志资料主要来自宁乡高新技术产业园区各相关部门、单位。部分资料来自档案馆(室)，个人著述和记录经考证鉴别后载入。

八、宁乡高新技术产业园区名称前后有变化。2006—2015 年，先后使用“宁乡县金洲新区”“宁乡金洲新区”“宁乡金洲新区工业集中区”等名称。2015 年 5 月，正式更名为宁乡高新技术产业园区。上述名称依时使用或用“园区”。

九、本志图片均由宁乡高新技术产业园区管理委员会提供。

# 目 录

# 概　述

宁乡高新技术产业园区(以下统一简称“园区”)在2013年前称宁乡金洲新区;2013—2015年,称宁乡金洲新区工业集中区;2015年5月后,称宁乡高新技术产业园区。园区位于宁乡市东部,北抵长张高速,南临319国道,西至沩水河畔,东接长沙市望城区,规划面积65平方千米。园区是宁乡对接长沙市区的关键通道,是长沙市和宁乡市发展工业经济和创新创业的重要平台,也是湘江新区内高新技术产业的重要组团。2012年,园区升级为省级工业园区。同年9月,科技部授予园区“国家节能环保新材料高新技术产业化基地”称号;湖南省经济和信息化委员会批准园区为“湖南省新型工业化产业示范基地(节能环保新材料)”。2013年11月,园区被湖南省发改委批准为“湖南省低碳试点园区”。2015年5月26日,园区更名为宁乡高新技术产业园区,升格为省级高新区。2017年,园区开始申报国家级高新区。

## 一

宁乡高新区“因路而起,伴路而兴”。

2005年前,宁乡县通过长张高速和319国道连接长沙。高速公路全封闭,在园区没有进出口,319国道路窄,路况也不好。为了进一步融入长沙、加快县城经济发展,2005年3月,经省政府批准,在长常高速宁乡东建设金洲互通并修建连接金洲互通与县城的道路——全城线(全民乡至县城)。7月29日,成立全城线建设指挥部。同年10月13日,宁乡县委、县政府下发宁发《关于大力推进宁乡新城开发建设的决定》。《决定》提出,在全民乡、历经铺乡、夏铎铺镇境内建设以工业为主,集商贸、房产等于一体的宁乡新城。为确保宁乡新城开发建设有序进行,宁乡县委、县政府成立宁乡新城开发建设领导小组。县委书记虢正贵、县人大常委会主任刘秋成、县政协主席贺应辉任顾问,县长黎石秋任组长,副县长胡明先、刘永红、袁朝晖,政协副主席陈朝晖、宁乡经开区工委副书记黄仕军、县交通局局长吴利民任副组长，县属各职能部门及部分乡镇为成员单位。领导小组下设办公室，县交通局党委书记陈亮兼任办公室主任，办公室代表领导小组开展日常工作。同时，成立新城开发建设指挥部，负责新城基础设施项目建设的协调和调度。是年底，组建有独立法人资格的宁乡县新城投资开发建设有限公司，代表政府经营公司和宁乡金洲新区各类资产，多元筹措城市建设资金，承担基础设施及配套设施建设任务，兴办各项事业。

2006 年 3 月 4 日，全民互通（金洲互通）正式通车营运。3 月 7 日，省委常委、长沙市委书记梅克保考察金洲新区建设现场。3 月 17 日，金洲新区管理委员会正式成立，与宁乡县新城投资开发建设有限公司为一套人马、两块牌子。由此，作为县级开发区的宁乡县金洲新区建设全面启动。

## 二

建园之初，园区定位为生态型工业新城、复合型园区，确定以轻纺服饰、新材料新能源、塑胶、先进制造和软件研发为主导产业，辅助以商贸、物流、服务业，建设宜工、宜商、宜居的生态型工业城市。2006 年，园区完成重点项目投资近 4 亿元，招商引资合同资金 20 亿元，实际到位 6.399 亿元，全年新增规模项目 16 个，其中工业项目 10 个，完成建安营业税 500 万元。10 月 23 日，长沙市委在宁乡县召开现场办公会，决定建设金洲大道作为对接长沙的城市快速干道，推动长沙西线工业走廊建设，把园区建设成为“现代工业基地”“宁乡和长沙对接的桥头堡”“长沙辐射周边地区的辐射点”。

2007 年是园区全面建设的第一年。全年引进项目 50 个，启动项目建设 23 个，其中有长高高压电器、碧桂园、邦普循环科技、族兴铝颜料等 14 个亿元以上的重大项目。项目到位资金 253.8 亿元，完成税收 3815 万元。征地 414.8 公顷，拆迁房屋 387 栋，建设起高新、全民、同兴 3 个大型安置区。至 2009 年，园区累计落户项目 71 个，项目累计投入 65 亿元，建成投产企业 40 家。工业产值突破 32 亿元，较 2008 年增长 1.66 倍，实现工商税收 1.07 亿元。基础设施投资 2.2 亿元，园区路网格局基本成型，水、电、天然气等基础设施基本完善。园区被纳入国家级资源节约型、环境友好型社会综合配套改革试验区——大河西先导区的规划区。2010 年,园区累计落户项目 81 个,合同引资 372 亿元;园区竣工投产项目 13 个,实现工业产值 89 亿元,同比增长 199%;完成工商税收 2.2 亿元,同比增长 108%,园区税收从 2007 年的0.5亿元增至 2010 年的 2.2 亿元,连续 4 年翻番。

2012 年,园区实现工业总产值 177 亿元,财政收入 5.44 亿元,当年获批长沙国家节能环保新材料产业化基地和省新型工业化产业示范基地。11 月,园区经省人民政府批准设立省级工业集中区。园区综合实力在全省 107 个园区中位居第 15 位。

2013 年,园区实现开发面积 11 平方千米,基本完成 15 平方千米的基础设施建设,累计引进 150 个项目,建成投产企业 96 家,其中年产值亿元以上企业 51 家。当年,完成财政收入 9.42 亿元,工业总产值 212.63 亿元。

2014 年,恩吉创业园升级为省级科技孵化器。省政府决定将“一园一中心”(湖南省大学科技园和湖南科技成果转化和知识产权交易服务中心)选定在金洲新区、有力推动园区转型创新发展。

2015 年 5 月 26 日,园区更名为宁乡高新技术产业园区。至 2016 年,园区工业总产值从 2012 年的 212 亿元增长到 2016 年的 470 亿元,增幅为 122%;固定投资从 50 亿元增长到 122 亿元,增幅为 244%;税收从 4.48 亿元增长到 8.6 亿元,增幅为 192%。园区累计引进项目 130 个,合同引资 619 亿元,到位资金 226 亿元,到位外资 3.4 亿美元。至 2016 年,园区有高新技术企业 87 家,高新技术产值占园区生产总值的比重已超过 70%。

2017 年,园区全年实现工业总产值 533 亿元,同比增长 13.4%;完成规模工业增加值 209 亿元,同比增长 10.3%;实现固定资产投资 205 亿元,同比增长 16.8%;实现高新产值 373 亿元,同比增长 18.5%;完成工商税收 14.58 亿元,同比增长 19.43%。园区逐步形成全国最大的锂电储能新材料产业基地;集工程机械装备、新能源汽车、电力装备、智能装备、航空装备于一体的高端装备制造产业基地;国家节能环保高新技术产业化基地和先进环保设备研发高地。园区培育了锂电池正极、负极、隔膜、循环回收利用、电池总成等全产业链条,打造了在锂电池行业内具有全国影响力的品牌——中国(金洲)锂电谷。

## 三

2006—2017 年，园区从一个县级园区，发展成为在全市乃至全省有影响力的省级高新区，突出表现在：

**经济实力稳步增长**。园区立足“工业新城”的功能定位，坚持“用地集约、产业集聚、科技创新”的原则，快速、高效地开展高新技术产业发展工作。到 2017 年，成为湖南省内发展最快的开发区和承接重大工业项目的首选平台。自 2006 年建区以来，园区一直保持快速增长态势，工业总产值年均增长 72.7%，财政收入年均增长 45.92%。固定资产投资、工业投资、规模工业增加值等经济指标均排在全市前列。2017 年，园区实现工业产值 533 亿元，同比增长 13.4%；实现增加值 63 亿元，同比增长 57.5%；实现投资 170 亿元，同比增长 35.8%；实现税收 10.43 亿元，同比增长 18.8%。其中，6 家企业税收突破 5000 万元，3 家企业税收过 1 亿元。

**主导产业形成规模。**园区经过十多年的建设发展，规划面积达 65 平方千米，建成区面积 13 平方千米，累计投资超 500 亿元，建成厂区近 300 万平方米。园区内申报纳税企业 229 家。其中，千万元以上企业 17 家，500 万元以上企业 6 家，100 万元以上企业 43 家。已形成新材料、高端装备制造、节能环保三大主导产业。依托国家新型工业化电池材料产业示范基地，迅速推进以新材料产业为主导的高新技术产业集群，培育锂电池原材料、正极、负极、隔膜、电解液、电池总成、应用、回收和回收再利用等全产业链环，初步形成“锂电池材料—锂电池电芯制造与组装—锂电池应用—锂电池回收—回收材料再利用”的绿色循环产业，打造出锂电池行业内具有全国影响力的品牌——中国(金洲)锂电谷。2017 年，围绕“一主一特”，产业发展再上新台阶，沃特玛新能源、中锂新材、航盛新能源等先进储能材料产业实现投产。

**科技创新能力突出**。园区不断加大对科技创新、科技孵化、科技中介服务等创新服务机构及产业技术研发平台的投入。企业自建或同高校合作共建研发中心 45 家，其中国家级工业设计中心 1 家、国家级企业技术中心 3 家、省市级工程技术中心和企业技术中心 26 家。园区申板发明专利 1100 多项，10 多项技术居国内乃至世界的先进水平。拥有院士工作站 3 家、博士后科研工作站 4 家，100 余名专家、教授为产业发展提供强大的人才技术保障。以湖南省大学科技产业园、湖南省高等院校知识产权运营服务中心为基础的“一园一中心”科技创新平台加快建设，创新服务支撑体系建成，国家级大学科技产业园申报工作有序推进，加速了高新区“高、精、尖”项目的产业化发展。

2016 年，东鑫环保获批博士后流动工作站，赛恩斯环保的“有色冶炼含砷固废治理与清洁利用技术”、赛诺生物的“异种移植生物安全关键技术及示范”分别获国家科技进步二等奖、国家技术发明二等奖和湖南省技术发明一等奖。红宇耐磨的球磨机磨球产品获中国国际铸造博览会优质铸件金奖，长沙升华微电子在电子封装材料领域获国家科学技术进步奖二等奖，树脂包覆银、超级节能气凝胶、PIP 技术、深孔凿岩潜孔钻头、精馏汽提脱氮技术等十余项技术处于国际领先水平，工程机械、高压开关、机电设备制造等领域 100 余项技术处于国内领先水平。

2017 年，园区新增高新技术企业 18 家，专利申请量突破 120 件；培育出杉杉国家级企业技术中心、邦普国家级工程研究中心、中科星城石墨省级工程技术研究中心。园区被列入 2017 年国家级高新区考察名单。

**创业孵化成效显著。**为推动园区企业创业孵化 2013 年 3 月，园区颁布的《关于鼓励科技型中小企业进驻孵化园的暂行办法》，为中小企业入园提供优惠政策和便利条件。2014 年，以湖南省大学科技产业园、恩吉创业园等为载体，出台“创新十条”和“降成本九条”政策。园区与长沙银行合作成立 12.5 亿元产业引导基金，并控股、参股 3 家担保公司和小额贷款公司；与省高创投、深圳众投邦合作成立规模为 10 亿元的创投基金；设“银行贷款风险补偿基金”，为中小企业提供无抵押贷款。2016 年，园区融资到位资金达 25 亿元。经过一系列创新孵化政策、科技金融体系、流程简化等改革措施，宁乡高新区已孵化出十多家具有市场竞争力的高新技术企业。

**招商引资成果丰硕**。建园以后，园区一手抓项目建设一手抓招商引资工作，组建专业招商队伍，确保招商经费。通过中国中部投资贸易博览会(简称“中博会”)、省市领导办公会等平台，宣传推介新区，提升新区的知名度、美誉度，着重推进重大的、有影响力的、成长性好的项目。

2009 年至 2016 年，园区出台《长沙金洲新区招商代理管理暂行办法》，建立招商引资代理制度。园区组建重大项目、新材料、配套项目 3 个专业招商分局，增强招商针对性，提升对接水平，有效提高了入园项目的品质和成功率。园区为提升制度化招商水平，采用网上招商、平台招商、上门招商等复合型招商方式。同时，把招商引资从“制度化招商”向“集群式招商”转变，聚焦龙头产业，引进上下游企业，形成全产业链模式。密切行业对接，加强与中国电池网、中国先进电池材料及电池产业技术联盟、高工锂电等行业协会的合作。至 2016 年，园区实际引进项目 146 个，项目固定资产投资约 300 亿元。

2017 年，园区通过“引龙头、强链条、促集聚”，形成以沃特玛、杉杉新能源、邦普循环等为代表的储能材料产业；以三一重起、星邦重工等为代表的先进装备制造产业；以红宇新材、族兴新材为代表的节能环保新材料产业；以时代·奥特莱斯、碧桂园为代表的现代服务业。当年的重特大产业项目引进上位列长沙市第一。湖南省创新服务中心引入项目 41 个、中介服务机构 15 家。园区拥有高新技术企业 87 家，其中国家、省工业技术中心、研究中心 20 余家。

**园区基础建设日臻完善。**建园之初，园区基础设施薄弱，经过园区的道路只有 319 国道和封闭的长张高速。供水依靠县城水厂，基本没有排污管道，供电设施只能提供生活用电。为了招商引资、推动入园项目建设，园区投入大量资金用于基础设施建设。至 2013 年，园区建成以金洲大道为主轴的约 60 千米的园区道路网，水、电、气、排污等基础设施基本完善。

2016 年，园区供电、供水、供气、供热、污水处理等各方面基础设施建设进一步完善。用电主要依托 110 千伏夏铎铺变电站、楚沩变电站、历经铺变电站以及 110 千伏全民变电站；建成天然气管网约 60 千米；蒸汽管道实现集中供热；建成东城区污水处理厂 1 座；通信、邮政、宽带、有线电视等实现园区全覆盖，为园区基本生产、生活提供必要保障。

2017 年，园区建立较为完备的商业配套体系，为技术专家和企业人才提供良好的就学、商贸、居住、物流等生活配套环境。

**国际合作日益深化**。十多年来，园区立足本地实际，积极开展国际交流与合作，先后与日本、新加坡、韩国、俄罗斯及欧洲、北美等国家和地区开展科技交流与合作；围绕医疗器械科技产业，与德国、美国、瑞士等有尖端技术的国家研究与合作，推动园区国际技术合作领域拓展和水平提升；与太平洋集团展开对接，开启中央商贸区洽谈合作，推动园区发展成为日益国际化的创新发展平台；园区积极推动企业开展国际贸易合作，与多个国际知名企业建立稳定合作关系，产品远销多个国家和地区。

## 四

建园十多年来，园区党政群团组织建设进一步完善，党政领导和管理能力进一步强化，管理水平进一步提升。园区营商环境明显改善，教育、文化、卫生事业初现成效，社会民生事业逐步改善。

**党风廉政建设成效显著**。为了发挥党组织在园区建设中的引领作用，园区党工委把党风廉政建设作为首要任务来抓。2007 年 2 月，为加强管委会党风廉政建设，成立党风廉政建设领导小组，制定出党风廉政建设工作方案。2008 年，根据《宁乡县公务接待管理暂行规定》，制定接待管理方案，实行经费包干、重点控制接待标准和陪客人数，尽量减少接待开支。

2009 年 2 月，为进一步加强党风廉政建设，倡导所有干部职工特别是领导干部自觉抵制铺张浪费等不良习气。由纪检监察工作的部门牵头，机关支部人员和各科室负责人进行检查监督。

2012 年，通过书记讲党课、纪委领导讲廉政课、干部职工集体学习等形式，提高加快发展的紧迫感，增强服务发展的责任心。2013 年，印发《金洲新区 2013 年领导班子成员党风廉政建设工作职责》，形成一把手负总责，亲自抓，领导班子成员分工负责，各局、部、室主要负责人具体负责，一级抓一级的廉政建设责任机制。2014 年 3 月，根据市委、县委关于实行党风廉政建设责任制的有关要求，成立园区落实党风廉政建设责任制工作领导小组，明确领导班子成员党风廉政建设工作职责。2015 年，园区党工委深入落实领导班子建设和党风廉政建设责任制，强化党委主体责任和纪委监督责任，落实领导干部重大事项报告和领导干部述职述廉制度。

2017 年，园区党的基层组织进一步壮大，机关和企业包括“两新”党的组织达 51 个，全国党员信息清理录入党员 212 人。园区建立起一个面积 1000 平方米的党群活动服务中心。园区出台《宁乡高新区 2017 年度党风廉政建设主体责任和监督责任清单》以及责任分解表。全年，领导班子开展廉政约谈、提醒谈话等共 136 次。

**园区管理和服务体系逐步完善**。2006—2017 年园区相继完善《财务管理》《工程计量管理办法》《零星工程管理办法》《征拆工作管理办法》等一系列管理制度，并根据发展的需要，导入 ISO 9001 质量管理体系，建立起财务、招商、工程建设管理、拆迁管理等重点领域的管理流程。

2010 年，园区按“建管分开、全员聘用、双向选择、绩效挂钩”的思路，组织员工竞岗上岗活动，推行人事制度改革，在全县首开行政事业单位“全员聘用”之先河。首创性推出“四优四强”(四优是指政治素质优、岗位技能优、工作业绩优、群众评价优的共产党员，四强是指政治引领力强、推动发展力强、改革创新力强、凝聚保障力强的党组织)考核细则，在全体干部职工队伍中开展杰出贡献奖评选和适岗性评价。同时，鼓励管委会工作人员到公司任职，推动干部向经济一线流动。十多年来，园区广大干部职工一直发挥“5＋2”“白＋黑”的精神与干劲，全力为项目、为企业服好务，创造了全县约四分之一的工业总产值和四分之一的财政收入，打造了一支有激情、懂经济、会产业的“狮子型”队伍。

**服务理念和体系进一步完善。**建园之初，园区以“不是创新的事不做，没有创新的人不用”为宗旨，全面推行“保姆式服务”，增强工作主动性和服务意识，围绕工程建设进行现场调度，协调、服务、帮助解决各种困难和问题，确保项目建设顺利进行。园区结合“两帮两促”活动，推行“股东式服务”，为项目解决难题。2012 年，园区按照“两型园区”的建设标准和“主动、靠前、到位”的要求，为企业“减负、暖心、助力”，营造优良政务环境。湖南创新服务中心项目于 2015 年 4 月启动建设，规划建设面积 63 万平方米，2016 年完成投资 20 亿元以上，建成面积 50 万平方米，涵盖工业标准厂房、企业孵化楼、创业公寓楼、创新服务大楼、创新湖南展示中心、创客空间、后勤中心、知识产权法庭等。

2017 年，园区编制权力清单 204 项，编制责任清单 195 项，编制流程清单 51 项。通过行政审批制度改革，园区内部项目手续办理最快可以压缩到 15 天，宁乡高新区《关于优化建设项目审批流程的实施意见》成为全省审批标杆。

2017 年至 2026 年将是园区发展新的 10 年。过去的 11 年间，园区由一个县级园区发展成为省级高新技术产业园区，已处于西线工业走廊的龙头位置，是湘江新区的核心区。

在新的发展阶段，园区以中共十九大精神为指引，按照长沙、宁乡“两会”精神，以创建国家级高新区为目标，以产业项目建设年为统领，以“一园一中心”、中国(金洲)锂电谷、“长沙 2049”为平台，努力将园区建设成为自主创新能力强、资源利用效率高、产业结构合理、两化深度融合、产城有机结合、国际覆盖面广的智慧园区。

# 大事记

## 2005 年

7 月 20 日　湖南省交通厅批准在长常高速公路 26.5 千米处增设互通。该互通处于长(沙)常(德)高速公路宁乡县全民乡段,称全民互通(宁乡东)。

7 月 29 日　中共宁乡县委县人民政府,决定成立全城线(全民乡至县城)建设指挥部,启动全民互通及连接线(全城线)建设。

9 月 1 日　全城线建设指挥部办公室人员组建到位,进入现场开展工程建设前期工作。12 月 8 日,全城线工程全线正式动工。全民互通及连接线项目总投资约 2.4 亿元。

10 月 13 日　中共宁乡县委、宁乡县人民政府下发《关于大力推进宁乡新城开发建设的决定》。《决定》明确新城建设的目标、范围、机构、权限等事项,是金洲新区建设早期的指导性文件。随后,宁乡新城开发建设领导小组成立,组建宁乡县新城开发建设投资有限公司。

## 2006 年

3 月 8 日　湖南省委常委、长沙市委书记梅克保率市财政局、交通局、规划局、国土局等单位的负责人实地察看全城线建设工地并召开现场办公会议,决定将"全城线"列为省市重点工程,纳入长沙"十一五"道路建设规划。

3 月 17 日　县委、县人民政府决定设立宁乡县金洲新区管理委员会(简称"金洲管委会")和湖南宁乡经济技术开发区管理委员会金洲新区管理局(简称"金洲管理局")。

6 月 4 日　金洲新区与湖南锦峰钢结构工程有限公司签约,锦峰钢结构项目为落户金洲新区的第一家企业。次年 11 月,锦峰钢结构二期投产后,形成 3 条轻钢生产线、1 条重钢生产线的生产规模。

6月20日　400多名出席宁乡县第十次党代会的代表考察、参观建设中的金洲大道。

9月13日　全城线金洲沩水大桥桥面工程合龙。

9月28日　“万名百姓看宁乡”首批车队驶入金洲大道参观。

12月3日　湖南省委常委、长沙市委书记陈润儿考察金洲新区。

12月8日　湖南磐龙安全系统股份有限公司项目与金洲新区签约。

12月18日　湖南星港家居发展有限公司与新区正式签约。次年8月，星港床垫投产。

## 2007年

1月9日　碧桂园集团落户金洲新区，项目总投资达70亿元，当年到位资金3.6亿元。

3月2日　金洲新区总体规划方案分别经县规划委员会和县人大常委会审议通过。

3月4日　长(沙)常(德)高速金洲(全民)互通开通。

4月21日　湖南鑫烨钢结构彩板有限公司与新区正式签约。2008年4月，鑫烨彩钢板投产；9月，实现产值3000万元、税收26.8万元。

6月2日　县十四届人大常委会第三十一次会审议《金洲新区总体规划》，听取新区依规划开发建设情况汇报。

11月10日　长沙金洲大道东线(宁乡段)竣工通车。

11月　金洲新区和湖南塑胶协会共同主办中国塑胶协会2007年度年会。

## 2008年

1月　长沙市政府决定在长沙市河西大片区域建设“两型社会”综合配套改革试验先导区。明确以金洲大道为发展轴，以麓谷金洲新区与金洲新区为核心，实行两端双向拓展，形成金洲配套产业带。

4月25日　三一集团与宁乡县人民政府签署合同，在金洲新区投资100亿元建设三一(宁乡)产业园，生产汽车起重机等工程机械。

6月17日　金洲新区纳入国家长株潭城市群"两型社会"综合配套改革试验区——长沙大河西先导区，定位为高新产业区。

7月　湖南磐龙安全系统股份有限公司投产。至9月，实现产值142万元、税收4.5万元。

8月15日　随着金洲大道望城段竣工，"先导区第一路"长沙金洲大道全线通车。金洲大道起于金洲新区关山旅游区，止于长沙高新区，与桐梓坡西路相连。途经长沙高新区(含岳麓区)、望城区和宁乡金洲新区，全长25.32千米。路宽23米，双向6车道，设计时速80千米，总投资3.98亿元。其中望城区境内东起雷高路交叉口，西至宁乡金洲新区关山旅游区，全长12.53千米。

## 2009年

2月　中共宁乡县委、县政府请求省政府批准宁乡县金洲新区成为省级园区。

3月25日　湖南省部分人大代表视察金洲新区，听取园区建设工作汇报。

7月24日　中基路桥科技产业园、紫方环保设备生产项目、隆泰新材料产业园项目、高效钢强化添加剂项目、湘民特种玻璃项目、英捷高科技项目、茶粕深加工项目、合得利超细橡胶粉项目、天一制造项目、防火防盗门、风电机械配件和高档教学设备生产项目、中南大学国家级技术转移中心项目、邮政设备和自动化物流系统生产项目，在长沙大河西先导区宁乡县重点项目签约仪式上与园区签约。

8月4日　中共宁乡县委书记黎石秋调研园区。

8月20日　宁乡县人大代表考察园区。

9月2日　园区举办盛德丰TFT—LCD2.5代线项目洽谈会。

10月20日　沅江市党政考察团考察园区。

10月24日　园区就申报环保工业园的工作情况向环保部和省环保厅领导汇报。

11月9日　三一汽车起重机有限公司宁乡产业园竣工投产。

12月31日　园区实现年度税收过亿元的历史突破，连续3年实现税收翻番。

## 2010 年

3 月 3 日　中国首台千吨起重机在三一重起正式下线，三一历时两年研发的超大吨位全路面起重机 SAC303 正式亮相。SAC303 伸缩臂长达 100 米，可以将 100 吨的重物提升到 80 米，打破了国外 500 吨级以上超大吨位起重机的垄断地位。8 月，该设备获中国创新设计“红星”金奖。

5 月 4 日　宁乡县人民检察院决定在金洲新区派驻检察特派员。

7 月 2 日　中共中央政治局常委、国务院总理温家宝考察金洲新区三一汽车起重机械有限公司、湖南圣得西实业有限公司。

11 月 9 日　湘阴县考察团到金洲新区考察。

11 月 22 日　市经委组织省、市媒体集中采访金洲新区。

11 月　湖南红宇耐磨新材料股份有限公司被中国铸造协会评为“首届全国铸造分行业排头兵企业”，被定为 GB/T24597—2009《铬锰钨系抗磨铸铁件》的国家标准制定负责单位。

12 月 30 日　湖南省新材料产业协会第一届理事会第三次会议在宁乡召开，金洲新区管委会负责人在会上作新材料产业发展情况汇报。

## 2011 年

1 月 6 日　长沙市大河西先导区宁乡金洲新区重大项目签约仪式在金洲新区隆重召开，签约项目 7 个，引进资金 60 亿元。

4 月　国家新材料产业化基地落户新区，科技部高新司领导亲临授牌。金洲新区获先导区“三个行动计划”优胜单位称号。

5 月 1 日　长常高速关山互通竣工。

5 月　湖南红宇耐磨新材料股份有限公司、湖南邦普循环科技有限公司申报省级企业技术中心，长沙族兴新材料股份有限公司、湖南星港家居发展有限公司申报市级企业技术中心。

7 月　湖南圣得西实业有限公司获“中国纺织服装十大品牌”称号。

9 月　金洲新区获批国家节能环保新材料高新技术产业化基地。

10月11日　金洲新区党工委书记刘永红在三季度经济形势分析会上作重要讲话，全面阐述金洲新区的发展方向和目标定位，提出建设“国家级金洲新区”的奋斗目标。

10月　园区成立工会联合会，企业工会30家，会员8200人。

## 2012年

2月　金洲新区获湖南省新型工业化产业示范基地称号。

同月　三一汽车起重机与液压起重、装载、搬运设备制造商帕尔菲格集团合作，签署投资协议。共同投资建设三一帕尔菲格特种车辆装备有限公司随车吊项目，研发、生产和销售随车起重机产品等特种车辆装备。

4月　园区出台《宁乡金洲新区招商引资工作流程》和《宁乡金洲新区招商引资项目管理办法》，完成“客商信息管理系统”和“园区专家库”建设工作。

7月16日　下午6时左右，工程部在安排民工进行金洲大道职业中专至消防培训基地路段积水疏排作业时，发生交通事故。事故造成现场作业人员两死一伤，给新区带来较大损失和不良影响。

8月18日　亚洲第一家、世界第二家异种移植供体培育中心——中南大学异种移植(DPF)植供体培育中心在金洲新区启动建设。

同月　湖南红宇耐磨新材料股份有限公司登陆创业板，成为宁乡金洲新区第一家本土上市企业。

9月　金洲明珠住宅小区(公租房)项目通过公开招标的方式在宁乡县公共资源交易中心开标、评标，确定施工单位。

同月　恩吉创业园申报“市级孵化器”。

10月15日　湖南省委书记、省人大常委会主任周强调研金洲新区湖南红宇耐磨新材料股份有限公司。

11月31日　金洲新区被省人民政府批准为省级工业集中区。金洲新区更名为宁乡金洲新区工业集中区。在新批的29个省级工业集中区中，宁乡金洲新区的综合实力位居第一名。

12月25日　经中国人民银行长沙中心支行批复同意，设立中华人民共和国国家金库宁乡金洲新区国库(属乡镇国库)，由人民银行宁乡支行负责管理。

12月31日　长沙市人民政府批准金洲新区为“长沙市两型示范园区”。

2013年

1月30日　长沙市工业和信息化委员会下拨宁乡金洲新区产业平台建设扶持资金。

4月　湖南红宇耐磨新材料股份有限公司组织人员携赈灾物资赴四川省雅安市宝兴县赈灾。

5月5日　金洲新区下发关于表彰2012年度“四优四强”活动先进企业和部门的通报。园区表彰了三一汽车起重机械有限公司、湖南红宇耐磨新材料股份有限公司等先进企业和部门。

5月9日　天津市工业集中区管委会及企业人员一行到金洲新区调研。

5月　园区招大引强实现重大突破，引进招商项目20个，合同引进资金109亿元，实际到位内资49亿元、到位外资7100万美元。

6月5日　长沙市机构编制委员会明确中共金洲新区工业集中区工作委员会、金洲新区工业集中区管理委员会主要职责、内设机构和人员编制。

6月25日　为创建国家新型工业化产业示范基地，金洲新区在宁乡召开新材料产业发展规划专家论证会。

9月5日　根据省编办的《关于中共金洲新区工业集中区工作委员会金洲新区工业集中区管理委员会机构规格的批复》，批准设立中共金洲新区工业集中区工作委员会、金洲新区工业集中区管理委员会。批准金洲新区工业集中区党工委、管委会机关开发区专项编制35名。

9月23日　在2013年度长沙市科学技术进步奖评比中，金洲新区共有4项获奖，其中一等奖1项、二等奖2项、三等奖1项。在全市“四区十园”中，仅次于长沙高新区和长沙经开区，位居第三。

9月　湖南省信托有限责任公司与园区签署合作协议，3年内向金洲新区提供12亿元资金支持，有效保障园区重大项目建设资金需求。

10月16日　县政协代表视察宁乡县东城区污水处理厂项目。

10月31日　园区与夏铎铺镇政府就加快推进湖南省信托投资有限公司格瑞农业产业化基地项目建设召开工作专题会议。

同日　新区党工委、管委召开进一步加快推进湖南省信托投资有限公司现代农业产业基地项目建设工作专题会，专题研究省信托现代农业格瑞基地项目建设的相关工作。

10月　园区物业公司以“三城同创”为契机，提高物业管理水平和服务标准，新区环境卫生工作在全县园区中排名第一。

11月25日　工业和信息化部印发《关于2013年国家级工业设计中心名单的通告》，认定32家首批国家级工业设计中心。金洲新区的湖南圣得西实业有限公司工业设计中心入选，成为中部六省唯一一家上榜企业。

11月27日　中国科协副主席、中国工程院院士黄伯云到金洲新区考察指导。同日，中南金洲科技成果转化基地完成签约。

12月　湖南红宇耐磨新材料股份有限公司成立院士工作站。

是年　金洲新区工业集中区引进项目、新开工项目总数、新增竣工投产项目个数位居长沙市“四区十园”第一名。

## 2014年

4月16日　湖南省副省长李友志在金洲新区召开现场办公会议，专题研究湖南省大学科技园建设有关问题。

6月11日　湖南省委常委、市委书记易炼红到新区调研。

7月18日　市委副书记、市长胡衡华到新区，就工业园区创新发展进行专题调研。

11月5日　湖南省副省长黄兰香对新区工业厂房建设和企业发展进行考察。

是年　新区新开工项目数、新竣工项目数、产业投资增速连续19个月排在全市园区第一。湖南省大学科技园、湖南科技成果转化和知识产权交易服务中心完成前期项目规划设计、项目申报工作。

2015 年

1月　长沙市加速推进新型工业化工作领导小组授予金洲新区工业集中区“红旗单位”称号。

2月26日　工业和信息化部正式批准金洲新区工业集中区为“国家新型工业化产业示范基地(电池材料)”。

3月6日　金洲新区湖南大学科技产业园战略合作协议签约。湖南大学科技产业园是省政府助推科技创新、产业升级的重要战略部署，该项目旨在服务全省的科技资源转化。

3月27日　湖南省金洲新区低碳技术实践交流会在金洲新区举行。来自亚洲开发银行、世界自然基金会和低碳技术领域等行业的40多名国内外专家就“低碳技术的融资与技术推广”展开讨论，研究资本进驻低碳企业的新模式。

5月8日　长沙银行与长岳玻纤、华铝机械等企业银企合作项目签约。

5月21日　长沙市委常委、长沙市副市长张迎春一行到金洲新区调研新材料锂电产业发展情况。

5月26日　湖南省人民政府明确同意在金洲新区基础上设立宁乡高新技术产业园区(以下简称“园区”)，宁乡县金洲新区升级为省级高新技术产业园区。

6月4日　湖南省知识产权局正式批复同意金洲新区建设湖南省高等院校知识产权运营服务中心。

6月18日　湖南省教育厅、湖南省科技厅正式批复同意高新区设立湖南省大学科技产业园。

6月26日　湖南省大学科技产业园、湖南省高等院校知识产权运营服务中心(以下简称“一园一中心”)揭牌暨项目签约仪式在宁乡高新区举行。湖南联创低碳中心等11家企业在仪式上签约。

7月3日　高新区东城区污水处理厂和湖南省大学科技产业园被评为全省第二批PPP示范项目。

7月14日　湖南省委常委、长沙市委书记易炼红一行到宁乡高新区实地考察香港九龙仓奥特莱斯项目和“一园一中心”。

7月15日　湖南省委副书记、省长杜家毫调研高新区新材料产业发展，深入考察湖南红宇耐磨新材料股份有限公司、长沙市康荣特种陶瓷有限公司。

7月30日　WWF(世界自然基金会)气候与能源部主任卢伦燕一行到宁乡金洲新区调研节能低碳项目。

9月14日　湖南省副省长李友志对“一园一中心”的建设情况进行突击检查。

9月16日　由工业和信息化部组织的全国新型工业化产业示范基地交流会在安徽省马鞍山市召开。宁乡高新区应邀出席并接受“国家新型工业化产业示范基地(电池材料)”授牌。高新区代表在大会上作典型发言。

9月18日　宁乡高新区举行“新材料(锂电)高峰论坛”。中国工程院院士刘业翔等22名来自科研院所、协会、学会的专家，围绕新材料行业发展瓶颈、新技术新产品的研发、锂电产业技术与产业发展等问题展开交流。

11月2日　湖南上懿丰新材料有限公司研制的新型超级节能气凝胶玻璃生产线在宁乡高新区正式投产，这是国内首条生产线。

同日，宁乡高新区举办新型超级节能气凝胶玻璃技术交流会。

11月3日　宁乡高新区举行2015中国(长沙)科技成果转化交易会宁乡高新区专场——“2015新能源新材料产业对接会暨院士专家宁乡行”活动，湖南杉杉新能源有限公司等9家企业发布技术需求和融资需求。

11月18日　县政府常务会议讨论研究宁乡高新区相关工作，会议同意成立创建国家级高新区工作领导小组。

11月24日　县人民政府印发《关于支持湖南省大学科技产业园和湖南省高等院校知识产权运营服务中心创新发展的若干意见》的通知。

11月27日　“全省普通高校‘转型发展、内涵发展、特色发展’会议暨湖南省大学科技产业园建设推进现场会”在宁乡高新区举行。

12月2日　国家发展和改革委员会财金司副司长孙学工、国家发展和改革委员会经济研究所主任刘国艳、湖南省发展和改革委员会财金处处长徐永健等到宁乡高新区考察调研湖南省大学科技产业园工作情况。

12月18日　湖南省委常委、长沙市委书记易炼红，市委副书记、市长胡衡华与各区县(市)、园区和市直部门负责人到宁乡实地观摩、点评、督导项目建设推进工作。

12月24日　“长沙2049”项目路网工程签约暨开工仪式在宁乡高新区举行。“长沙2049”项目是宁乡高新区谋划“十三五”、全面提升综合配套实力、打造区域新增长极的关键工程。

12月31日　湖南省机构编制委员会办公室正式批复，同意将中共金洲新区工业集中区工作委员会、金洲新区工业集中区管理委员会分别更名为中共宁乡高新技术产业园区工作委员会、宁乡高新技术产业园区管理委员会。

## 2016年

1月25日　湖南湘江新区举行重大投资商座谈会暨项目集中签约仪式，现场签约项目26个，总投资401.6亿元。宁乡高新区七大重点产业项目在现场签约，招商引资达100亿元，其中投资50亿元的项目1个。

2月23日　湖南省委常委、长沙市委书记易炼红到宁乡高新区调研湖南杉杉新能源。

4月8日　宁乡高新区管委会对新引进的星美新能源、旭能科技及杉杉新能源二期、红宇二期等12个项目进行现场调研。

5月11—12日　太平洋建设集团董事局副主席、太平洋公共地产董事局主席戴荣军一行到宁乡高新区实地考察，并就“长沙2049”项目进行商务洽谈，表达对该项目的投资意向。

5月27日　长沙市委副书记、市长，湖南湘江新区党工委书记陈文浩到宁乡经开区、宁乡高新区调研。长沙市委常委、湖南湘江新区管委会主任曹立军参加调研。

6月27日　宁乡高新区举行项目集中签约仪式，13个项目签约总投资额达81亿元。

7月2日　宁乡高新区与中国储能材料有限公司在宁乡县政府签约“储能技术创新与应用项目”，计划总投资68亿元。

7月8日　湖南省人大常委会副主任、党组成员李友志率省人大常委会、省教育厅、省科技厅、省知识产权局等单位的负责人到宁乡高新区调研。市人大常委会副主任芮英姿，湖南湘江新区管委会副主任、宁乡经开区党工委书记、县委书记谭小平等陪同调研。

7月29日　科技部高新司副司长曹国英在调研宁乡高新区时充分肯定园区科技创新能力和园区建设，称园区产业基础扎实，创新体系建设完善，园区有朝气。

9月28日　宁乡高新区举行项目集中签约仪式，沃特玛等7个项目落户园区，规划总投资51亿元。其中，沃特玛新能源项目签约后，一期厂房5.5万平方米，于12月26日竣工交付，创造了90天竣工的"宁乡速度"，成为沃特玛联盟在全国众多在建项目的榜样。

10月27日　园区组织召开"一打三整"专项行动会议。会议的主要目的是客观分析园区当前社会治安、安全生产形势，对园区"一打三整"专项行动进行部署，确保园区社会秩序良好、安全形势稳定好转。

同日　宁乡高新区第一届妇女代表大会在宁乡高新投资控股公司大会议室召开。

11月　园区联合中国电池网、赛迪顾问等单位共同举办第四届中国(湖南·宁乡)锂电新能源产业国际高峰论坛。天津力神、ATL、比亚迪等新能源动力生产企业参会，600余名专家、学者、教授与会。

## 2017年

1月9日　亚洲最大的废旧锂电池资源化回收处理和高端电池材料生产的国家级高新技术企业——邦普动电循环产业园在宁乡高新区正式动工。产业园占地面积500公顷，规划投资30亿元，有建筑23栋，建筑总面积25.8万平方米。

1月26日　宁乡县委常委、宁乡高新区党工委书记刘永红带队解决湖南中崛水设备股份有限公司、新辉开科技有限公司和湖南欧乐家科技发展有限公司等企业的资产收购问题。

2月14日　长沙市2016年度“六个走在前列”绩效考核通报讲评暨2017年度重大项目推进大会在市会议中心举行。在2016年度市绩效考核中,宁乡高新区在全市所有省级园区中排名第一。宁乡县委常委、宁乡高新区党工委书记刘永红和宁乡高新区党工委副书记、管委会主任郑旗连续3年被市委评为“优秀领导班子成员”。

2月28日　宁乡碧桂园学校与剑桥大学商学院创始人保罗·嘉治正式签约,标志双方合办的嘉治公学落户宁乡高新区。这所纯英式高中以构筑中部地区优质国际教育高地为目标。剑桥大学商学院创始人保罗·嘉治,宁乡县委常委、宁乡高新区党工委书记刘永红,博实乐集团总裁何军立,英国驻上海总领事馆贸易投资领事官员姜赟出席签约仪式。

3月16日　宁乡高新区举行项目签约仪式,浩海新能源、湖南馨航瑞康落户园区。项目总投资额达13亿元,其中浩海新能源投资10亿元。宁乡县委常委、宁乡高新区党工委书记刘永红,四川浩海新能源股份有限公司董事长王平,湖南馨航瑞康生物科技有限公司董事宁美亮出席签约仪式。

3月24日　中国高新技术产业经济研究院院长李文辉率咨询师到宁乡高新技术产业园区调研考察。

4月1日　湖南湘江新区党工委委员、管委会副主任罗社辉率队对宁乡高新区先进储能材料产业调研,湘江新区有关部门、宁乡金洲新区管委会等相关负责人参加。

6月22日　宁乡县发生历年同期历时最长、范围最广、雨量最多、强度最大的强降雨,成为宁乡有水文、气象记录的60年以来最为严重的自然灾害。特大洪灾期间,园区抽调20余辆洒水车连续22天昼夜工作,为企业和居民供水3万余吨。

7月19日　由湖南省科技厅联合省财政厅、省教育厅、省委网信办、团省委、省工商联共同主办,湖南省大学科技产业园承办的第六届中国创新创业大赛(湖南赛区)暨第四届湖南省创新创业大赛新材料行业半决赛在宁乡高新区举行。

9 月 25 日　园区管委会对园区企业安全生产开展全面检查，共检查 127 家次，下达责改文书 112 份，复查 120 家次，下达责令暂时停产 9 家次，立案处罚 4 起，罚款 6 万元。

11 月 9 日　“能动世界·智造未来”宁乡高新区投资过百亿项目签约仪式在湖南省大学科技产业园综合楼举行。新锂时代锂电池综合回收资源化利用基地、湖南航天新能源汽车动力电池回收产业园、诺诚光电、梅塞尔气体、烨海科技总部基地、五凌新能源产业基金、医疗健康科技产业园七大项目签约。

11 月 11—13 日　园区与中国有色金属协会合作，在宁乡县会议中心和通程温泉大酒店举办特种粉末冶金及复合材料制备加工第一届学术会。4 名院士、100 余名领域内专家和 500 余名学者、企业负责人参加会议。该次会议举办 6 个分会场学术会议。

11 月 23—25 日　园区与中国电池网、赛迪顾问、真锂研究、中国先进电池材料及电池产业技术联盟等单位合作，在宁乡县通程温泉大酒店举办 2016 年第四届中国(湖南·宁乡)锂电新能源产业国际高峰论坛。260 家企业、600 余名专家、学者、教授与会并作专题讲座，天津力神、ATL、力信、比亚迪等新能源动力生产企业参会。

11 月 25 日　宁乡高新区邀请县人才局、县就业服务中心的相关专家为园区百余名企业人事经理、管委会各局室负责人举行“学习贯彻十九大精神长沙人才新政进企业”主题宣讲。

12 月 3 日　宁乡高新区商会举行第一届第一次会员代表大会。湖南长峰电力集团股份有限公司董事长蒋功夫当选为会长。该商会是长沙市第一家园区商会。长峰电力、精量重工等 6 家企业主动发起倡议，成立宁乡高新技术产业园区商会。2017 年 9 月，由商会主要发起企业提出申报，并正式通过宁乡市民政局名称核准，准许登记设立。

12 月 6 日　第二届中国创新挑战赛(湖南)现场赛在宁乡高新区湖南省大学科技产业园举行。经现场挑战，湖南大学温和团队、湖南太康电子信息技术有限公司朱国富团队、中南大学胡军科团队 3 个挑战团队获“金点子奖”，其他 5 个挑战团队获“优秀奖”。14 个技术需求企业与 16 个挑战团队达成 6090 万元的技术合作意向合同。省科技厅党组成员、副厅长周纯良，宁乡市领导刘永红、刘俊武出席活动。

12 月 8—10 日　宁乡高新区承办的 2017 特种粉末冶金及复合材料制备/加工第二届学术会议在长沙市举行。

12 月 18 日　湖南省委常委、长沙市委书记易炼红，市委副书记、市长胡衡华与各区县(市)、园区和市直部门负责人到宁乡高新区实地观摩、点评、督导项目建设推进工作。

12 月 24 日　“长沙 2049”项目路网工程签约暨开工仪式在宁乡高新区举行。

12 月 28 日　在共青团湖南省委、共青团长沙市委相关领导的带领下，湖南省大学生创新创业联盟代表到宁乡高新区深入调研“一园一中心”，并与红宇耐磨、长高集团等企业开展调研座谈。

12 月 30 日　宁乡高新技术产业园区被纳入国务院修订的《中国开发区审核公告目录》。

# 第一章

# 区域建置

# 第一章 区域建置

## 第一节 区 域

宁乡高新技术产业园区(以下简称“园区”)位于长沙西部,宁乡县东部,在长沙市半小时经济圈内。东至八曲河,西至沩水,南至 319 国道,北至石长铁路。宁乡高新区国务院批复的首个中部地区国家级新区——湘江新区和中西部地区发展新的增长极——长株潭国家自主创新示范区的核心区域,行政区划上隶属于宁乡市。

### 一、位置 面积 人口 区划

**位置**

园区东距长沙市政府 23 千米,西距宁乡市城区 5 千米,离长沙国家高新技术产业开发区 15 千米,与国家级宁乡经济技术开发区隔沩水相望。地处“一带一部”(东部沿海地区和中西部地区过渡带、长江开放经济带和沿海开放经济带接合部)区位中心城市区、湘江新区核心功能区。

宁乡高新区交通便利。距贯通南北的国家级交通大动脉——京珠高速西线仅 7 千米;金洲大道,长常高速,319 国道,宁梅大道,南、北横线 6 条城市快速干道全方位连接长沙城区;规划中长益常城际轨道、地铁 2 号线、地铁 8 号线直连新区,可经此直达武广高铁站、黄花国际机场。距千吨级深水港口长沙霞凝港、武广高铁长沙南站及黄花国际机场均在 50 千米以内,处于武广高铁、沪昆高铁、成渝高铁米字交会的枢纽范围。

**面积**

2006 年 5 月,园区编制《宁乡金洲新区总体规划(2006—2020)》,规划重点区域和泛金洲区域两个层次。重点区域范围:北起石长铁路,南至 319 国道,东邻八曲河,西抵沩水。涉及历经铺乡、夏铎铺镇和全民乡 3 个乡镇、9 个行政村,分别是历经铺乡的群星村、紫云村;夏铎铺镇的高新村、六度庵村;全民乡的全民村、沩桥村、同心村、龙桥村、颜塘村。规划用地面积 65 平方千米。近期(到 2010

年)建设用地 19.16 平方千米,远期(到 2020 年)建设用地 39.64 平方千米。泛金洲区域包括宁乡县中心城区及夏铎铺、全民、双江口、朱良桥、菁华铺、煤炭坝、回龙铺、坝塘、南田坪、东湖塘、花明楼、道林、大屯营等乡镇,面积 1384 平方千米。

2012 年湖南省发展和改革委员会《关于批复金洲新区工业集中区发展规划(2011—2020)的函》和 2013 年长沙市人民政府《关于批准宁乡金洲新区升级为省级高新区的请示》,批复金洲新区近期(2011—2015)规划面积 12 平方千米,其中历经铺乡 0.91 平方千米、金洲镇 10.63 平方千米、夏铎铺镇 0.46 平方千米,四至范围为东至亚洲路,西至历泉路,南至金桥路,北至长常高速公路。远期(2016—2020)规划面积 25 平方千米,其中历经铺乡 2.66 平方千米、金洲镇 17.72 平方千米、夏铎铺镇 4.62 平方千米,四至范围为东至八曲河,西至沩水河,南至 319 国道,北至石长铁路。

2013 年 3 月,园区开始编制控制性详规,控制性详规的总面积 36 平方千米,其中建设用地 24.91 平方千米。2015 年 5 月 26 日,经湖南省人民政府批准,园区总开发面积 25 平方千米,范围北至石长铁路,南至金桥路以南 300 米,东至宁乡县界,西至历泉公路。

2016 年 12 月 29 日,湖南省发展和改革委员会发布《湖南省发展和改革委员会关于将宁乡县金玉工业集中区纳入宁乡高新技术产业园区管理范围的意见》,正式将宁乡县金玉工业集中区纳入宁乡高新技术产业园区管理范围。金玉乡镇工业集中区总规划面积 7.65 平方千米。

2017 年,园区总规划面积 65 平方千米,核准开发面积 15.3 平方千米,已开发面积 12 平方千米。

**人口**

园区现有人口由商业小区人口、安置区人口和产业就业人口组成。2014 年年底,规划范围内总人口约 3 万人。2015 年,规划范围内总人口 4.38 万人。2017 年,规划范围内总人口约 10 万人。

**区划**

园区由夏铎铺镇、历经铺乡、全民乡的部分区域构成,包括历经铺乡的群星村、紫云村;夏铎铺镇的高新村、六度庵村;全民乡的全民村、沩桥村、同兴村、龙桥村、颜塘村,共 3 个乡镇、9 个行政村。

## 二、地理环境

园区地势开阔，坡度平缓，主要是冲洪剥蚀残丘地貌。主要区域地形相对高差 20～40 米，紧邻沩水和官桥河，地势西高东低，南陡北缓，以丘陵为主，兼有山地、岗地和平原，南部低山丘陵，生态优势明显。

园区东部属衡山山系余脉。衡山余脉自岳麓山东来，在与望城区交界处之黄茅大岭(416.2 米)进入高新区后，分为南、北分支，高新区境内属北支，自黄茅大岭西行折向北至沩水之滨为狮顾山，又折向东行，止于宁望边境之天马山。

园区河流和渠道有沩水河、历泉河、官桥河、右干渠。沩水河位于宁乡高新区的西侧，为湘江下游左岸一级支流，发源于宁乡县扶王山，流向大致自西向东。流经北龙潭、道花桥、黄桥、横市、双凫铺、宁乡县城、双江口镇，于望城县新康注入湘江。历泉河位于高新区的西端，源于曾家河，在高新区北端汇入沩水，历泉河为八曲河的地级支流，夏全河全长 40 千米，几乎贯穿整个高新区的西部。官桥河贯穿整个宁乡高新区，在高新区东北汇入八曲河。右干渠位于宁乡高新区的西端，源于曾家河，在高新区北端汇入沩水。右干渠几乎贯穿整个宁乡高新区的西部，在园区与历泉河交汇。右干渠为高排渠，洪水季节，右干渠的水可以自流汇入沩水，不需要再进行提升。

## 三、自然条件

园区属于中亚热带向北亚热带过度的温带大陆性湿润气候，其基本特点是四季分明，水热充足，冬冷期短，夏热期长，春温多变，寒潮频繁，回暖较早，秋温呈阶段性急降。

区域降水年际变化大，历年同月雨量悬殊，年均降雨日 161 天，最多年份 217 天，最少年份 132 天，3—5 月降雨日较多，每月 17～18 天。区域降水的季节分配很不均衡，雨季平均在 4 月 5 日开始，7 月 13 日结束，雨季平均降雨量 752.2 毫米，占全年降雨量的 52%。

区域日照时间较长，年均 1533.3 小时。夏至白昼长达 14 小时，冬至也有十多个小时，春分、秋分各系 12 小时，历年日照数 1172.6～2080.5 小时，日照百分率 32%～47%。时间分布以 7 月最多，平均 249.9 小时；2 月最少，仅 73.8 小时。

区域相对湿度较大，多年平均值 81%，最大值 83%，最小值 77%。一年中的变化，春季最大，冬季次之，夏季最小。一天中湿度变化与温度成反比，温度最高时，相对湿度最小；温度最低时，相对湿度最大。

园区境内地表水丰富，但时空分布不均。空间分布上，自北向南、由西向东逐渐减少，年径流西北部深达800毫米，东北部达600毫米，东南部仅为550毫米。地下水可分为松散岩层孔隙水、岩层裂隙水和岩溶地热水3种类型。居民原以水井为主要饮用水水源。地下水均属是浅层河流渗透水，水量较少。

## 第二节 建 区

### 一、建区背景

2005年，《长株潭城市群区域规划（2003－2020年）》经湖南省政府批准实施。宁乡县处于长株潭城市群半小时经济圈范围内，是长沙市西大门，也是长沙市的卫星城。为此，宁乡县制定"鼎足三湘，进军百强"战略，并在"十一五"规划中确定在宁乡县东部与望城县交界处全民乡建造一个现代化、生态化、田园化的新型综合性山水城。项目包括湘江绿谷（又名芙蓉城）、夏铎铺机械工业小区、服饰工业小区、农业科技园、经济技术开发区和农业示范基地。

2006年初，在中部崛起发展战略、长株潭城市联盟战略、长沙市副中心发展战略指导下，宁乡县为真正融入长沙及更大区域发展格局中，大力发展工业园区。同时，为积极响应贯彻中共中央、国务院"十一五"规划中关于建设社会主义新农村的决策，宁乡县委、县政府确定在宁乡县城东部，沩水以东，包括全民乡、历经铺乡和夏铎铺镇3个乡镇的所在地区建造一个位于长沙西部，设施现代化、管理高效化、环境园林化的综合性工业园和宁乡县社会主义新农村建设示范区，即宁乡县金洲新区。

### 二、园区沿革

2005年10月13日，宁乡县委、宁乡县人民政府在《关于大力推进宁乡新城开发建设的决定》中提出"在全民乡、历经铺乡、夏铎铺镇境内建设以工业为主，集商贸、房产等于一体的宁乡新城"。为组织和领导新城开发，宁乡新城开发建设领导小组成立。虢正贵、刘秋成、贺应辉任顾问,黎石秋任组长,吴石平任常务副组长,胡明先、刘永红、袁朝晖、陈朝晖、黄仕军、吴利民任副组长,县经开区、县各相关局(办)及全民乡、城郊乡、历经铺乡、夏铎铺镇为成员单位。领导小组下设办公室,陈亮任办公室主任,办公室代表领导小组开展日常工作。同时,成立新城开发建设指挥部,吴石平任指挥长,刘永红任常务副指挥长,胡明先、袁朝晖、陈朝晖、吴利民、陈亮任副指挥长。同年,组建宁乡县新城投资开发建设有限公司,实行公司化经营。公司注册资本5000万元,其中县国有资产公司注资3000万元,县交通局注资1000万元,向社会募股1000万元。公司代表政府经营新区各类资产,多元筹措建设资金,承担基础设施及配套设施建设任务,兴办各项事业,加快新区开发建设。吴石平兼任董事长,陈亮任公司总经理、法定代表人。

2006年3月17日,宁乡县机构编制委员会发出通知(宁编〔2006〕3号),设立宁乡县金洲新区管理委员会(简称"金洲管委会")和湖南宁乡经济技术开发区管理委员会金洲新区管理局(简称"金洲管理局")。金洲管委会和金洲管理局两块牌子、一套人马,为县政府直属事业单位,经费列入财政预算,实行收入分成体制。负责规划编制、征地拆迁、项目建设、引资融资、服务企业等工作,完成县委、县政府交办的工作任务。金洲管委会内设规划建设科、征地拆迁科、招商合作科、财务科、办公室5个科室,事业编制21名,领导职数5名。金洲管委会成立后,宁乡县新城投资开发有限公司所有行政管理职能划归管委会负责。

2007年4月,金洲管委会的机构调整为6个职能科室,分别为办公室、征地拆迁科、规划建设科、招商合作科、企业服务科、财务科。编制人数增加到22人,领导职数5名。

2010年12月,宁乡县新城投资开发建设有限公司由国有控股变更为国有独资,全部由宁乡县金洲新区管理委员会出资,注册资本5000万元。刘永红任董事长,廖非平任公司总经理、法定代表人。公司为金洲新区内土地建设开发的投融资主体,垄断经营规划区内土地一级市场,土地收入用于金洲新区建设。

2012年11月,宁乡县金洲新区经湖南省人民政府办公厅批准,升级为省级工业集中区。

2013年1月,经宁乡县委、县政府批准,宁乡县金洲新区管理委员会更名为金洲新区管理委员会。同年5月14日,湖南省机构编制委员会办公室明确中共金洲新区工业集中区工作委员会、金洲新区工业集中区管理委员会为副处级机构,合署办公。核定党工委书记兼管委会主任1名(副处级),其机构编制方案由长沙市机构编制委员会办公室按有关规定予以批复。同年9月,长沙市机构编制委员会印发通知,设立中共金洲新区工业集中区工作委员会(简称"金洲新区工业集中区党工委")、金洲新区工业集中区管理委员会(简称"金洲新区工业集中区管委会"),分别为中共长沙市委、长沙市人民政府派出机构,合署办公,为副处级机构,委托中共宁乡县委、宁乡县人民政府管理。内设办公室、经济发展局、招商合作局、规划建设局、社会事务局5个局室,均为副科级机构。另设财政分局,为宁乡县财政局派出机构,副科级。

2014年4月,宁乡县人民政府批复,同意将由宁乡县新城开发建设投资有限公司变更为长沙金洲新城开发建设投资有限公司,公司注册资本由5000万元增加至3亿元,由金洲新区工业集中区管委会出资,为国有独资公司。同年8月1日,中共宁乡县委、宁乡县人民政府发布《关于明确金洲新区工业集中区管理体制及职能权限的意见》,明确金洲新区工业集中区管理体制及职能权限有关事项。

2015年5月26日,宁乡金洲新区工业集中区经湖南省人民政府批准升级为省级高新技术产业园区。12月31日,湖南省机构编制委员会办公室同意将中共金洲新区工业集中区工作委员会、金洲新区工业集中区管理委员会分别更名为中共宁乡高新技术产业园区工作委员会、宁乡高新技术产业园区管理委员会。

2017年12月,国务院对《中国开发区审核公告目录(2006年版)》进行修订,批准将宁乡高新技术产业园区纳入《中国开发区审核公告目录(2018年版)》。同年,为推进升格为国家级高新区工作,成立由湖南省委常委、长沙市委书记易炼红任顾问,长沙市委副书记、市长陈文浩担任小组组长,长沙市副市长李晓宏、宁乡市委副书记、市长王雄文担任小组副组长,宁乡市级有关部门负责人为成员的宁乡高新区升级国家高新区推进工作领导小组。领导小组下设办公室,宁乡市副市长李晓宏担任办公室主任,宁乡市委副书记王雄文、宁乡高新区党工委书记刘永红任办公室副主任。领导小组负责全面领导宁乡高新区升级工作,实行例会制度,定期召开领导小组会议,研究解决申报工作中的困难和问题,部署推进升级工作。

# 第二章

# 园区规划

# 第二章　园区规划

## 第一节　规划编制

2005年,宁乡县人民政府决定以全城大道为轴线设立新城工业区。2006年1月,宁乡县人民政府编制《宁乡县新城工业园概念规划》。工业新城位于宁乡县城以东7千米的全民乡,距长沙"麓谷"21千米,距长沙市政府28千米,东至望城县界,南起319国道,北至长石长铁路,包括夏铎铺镇、历经铺乡、全民乡3个乡镇。

2006年3月,园区通过公开招标的方式确定浙江大学城乡规划设计院负责金洲新区总体规划编制工作。同年6月15日,园区提请县规划委员会组织专家对方案进行初审。初审后又根据市委、市政府关于建设以金洲大道为轴线的长沙西线产业经济带的要求,对总体规划进一步论证和完善。

2007年2月27日,《金洲新区(2006—2020)总体规划》在县人民政府和县规划委员会组织召开的评审会上原则通过,并于6月27日报经宁乡县第十四届人民代表大会常务委员会第三十一次会议审议通过。规划的重点区域,北起石长铁路,南至319国道,东至八曲河,西至沩水。区域共涉及历经铺乡、夏铎铺镇和全民乡3个乡镇、9个行政村(历经铺乡的群星村、紫云村;夏铎铺镇的高新村、六度庵村;全民乡的全民村、沩桥村、同心村、龙桥村、颜塘村)。规划用地面积65平方千米。泛金洲区域包括宁乡县域东部与望城县交界的部分区域,中心城区(包括玉潭镇、城郊组团、白马桥组团、历经铺组团)、夏铎铺镇、全民乡、双江口镇、朱良桥乡、菁华铺乡、煤炭坝镇、回龙铺镇、坝塘镇、南田坪乡、东湖塘镇、花明楼镇、道林镇、大屯营乡。园区委托宁乡县规划设计(院)有限公司编制了以总体规划为规划范围的交通等专项规划。

2010年3月,园区通过公开招标的方式委托湖南省城市规划设计研究院编制园区32平方千米区域的控制性详细规划。

2011 年 8 月，湖南省城市规划研究设计院开始编制《金洲新区总体发展战略规划(2011—2030)》，2012 年 6 月完成编制。该次规划，将宁乡县城规划区范围内沩水以东全部区域纳入园区规划范围，包括金洲镇、夏铎铺镇和历经铺乡，总面积 211.47 平方千米，总人口 11.74 万人。规划对园区的发展提出实现“三大转变”(园区定位的转变、园区功能的转变、园区空间增长方式的转变)，构建“三大体系”(生态景观网络体系、全方位交通体系、区域性公共服务设施网络体系)，建设“四个金洲”(生态金洲、产业金洲、创新金洲、两型金洲)的战略目标。

2012 年 4 月，根据《中共湖南省委关于进一步促进产业园区发展的意见》(湘发〔2009〕4 号)和《湖南省人民政府关于加快产业园区体系建设的意见》(湘政发〔2011〕25 号)，结合金洲新区工业集中区实际，编制《湖南省金洲新区工业集中区发展规划(2011—2020)》。规划确定工业集中区近期规划面积 12 平方千米，其中工业用地 10 平方千米。四至范围：东至亚洲路，西至历泉路，南至金桥路，北至长常高速公路。远期规划控制面积 25 平方千米，四至范围：东至八曲河，西至沩水河，南至 319 国道，北至石长铁路。同年，园区对中央商务区规划进行公开招标，最终选择北京世纪千府国际工程设计有限公司的设计方案，于 2014 年 9 月完成。2015 年，因园区发展需要，管委会决定在北京千府设计公司《金洲新区中心区城市设计》原有的基础上进行深化，完善中心区城市设计。

2013 年，《金洲新区中心区城市设计》通过专家评审会、县规委会的评审，并获 2013 年度优秀规划成果湖南省二等奖、长沙市一等奖。同年《金洲新区总体发展战略规划》通过县规委会的评审，获 2013 年度长沙市优秀规划成果二等奖。

2015 年，为进一步引导园区产业科学、快速、健康发展，创建省级高新技术产业开发区，园区开展《宁乡高新技术产业开发区产业发展规划》编制工作。规划近期到 2017 年，中期到 2020 年。规划确定园区的总体战略定位为“三区一极”，即：湖南创新创业活跃区、转型升级及“两型”发展示范区、新兴产业集聚区、区域经济增长极。规划确定的产业目标是以技术和体制协同创新为根本动力，以推动智能制造为重点，以低碳发展为引领，以关键大项目为抓手，立足承接泛珠三角、长株潭尤其是长沙市产业转移的区域背景，挖掘地方特色，壮大优势产业，构建以新材料产业、先进装备制造业和光电信息产业为主导，科技创新与产业发展相互促进、资源综合利用与环境保护有机统一的产业体系。

2016年4月,依据《国家高新技术产业开发区"十三五"发展规划纲要》《湖南省国民经济和社会发展第十三个五年规划纲要》等文件,编制《湖南宁乡高新技术产业园区战略规划(2017—2025)》。规划期限为2017—2025年,总体规划面积65平方千米,核心区建设用地25平方千米,四至范围:北至长张高速,南至319国道,西至沩水河畔,东至望城区,横跨金洲镇、夏铎铺镇、历经铺3个镇级区划,分为北部工业组团、南部工业组团、中央商务区和居住区。同月,宁乡县人民政府批复实施《宁乡高新区控制性详细规划》。控规的批复正式结束园区无法定文件规划开发的历史,保证园区规划有法可依。《宁乡县城总体规划(2000—2020)(2015年修改)》获批实施后,园区再度启动控规修改。

2017年2月,宁乡高新区编制东北片区配套设施项目规划。规划地址为宁乡高新技术产业园区金水东路以北,长常高速公路以南,欧洲北路以西,金水东路标准厂房以东。规划净用地面积5.28万平方米;用地性质为商业服务业设施用地;总建筑面积13.68万平方米;地上建筑面积10.61万平方米;地下建筑面积30739.7平方米。同年,园区对新能源、新材料产业园规划进行调整。涉及澳洲北路以西46.67万平方米,长常高速以北53.33万平方米,用地由二类工业用地调为三类工业用地。12月7日,通过省住建厅组织的专家、部门审查。在规划范围内拟新增2平方千米建设用地,作为金洲储能谷发展西拓片区。



## 第二节　控制性规划



### 一、详细规划编制

2013年3月,依据宁乡县城总体规划、金洲新区发展战略规划的需要,金洲新区急需编制城市控制性详细规划来,来有序开发各类用地,规范各类土地出让,指导城市开发建设和规划管理。为此,金洲新区与湖南省城市规划设计研究院(湖南省建筑设计院)签订合同,委托其编制新区32平方千米区域的控制性详细规划。

2014 年 5 月 16 日，宁乡县城乡规划局组织专家对《宁乡金洲新区控制性详细规划》进行评审。专家认为：《宁乡金洲新区控制性详细规划》内容翔实，文本规范，但在与其他规划的衔接、用地布局、公共服务设施配套道路交通、环保环卫、水环境、市政基础设计布局、工业能源布局等方面提出修改意见。

2016 年 4 月 29 日，宁乡县人民政府正式回复县城乡规划服务办，原则同意《宁乡高新区控制性详细规划》(以下简称"《控规》")。至 2017 年，《宁乡高新区控制性详细规划》无变化。

**二、《宁乡高新区控制性详细规划》主要内容**

(一)功能定位

功能定位为以先进装备制造业、新能源新材料和光电信息为主导，积极延伸产业链，培育产业集群，同时完善居住配套相关产业。

1. 主导产业：包括先进装备制造业、新能源新材料和光电信息三大产业，积极发展节能环保技术及相关产业，促进产业升级转型。

2. 配套服务业：依托金洲新区良好的产业、区位和环境优势，发展商贸物流、宾馆酒店、总部办公、疗养度假、养老医疗、文化休闲等配套服务业，提升金洲新区的整体竞争力和服务水平。

3. 居住服务配套产业：主要完善教育、文化体育、医疗卫生、康体娱乐、城市社区公园等居住配套设施，加快金洲新区向金洲新城的转型升级。

(二)规划结构

在规划范围中部、官桥河西侧，规划定位为综合配套服务核心区，设置行政办公、展览、商业、商务及科研孵化等配套设施。

沿金洲路南北向发展产业，北面对接城际铁路及北侧工业组团，南面对接夏铎铺工业组团，实现环境、经济、社会效益的最大化。

沿金洲大道东西向发展生活配套功能，依托碧桂园、澜湾国际等项目，对接长沙和宁乡县城。

形成 3 个不同类型的功能片区：东部高档生活片、中部产业发展片、西侧综合生活片。

（三）土地利用规划

规划工业用地952.87公顷，占总建设用地的39.53%。总体布局上可将工业用地区划为先进装备制造业、新能源新材料产业、光电信息产业三大产业区块。规划居住用地722.59公顷，占总建设用地的29.98%。绿地与广场用地245.34公顷，占总建设用地的10.18%。其中，公园绿地137.75公顷，防护绿地98.51公顷，广场用地9.08公顷。公共管理与公共服务设施用地73.03公顷，占总建设用地的3.03%，主要布置在东侧的综合配套服务区内，包括文体中心、医院及社会福利设施等。商业服务业设施用地146.64公顷，占总建设用地的6.08%。商业用地主要沿欧洲路、金洲大道、历泉路等主要道路布置。商务用地和康体娱乐用地集中于综合配套服务核心区。规划物流仓储用地36.62公顷，占总建设用地的1.52%。道路与交通设施用地210.59公顷，占总建设用地的8.74%。公用设施用地22.71公顷，占总建设用地的0.94%，包括变电站用地和消防站用地。

**2007年高新技术产业园区规划用地一览表**

**表2—1**

| 序号 | 分类代码 | 用地名称 | 面积（万平方米） | | 比例（%） | |
|---|---|---|---|---|---|---|
| | | | 现状 | 规划 | 现状 | 规划 |
| 1 | R | 居住用地 | 76.89 | 1029.04 | 27.9 | 25.96 |
| 2 | C | 公共设施用地 | 7.17 | 342.82 | 2.6 | 8.65 |
| 3 | M | 工业用地 | 70.28 | 1655.09 | 25.5 | 41.75 |
| 4 | W | 普通仓储用地 | — | 102.06 | — | 2.57 |
| 5 | T | 对外交通用地 | 53.47 | 20.36 | 19.4 | 0.51 |
| 6 | S | 道路广场用地 | 56.50 | 536.79 | 20.5 | 13.54 |
| 7 | U | 市政设施用地 | 11.30 | 50.94 | 4.1 | 1.29 |
| 8 | G | 绿地 | — | 225.92 | — | 5.81 |
| 9 | — | 城市建设用地 | 2785.61 | 3963.92 | 100 | 100 |
| 10 | E | 水域及其他用地 | 5287.37 | 1599.06 | — | — |
| 11 | — | 城市总体规划用地 | 5562.98 | 5562.98 | — | — |

## 2016 年高新技术产业园区规划城乡用地一览表

**表 2—2**

| 用地代码 | | | 用地名称 | 用地面积(公顷) | 占城乡用地比例(%) |
|---|---|---|---|---|---|
| 大类 | 中类 | 小类 | | | |
| H | | | 建设用地 | 2545.35 | 70.73 |
| | H1 | | 城乡居民点建设用地 | 2526.59 | 70.21 |
| | | H11 | 城市建设用地 | 2485.17 | 69.06 |
| | | H14 | 村庄建设用地 | 41.42 | 1.15 |
| | H2 | | 区域交通设施用地 | 9.81 | 0.27 |
| | | H22 | 公路用地 | 9.81 | 0.27 |
| | H3 | | 区域交通设施用地 | 8.95 | 0.25 |
| E | | | 非建设用地 | 1053.17 | 29.27 |
| | E1 | | 水域 | 31.37 | 0.87 |
| | E2 | | 农林用地 | 1021.80 | 28.40 |
| | | | 城乡用地 | 3598.52 | 100.00 |

## 2016 年高新技术产业园区规划城市建设用地一览表

**表 2—3**

| 用地代码 | | | 用地名称 | 用地面积(公顷) | 占城市建设用地比例(%) |
|---|---|---|---|---|---|
| 大类 | 中类 | 小类 | | | |
| R | | | 居住用地 | 545.45 | 21.95 |
| | R1 | | 一类居住用地 | 151.60 | 6.10 |
| | R2 | | 二类居住用地 | 393.85 | 15.85 |
| A | | | 公共管理与公共服务设施用地 | 65.97 | 2.65 |
| | A1 | | 行政办公用地 | 0.72 | 0.03 |
| | A2 | | 文化设施用地 | 2.00 | 0.08 |
| | A3 | | 教育科研用地 | 47.21 | 1.90 |
| | | A32 | 中等专业学校用地 | 12.81 | 0.52 |
| | | A33 | 中小学用地 | 34.40 | 1.38 |
| | A5 | | 医疗卫生用地 | 16.04 | 0.65 |
| | | A51 | 医院用地 | 16.04 | 0.65 |

**续表 2—3**

| 用地代码 | | | 用地名称 | 用地面积（公顷） | 占城市建设用地比例（%） |
|---|---|---|---|---|---|
| 大类 | 中类 | 小类 | | | |
| B | | | 商业服务业设施用地 | 310.96 | 12.51 |
| | B1 | | 商业用地 | 185.45 | 7.46 |
| | B2 | | 商务用地 | 74.87 | 3.01 |
| | B3 | | 康体娱乐用地 | 32.63 | 1.31 |
| | B4 | | 公用设施营业网点用地 | 2.51 | 0.10 |
| | | B41 | 加油加气站用地 | 2.51 | 0.10 |
| | B9 | | 其他服务设施用地 | 15.51 | 0.62 |
| M | | | 工业用地 | 1053.21 | 42.38 |
| | M1 | | 一类工业用地 | 62.29 | 2.51 |
| | M2 | | 二类工业用地 | 990.92 | 39.87 |
| W | | | 物流仓储用地 | 20.81 | 0.84 |
| | W1 | | 一类物流仓储用地 | 20.81 | 0.84 |
| S | | | 道路与交通设施用地 | 281.60 | 11.33 |
| | S1 | | 城市道路用地 | 275.57 | 11.09 |
| | S3 | | 交通枢纽用地 | 1.09 | 0.04 |
| | S4 | | 交通场站用地 | 4.94 | 0.20 |
| | | S41 | 公共交通场站用地 | 1.23 | 0.05 |
| | | S42 | 社会停车场用地 | 3.71 | 0.15 |
| U | | | 公用设施用地 | 27.69 | 1.11 |
| | U1 | | 供应设施用地 | 3.47 | 0.14 |
| | | U12 | 供电用地 | 2.11 | 0.08 |
| | | U13 | 供燃气用地 | 1.35 | 0.05 |
| | U2 | | 环境设施用地 | 4.57 | 0.18 |
| | | U21 | 排水用地 | 0.25 | 0.01 |
| | | U22 | 环卫用地 | 4.33 | 0.17 |
| | U3 | | 安全设施用地 | 19.66 | 0.79 |
| | | U31 | 消防用地 | 19.66 | 0.79 |

续表 2—3

| 用地代码 | | | 用地名称 | 用地面积(公顷) | 占城市建设用地比例(%) |
|---|---|---|---|---|---|
| 大类 | 中类 | 小类 | | | |
| G | | | 绿地与广场用地 | 179.46 | 7.22 |
| | G1 | | 公园绿地 | 101.88 | 4.10 |
| | G2 | | 防护绿地 | 70.18 | 2.82 |
| | G3 | | 广场用地 | 7.40 | 0.30 |
| H11 | | | 城市建设用地 | 2485.17 | 100.00 |

(四)六大系统工程

1.道路系统

规划构建成“三横三纵”的主干路网结构。三横为长常高速(远期为城市快速路)、金洲大道、金桥路,三纵为欧洲路、金洲路、历泉路。

2.公共管理与商业服务系统

行政办公、文化设施、教育科研、医疗卫生、商业服务业设施等用地和建设。

3.居住系统

规划形成3片居住片区。东部居住片区:金洲中心区的居住用地和官桥河以东的居住用地。西南部居住片区:金洲大道以南、历泉公路以西。西北部居住片区:金洲大道以北、历泉公路两厢。其他有部分相对分散的居住用地。

4.工业与物流仓储系统

规划仓储(物流)用地位于欧洲路与长常高速交会处西南,利用关山互通的交通优势,发展综合性物流园区。

5.绿地与广场系统

保护现有的“河流—山体—城市”良好生态格局,构筑城市绿地系统结构。

利用官桥河水资源在综合配套服务片区中央构建水系绿化核心。构建官桥河两侧绿化景观轴线。依托邱家塘、平湖塘、山枣塘构建公园绿地。在金洲大道与金洲路、欧洲路交会处布置两个大型的城市广场,在两个高速路互通口附近形成绿地景观。在金洲路与金洲大道交叉口、欧洲路与金洲大道交叉口均利用现有植被规划为城市广场,作为城市集散、娱乐、休闲的绿化广场。结合文化中心、特色商业街,保留绿地,规划布置城市广场。

6.公用设施系统

供水系统。规划范围西南部新建芙蓉新区水厂,规模25万立方米/日,占地面积12公顷,水源为沩水。宁乡县城供水管网供水,规模5万立方米/日,水源为沩水。规划范围北部新建水厂,规模20万立方米/日,占地面积10公顷,水源为湘江。

排污系统。规划近期西北部建设西部污水处理厂,规模20万立方米/日,占地面积10公顷;远期在东北部建设北部污水处理厂,规模15万立方米/日,占地面积8公顷。根据排水方向,该区分为2个污水分区,W1区为金洲路以西区域,该区污水排往西部污水处理厂。W2区为金洲路以东区域。近期通过污水提升泵站排往西部污水处理厂,远期排往北部污水处理厂。

电力工程。规划范围考虑布置3个110千伏变电站(新建1个110千伏变电站,预留1个110千伏变电站站址)。南部的220千伏宁乡东变(楚沩变)出10千伏供该区域。

通信工程。新建2个电信分局、2个广电分局、2个移动通信局。以金洲路为界,东部、西部片区各建1个电信分局。广电分局、移动通信局与电信分局相邻建设。

燃气布局。规划在金洲大道东天然气门站引 DN200 中压燃气供气干管，占地面积 5000 平方米，同时结合门站设置储备站。沿金洲大道、欧洲路、金水路、金洲路、金桥路、金科西路、历泉路铺设中压干管，次要道路布置低压管网。中压和低压管连接处设 19 座调压站，低压管经降压后输送至用户。

环境卫生设施工程。规划设置 2 座小型压缩垃圾转运站，新区内结合东、西生活片区设置，用地面积 800 平方米，与周围建筑物的间距不小于 10 米。

规划范围北至石长铁路，南至金桥路以南 300 米，东至宁乡县界，西至历泉公路，城市建设用地面积 25 平方千米。宁乡高新区定位为长株潭及中部地区重要的产业新城和具有绿水生态特色的宜居新城，以先进装备制造业、新能源和新材料和光电信息为主导，配套服务完善的现代化产业新城。用地结构为“一核、两带、两片区”。“一核”指规划区综合配套服务核心区；“两带”指沿金州大道产业发展带、沿欧洲路生活发展带；“两片区”指东部高档生活片、西部产业发展片。

道路交通规划。构建“三横三纵”道路网格局及城市停车设施、公共交通设施和道路竖向规划。统筹安排规划区内给水、排水、电力、电信、燃气等市政基础设施。





## 第三节 专项规划

2007 年 9 月，园区规划以《宁乡县城市总体规划(2000—2020 年)》《宁乡县金洲新区(2006—2020 年)总体规划》为依据，委托宁乡县规划设计(院)有限公司编制一系列的专项规划。包括《金洲新区专项规划——环保规划》《金洲新区专项规划——燃气规划》《金洲新区专项规划——电信规划》《金洲新区专项规划——给水规划》《金洲新区专项规划——交通规划》《金洲新区专项规划——消防规划》《金洲新区专项规划——环境卫生规划》《金洲新区专项规划——排水规划》《金洲新区专项规划——电力工程规划》9 个专项规划。2008 年 7 月，各专项规划空成编制，提交相关部门的审核并实施。

2017 年，委托国家电网长沙经济研究所完成《宁乡高新技术产业园区电力专项规划(2016—2030)》。

## 第四节　规划管理



2006 年，金洲新区的规划管理由宁乡县城乡规划局负责。金洲新区设立总工室主要负责园区各类规划编制、管理；负责政府投资项目前期的各项手续办理，组织勘察、设计单位做好方案、初步设计、施工图设计；做好和跟进工程项目招投标代理及管理工作；做好园区零星设计项目设计和有关施工方案评审工作。

2007 年，金洲新区明确规定，园区规划范围内村民建房必须经管委会、乡(镇)政府、规划、国土及相关职能部门实地察看、调查、核实后，按相关规定实施。按照有关法律法规和县人民政府安排，金洲新区内违法、违章建筑、突击装修的控制、处罚，由县城管局金洲城管中队负责。



2012 年 9 月 6 日，省发展和改革委、省产业园区办发文批复，原则同意《金洲新区工业集中区发展规划(2011—2020)》(以下简称“《规划》”)。范围：近期(2011—2015 年)规划面积 1200 公顷，四至范围为东至亚洲路，西至历泉路，南至金桥路，北至长常高速公路。远期(2016—2020 年）规划面积 2500 公顷，四至范围为东至八曲河，西至沩水河，南至 319 国道，北至石长铁路。金洲新区工业集中区必须严格实施土地利用总体规划和城镇总体规划，按规定程序履行用地报批手续，严禁房地产、大广场等项目建设。

2014 年 8 月 1 日，金洲新区规划建设局成立。建设局负责全区总体规划和详细规划的编制、报批，参与土地利用总体规划的编制与审查；负责区内建设工程的规划报批；承担区内建设工程的综合协调、调度指导、监督管理；负责区内建设工程的综合协调、调度指导、监督管理；负责区内建设工程的初步设计批复、施工图审查备案、工程技术资料备案管理、联合验收和评估认证等工作。同年 10 月，宁乡县委、宁乡县人民政府下发《关于明确金洲新区工业集中区管理体制及职能权限的意见》，将规划职能授权新区，规划管理工作由新区规划建设局负责。

# 第三章

# 基础设施建设

# 第三章 基础设施建设

## 第一节 道路建设

2005年,宁乡连接长沙的道路主要有两条:长常高速和319国道。长常高速金洲新区段全封闭;319国道路面窄,路况较差,两条道路均不具备带动两厢发展的能力。7月,省交通厅同意在长常高速宁乡县全民乡段增设全民互通。7月29日,宁乡县委、县政府决定成立全城线(全民乡—县城)建设指挥部。10月,全民互通及连接线项目启动建设,总投资约2.4亿元。项目建设内容包括互通立交、收费站亭、连接线、沩水大桥。全城线全长10千米。是年末,启动沩水大桥建设,全民互通建设基本完成。

2006年3月7日起,以"金洲大道"取代"全城线"。金洲大道按城市主干道标准建设,宽65米,长25.32千米(其中宁乡段9.46千米、望城段15.48千米、长沙金洲新区段0.38千米),包括金洲互通(全民互通)连接线。3月10日,金洲大道东段(长沙段)启动建设。5月8日,望城段、金洲新区段同时开工。6月,完成园区7条主要道路的测量,启动5条园区道路建设。12月,建设园区道路10千米以上,初步形成以金洲大道为主轴,北通长常高速公路,南接319国道,东抵宁望边界的八曲河,西达县城二环东路的较为完善合理的园区交通网。

2007年4月,金洲大道东线工程(宁乡段)开工,园区金沙路、金水路、美洲路、欧洲路全面动工,其中金洲大道东线工程通过"四抓四带动",在两个月时间内完成路基工程;4条支线路(金沙路、金水路、美洲路、欧洲路)全部贯通,满足入园企业的进出需求。12月,园区新修城市道路网近30千米,形成以金洲大道为轴的"五横四纵"("五横"指长常高速、金水路、金沙路、金洲大道东西线、319国道;"四纵"指金洲大道南北线、欧洲路、美洲路、历泉公路)的内外交通体系,园区骨架随之拉开,发展平台初具规模。

2008年4月,园区欧洲路(夏铎铺连接线)项目与金洲大道东线建设同时启动,路基长1.6千米,宽24米,已达到设计标准,共完成土方6万余立方米。金沙西路、金水西路、美洲北路3条园区路通过公开招商,确定投资商,于7月初集中启动建设。8月15日,金洲大道全线贯通。11月,金洲大道东线宁乡段和5条园区道路竣工;建成以金洲大道为轴的30余千米的园区路网。当年,园区道路建设累计投资达7亿元。

2009年,园区路网中的金水东路、银洲路、金沙路、美洲路竣工,形成以金洲大道为主轴的园区路网、40余千米的园区内外交通网。2010年,建成美洲南路、银洲南路。园区建成路网长度包括金洲大道在内约40千米。

2011年5月1日,长常高速关山互通竣工,金洲新区又增加1个高速公路进出口,交通更加便捷。新启动欧洲北路(关山互通连接线)、亚洲北路等5个重点路网工程。这些基础和配套设施项目为园区扩容提质打下坚实基础。

2012年,新增泉州路、欧洲北路、金水东路、金沙东路、亚洲路8千米路网。至此,金洲新区建成园区路网总数约50千米(含括主干道、次干道),道路设施建设累计投入资金约20亿元。当年,园区启动美洲北路、亚洲北路、欧洲路等交通道路基础设施建设项目。

2013—2014年,园区道路新增10千米,路网总长达到60千米。园区到"十二五"规划末,基础建设投资达132.6亿元,其中路网建设投资约80亿元。

2015年,园区以BT项目形式投资金沙东路、姚家坡路、金水路、金岳路、金香路。金沙东路(欧洲路—金水东路段)全长约1.2千米,路幅宽度30米;投资范围包含临时工程、路基、路面、桥涵、交叉工程、排水、人行道、交通安全设施、预埋管线、绿化、照明及环境保护工程等,总投资4320万元。姚家坡路(泉洲北路—欧洲北路)全长667米,路幅宽度14米,施工合同范围包含路基、路面附属工程等,总投资1400万元。金水路(欧洲路—官桥河)全长约960米,路幅宽度24米,总投资1531万元。金岳路(金洲大道—319国道)全长约2.9千米,投资2.28亿元,范围包含临时工程、路基、路面、桥涵、交叉工程、排水、人行道、交通安全设施、预埋管线、绿化、照明及环境保护工程等。金香路(金洲大道—319国道)全长约4.7千米,投资4.5亿元,范围包含临时工程、路基、路面、桥涵、交叉工程、排水、人行道、交通安全设施、预埋管线、绿化、照明及环境保护工程等。园区路网达 50 千米。当年，完成长张高速关山互通建设。至此，园区拥有金洲和关山两个高速公路进出口。

2016 年，金洲南路、欧洲南路建成通车；完成欧洲北路、金洲大道以北 8 条道路亮化工程；园区路网总里程达 60 千米。

2017 年，园区新装道路路灯 1900 余盏。开通园区至岳麓区大学城的免费公交路线——“科技快线”4 条，采用沃特玛联盟电动大巴 30 辆、开通宁乡市区到园区的 99 路公交车。至此，园区用于道路及配套设施建设资金约 100 亿元。

**主干道控制一览表**

**表 3—1**

| 序号 | 道路名 | 走向 | 起讫点 | 长度（千米） | 红线宽度（米） | 绿线宽度（米） |
|---|---|---|---|---|---|---|
| 1 | 金洲大道 | 东西 | 金全路—纵十路 | 8.33 | 65 | 65 |
| 2 | 长常高速 | 东西 | 纵一路—欧洲路 | 4.69 | 26 | 26 |
| 3 | 金桥路 | 东西 | 金桥西路—欧洲路 | 8.82 | 46 | 57 |
| 4 | 金洲路 | 南北 | 金洲路—金洲大道 | 5.02 | 64 | 64 |
| 5 | 欧洲路 | 南北 | 金桥东路—长常高速 | 5.03 | 46 | 57 |
| 6 | 历泉路 | 南北 | 石长铁路—金桥路 | 5.24 | 46 | 57 |

**次干道控制一览表**

**表 3—2**

| 序号 | 道路名 | 走向 | 起讫点 | 长度（千米） | 红线宽度（米） | 绿线宽度（米） |
|---|---|---|---|---|---|---|
| 1 | 沩水大道 | 南北 | 金利路—金桥西路 | 2.52 | 36 | 36 |
| 2 | 金沙路 | 东西 | 历泉路—欧洲路 | 5.25 | 30 | 30 |
| 3 | 横八路 | 东西 | 金林东路—欧洲路 | 0.55 | 30 | 30 |
| 4 | 金科东路 | 东西 | 金洲路—横八路 | 1.93 | 30 | 30 |

**续表 3—2**

| 序号 | 道路名 | 走向 | 起讫点 | 长度（千米） | 红线宽度（米） | 绿线宽度（米） |
|---|---|---|---|---|---|---|
| 5 | 金林东路 | 东西 | 横八路—金洲路 | 2.14 | 30 | 30 |
| 6 | 亚洲南路 | 东西 | 金洲大道—金洲路 | 2.29 | 30 | 30 |
| 7 | 银洲南路 | 南北 | 金洲大道—金桥西路 | 2.51 | 30 | 30 |
| 8 | 泉洲南路 | 南北 | 金洲大道—金林东路 | 0.58 | 30 | 30 |
| 9 | 金水路 | 东西 | 历泉路—欧洲路 | 4.94 | 24 | 24 |
| 10 | 金全路 | 南北 | 金利路—金桥西路 | 2.55 | 24 | 24 |
| 11 | 横五路 | 东西 | 欧洲路—纵十路 | 1.6 | 24 | 24 |
| 12 | 金林西路 | 东西 | 金洲路—澳洲路 | 2.01 | 24 | 24 |
| 13 | 金科西路 | 东西 | 金全路—金洲路 | 4.57 | 24 | 24 |
| 14 | 金舞路 | 东西 | 历泉路—金全路 | 1.15 | 24 | 24 |
| 15 | 金华路 | 东西 | 金全路—历泉路 | 1.13 | 24 | 24 |
| 16 | 金利路 | 东西 | 历泉路—金全路 | 0.96 | 24 | 24 |
| 17 | 纵十路 | 南北 | 欧洲路—金桥东路 | 5.32 | 24 | 24 |
| 18 | 银洲北路 | 南北 | 金水路一段—金洲大道 | 1.25 | 24 | 24 |
| 19 | 泉洲北路 | 南北 | 金山路—金洲大道 | 2.7 | 24 | 24 |
| 20 | 金山路 | 东西 | 纵一路—泉洲北路 | 2.51 | 24 | 24 |
| 21 | 美洲路 | 南北 | 金山路—金桥西路 | 4.56 | 24 | 24 |
| 22 | 澳洲路 | 南北 | 金桥西路—金水路一段 | 3.79 | 24 | 24 |
| 23 | 纵一路 | 东西 | 金水路一段—金山路 | 1.37 | 24 | 24 |
| 24 | 金桥路 | 南北 | 长常高速—金桥西路 | 10.5 | 65 | 65 |

## 支路道路控制一览表

**表 3—3**

| 序号 | 道路名 | 走向 | 起讫点 | 长度（千米） | 红线宽度（米） | 绿线宽度（米） |
|---|---|---|---|---|---|---|
| 1 | 纵二路 | 南北 | 金山路—横二路 | 0.45 | 21 | 21 |
| 2 | 横七路 | 东西 | 金林东路—欧洲路 | 0.79 | 21 | 21 |
| 3 | 纵九路 | 南北 | 金科东路—欧洲路 | 0.39 | 21 | 21 |
| 4 | 纵八路 | 南北 | 金科东路—金桥东路 | 1 | 21 | 21 |
| 5 | 纵六路 | 南北 | 金科东路—金桥西路 | 0.59 | 21 | 21 |
| 6 | 纵十一路 | 南北 | 金园路—金水路二段 | 0.56 | 21 | 21 |
| 7 | 亚洲北路 | 南北 | 金水路二段—金洲大道 | 1.3 | 18 | 38 |
| 8 | 金园路 | 东西 | 金水路一段—欧洲路 | 2.72 | 12 | 12 |
| 9 | 横二路 | 东西 | 金洲路—泉洲北路 | 1.26 | 12 | 12 |
| 10 | 横一路 | 东西 | 美洲路—金洲路 | 0.86 | 12 | 12 |
| 11 | 横三路 | 东西 | 金水路一段—纵一路 | 1.63 | 12 | 12 |
| 12 | 横四路 | 东西 | 银洲北路—欧洲路 | 2.01 | 12 | 12 |
| 13 | 横六路 | 东西 | 历泉路—澳洲路 | 0.79 | 12 | 12 |
| 14 | 纵五路 | 南北 | 亚洲南路—金林东路 | 0.32 | 12 | 12 |
| 15 | 纵四路 | 南北 | 纵五路—银洲南路 | 0.82 | 12 | 12 |
| 16 | 纵三路 | 南北 | 金水路一段—金园路 | 0.47 | 12 | 12 |
| 17 | 纵七路 | 南北 | 金林东路—亚洲南路 | 0.2 | 12 | 12 |

### 道路网密度一览表

表 3—4

| 道路类别 | 总长度(千米) | 路网密度(千米/千平方米) |
|---|---|---|
| 主干道 | 34.41 | 0.96 |
| 次干道 | 70.94 | 1.97 |
| 支路 | 16.16 | 0.45 |
| 合计 | 121.51 | 3.38 |

### 高新区道路一览表

表 3—5

| 序号 | 道路名 | 走向 | 起讫点 | 长度(米) | 宽度(米) | 道路类型 |
|---|---|---|---|---|---|---|
| 1 | 金洲大道东西线 | 东西 | 金洲大桥东边段—望城交界处 | 9033.5 | 73 | 一级道路 |
| 2 | 金洲大道南北线 | 南北 | 长常高速互通口—金林路 | 2997.5 | 57 | 一级道路 |
| 3 | 澳洲北路 | 南北 | 金洲大道—金水西路 | 881 | 21 | 二级道路 |
| 4 | 澳洲南路 | 南北 | 金州大道—金林路 | 881 | 21 | 二级道路 |
| 5 | 美洲北路 | 南北 | 金洲大道东西线—长常高速 | 2000.5 | 24 | 二级道路 |
| 6 | 银洲路 | 南北 | 金洲大道—金水东路 | 1923.4 | 21 | 二级道路 |
| 7 | 泉洲路 | 南北 | 金洲大道东线—金园路 | 2332.3 | 24 | 二级道路 |
| 8 | 欧洲路 | 南北 | 金水东路—高新安置小区 | 2880.7 | 57 | 一级道路 |
| 9 | 金水西路 | 东西 | (历泉公路—金洲北路) | 3306.9 | 21 | 二级道路 |
| 10 | 金水东路 | 东西 | 欧洲路—金洲北路 | 1406.2 | 24 | 二级道路 |
| 11 | 金沙路 | 东西 | 金洲大桥东边段—八曲河 | 6455.6 | 30 | 二级道路 |
| 12 | 蓼叶坡路 | 南北 | 长常高速—金水东路 | 462.4 | 14 | 二级道路 |

续表 3—5

| 序号 | 道路名 | 走向 | 起讫点 | 长度（米） | 宽度（米） | 道路类型 |
|---|---|---|---|---|---|---|
| 13 | 金园路 | 东西 | 泉州路—亚洲路 | 691.4 | 14 | 二级道路 |
| 14 | 金林路 | 东西 | 澳洲路—金洲南路 | 2005.6 | 24 | 二级道路 |
| 15 | 龙登坡路 | 南北 | 长常高速—金水东路 | 473.4 | 14 | 二级道路 |
| 16 | 姚家坡路 | 东西 | 银州路—泉州路 | 618 | 14 | 二级道路 |

## 第二节　供水　供电　排污　标准厂房

### 一、供水

2005 年，金洲新区用水由宁乡县城三水厂供应，三水厂的日供水能力达到 12 万吨。金洲新区范围内给水干管布置为“三横三纵”：纵向沿欧洲路、金洲路、历泉路敷设，横向沿金水路、金洲大道、金桥路敷设。

2007 年 11 月，主线内自来水管线基本安装，铺设自来水管道 11 千米。建成日供水 3000～5000 吨的深水井 1 座，能满足新区近期生产、生活需求。2008 年 11 月，园区敷设自来水管总长 17 千米。

2010 年，规划在西南部和北部新建水厂，与长沙、望城形成区域管网供水，再从夏铎铺经金洲南线至金洲广场以及金洲西线上敷设水管。

2011 年，宁乡县三水厂敷设管道送水进入金洲开发区，在金洲大道、银州路、美洲路和金沙大道下敷设配水管。在曾家河加压泵站加压后送水进入夏铎铺片，夏铎铺片的配水管在金洲南路上与金洲片配水管连通；整个金洲新区的配水管网除银州路、金洲路和金沙路的小部分连成环状以外，其余均为支状管网。

2017 年，高新区自来水由中国水务（长沙）有限公司供应，出厂水水质综合合格率为 100％。高新区自来水管理随路敷设，企业供水普及率 100％，月用水量约 390 万立方米。

## 二、供电

2006年,在电力部门的支持下,新区工业用电专线开始建设,11万伏变电站选址确定。2007年,为解决工业项目生产用电,园区规划在服饰产业园银泓纺织旁边投资187.8万元,建设占地面积1.14公顷的110千伏变电站1座,另架设万伏供电专线1条。2008年,建设历经铺经金沙西路至三一重工和夏铎铺至碧桂园的两条10千伏线路;11月,架设高压线路1.9万多米。

2010年,集中区内有历经铺110千伏变电站1座,宁乡县老城区110千伏电力线从北侧进入该区供电;当年,规划新建110千伏变电站2座、220千伏变电站1座,完成天玉线22万伏线路改造。

2012年,夏变110千伏、宁乡东变110千伏、220千伏天玉线及园区10千伏的改建工作完成。完成左岸春天10千伏线入地敷设工作。

2016年,高新区用电主要依托110千伏宁乡东变电站、夏铎铺变电站、楚沩变电站、历经铺变电站以及110千伏全民变电站,这些变电站基本满足园区生产和生活用电。



2017年,宁乡高新区用电主要依托110千伏夏铎铺变电站、宁乡东变电站110千伏全民变电站、楚沩变电站、历经铺变电站,并规划布局分布式能源项目及光伏发电工程,电力供应充足、稳定。园区根据道路线路特点,编制电力专项规划方案,优化出线线路,提高电力供应能力及保障力度。

## 三、排污

园区在道路建设的同时,配套进行排污设施建设。2010年,园区建成排污、排水管道约32千米。2011年,投入3000余万元完成园区核心区域10千米的主管网工程,解决污水排放问题。

2015年3月25日,为进一步提升园区污水处理水平,打造生态园区、绿色园区,园区采用PPP模式规划的东城污水处理厂开工建设,并成立东城污水处理公司负责运营。项目规划总用地面积8万平方米,一期总投资1.4亿元,用地面积4.19万平方米。日处理污水量达2.5万吨。出水水质指标达到国家一级B类标准。当年12月底,竣工投产。

2016年,东城污水处理厂第二期工程开工建设,日污水处理能力达5万吨。

完成东城污水处理厂及其配套管网、金洲集镇污水主管工程。

2017 年，园区投资修复完善园区主管网；东城污水处理厂验收，53 家企业实现雨污分流，所有污水经东城污水处理厂处理后排出；污染源在线监控系统启动建设；整改易涝点 14 处，更换雨水篦子 180 处，全力打造“无内涝园区”。4 月 28 日，通过长沙市环保局组织的环保验收，出水水质稳定，达到排放标准；5 月 16 日，通过联合验收，具备商业运行的条件。新建金洲大道（欧洲北路—望宁交界）南侧污水管道，全长 1413 米。启动欧洲北路（关山收费站—高速涵洞段）两侧污水管道改造工程，西线全长 126.271 米，东线辅道道路全长 125.819 米，雨污水管线顺接长常高速下穿涵洞两侧预留管道，污水向南接入欧洲路建污水管线；西侧辅道雨水向南接入欧洲路过路箱涵。

**四、标准厂房建设**

2009 年 7 月，宁乡县为推动长沙大河西先导区新型工业化园区的进程，进一步完善金洲新区工业园的基础设施建设，批复《宁乡县金洲新区工业标准厂房建设项目可行性研究报告》，同意在金洲新区进行工业标准厂房建设。在金洲新区澳洲路以西、金沙西路以南，批准总用地面积 19.2 万平方米，建厂房 30 栋、员工宿舍 11 栋，总建筑面积 18.5 万平方米，总投资 1.63 亿元。

2010 年，金洲新区为节约、集约利用土地，规划建设 18 万平方米，集生产、办公、生活于一体的恩吉创业园，作为中小企业创业孵化中心，一期工程投入 1.5 亿元，建成 8 万平方米的厂房和园区基础设施，东鑫环保、安泰工程塑料等 9 家优质企业入驻，创业园成为园区集聚优质中小企业的新平台。

2012—2015 年，宁乡高新区共建设标准厂房近 200 万平方米（含企业自建）。2015 年 4 月，湖南创新服务中心一期 53.33 万平方米基本开发完毕，项目规划建设面积 63 万平方米，完成投资 20 亿元以上，建成面积达 50 万平方米，涵盖工业标准厂房、企业孵化楼、创业公寓楼、创新服务大楼、创新湖南展示中心、创客空间、后勤中心、知识产权法庭等，园内供水、供电、通信、网络、蒸汽等配套全覆盖。

2016—2017 年，园区启动金水西路、东路标准厂房建设，创业创新孵化器一期，创业创新示范基地二期、三期、五期的建设。

### 五、其他

建园之初，金洲新区的电信、网路、天然气等设施薄弱。2007年起，开始相关设施的规划和建设。2009年，园区近期规划19平方千米范围内的天然气、通信、网路建设基本完成。2010年，园区建成排污、排水管道约32千米。2011年，投入3000余万元完成新区10千米的主管网工程，解决了污水排放问题。2012年，通信、互联网与宁乡县通信网络连接。

2016年，宁乡高新区的天然气由新奥集团下属全资子公司宁乡新奥燃气有限公司供应，建成天然气管网约60千米；最大供气能力20万立方米/日，每立方米的热值为8500大卡。月用气量约105万立方米，能满足园区企业天然气需求。高新区投资敷设的蒸汽管道于3月实现集中供热；通信、邮政、宽带、有线电视等覆盖全园区，为高新区基本生产、生活提供了必要保障。

2017年，宁乡高新区建立较为完备的商业配套体系，为技术专家和企业人才提供良好的就医、就学、商贸、居住、物流等生活配套资源。教育配套方面，有碧桂园中英文双语学校、宁乡一中、金海中学、玉潭中学等为宁乡高新区提供优质的教育资源。商贸配套方面，园区内有奥特莱斯、人人乐、崇尚百货、大润发、豪德贸易广场等，为企业提供便利的商贸服务。居住配套方面，碧桂园、关山一品、山水桃园等住宅区为科研人才和企业高管提供良好的居住环境；金洲新城及全民、同兴、龙桥、高新、紫云小区楼盘建设面积超过40万平方米。

# 第四章

# 土地征用与拆迁安置

# 第四章　土地征用与拆迁安置

2005年至2011年11月,金洲新区土地征用由宁乡县国土资源局拆迁事务所负责,依照长沙市人民政府颁布的土地征收政策执行。

2011年11月金洲新区成立国土分局后,由国土分局负责土地管理工作,征拆工作由金洲新区社会事务局在金洲新区国土分局、宁乡市国土资源局拆迁事务所指导下进行。对拆迁户的安置,金洲新区制订了实施细则。在宁乡县人民政府领导下,联合园区内各个乡镇政府做好拆迁户的生活、住房和劳动力的安置,全面实施低保、社保,确保失地农民安居乐业,提高人民生活水平,创造园区和谐稳定的发展环境。

## 第一节　土地征用和管理

### 一、土地征用

2005年下半年,随着金洲大道修建,园区依据长沙市人民政府2000年3月发布的《长沙市征地补偿安置条例实施办法》(长沙市人民政府60号令)和其他相关政策、法律开始征地拆迁工作。宁乡县国土资源局征地拆迁事务所派人全程参与征拆,当地乡镇国土资源所配合征拆工作,经开区国土分局两名工作人员负责金洲新区国土工作,宁乡县国土资源局各科室,提供征地测量、土地报批、土地征收公告发布、土地供应等服务。当年征收面积53.85公顷,支付征地补偿款1117.9万元。

2006年,为建设同兴、全民、紫云、群星4个集中安置区,征地16公顷,容量达800户左右,可将园区300公顷范围内的拆迁群众集中安置。在征地补偿中,引导群众将征地款投入园区开发建设,给予群众固定回报,这样既使群众征地后有固定收益,又有利于园区开发。当年完成征地333.33公顷。

2007年3月,长常高速金洲互通开通,随后金洲大道全线通车,金洲南北线等多条园区道路开通,碧桂园、圣得西等多家企业落户园区。金洲新区组织对金洲大道、金洲南北线、碧桂园、圣得西等重大项目的土地征用及拆迁工作,先后成立全城线、碧桂园等多个项目建设指挥部,用于指挥项目用地征拆和项目建设。2006年1月至2008年3月,按长沙市人民政府颁布的60号令,征收土地842.12公顷,付征地补偿款25304.36万元。2008年4月1日后,实施长沙市人民政府103号令《长沙市征地补偿实施办法》及省、市、县有关征地政策。县人民政府成立征地办公室;报批国有建设用地和土地供应需按规定缴纳社保资金;征地拆迁价格按照规定调整;金洲新区安置方式和城区一样,由留地安置变为货币安置,即金洲新区按照规定支付拆迁户房屋设施补偿费、购房补助费等费用,并按规定提供多层安置保障住房。至2013年,园区先后执行长沙市人民政府60号令、103号令,总计征地1408.40公顷,付征地补偿费52057.6万元。

2015年,园区完成征地76.77公顷,其中金沙东路9.93公顷、九龙仓14.14公顷、金水东路9.47公顷、杉杉新材二期6.06公顷、金洲南线8.20公顷、欧洲南线15.14公顷、金桥路10.80公顷、同兴安置区消防通道补征1.07公顷、沩桥村部0.87公顷、污水处理厂补征1.07公顷。

2017年,园区完成征地32.35公顷(杉杉新材11.00公顷、高新储备地13.00公顷、同兴安置地1.20公顷、信托7.14公顷),高新安置区4.67公顷。

## 二、土地管理

### 1.土地报批

2005年下半年,金洲大道开始修建。征地测量、权属认定工作开始,其测量数据和图件由宁乡县国土资源局测量队完成。

2006年新区启动建设,引进项目和储备土地已报、已批用地共155.70公顷,其中已用土地67.52公顷,用于锦峰钢结构、圣得西、星港床垫、消防培训基地、碧桂园一期一批、中和能源6个项目。已批未用土地88.18公顷,主要为2006年下半年金洲管委会、国土储备中心、全民乡以各类项目申报用于储备的土地。根据金洲新区总体规划、产业布局要求,这批土地大部分分布在金洲新区转盘东北块及金洲大道两厢,属重大项目预留地。当年年末已申报未批的项目用地15.80公顷,分别是景鹏新材料9.14公顷、景鹏空调6.66公顷。

2007 年，申报审批用地 36.40 公顷，主要为碧桂园一期二批以及金洲中心医院、培训基地、住宅小区、金洲大酒店项目申报的用地 31.54 公顷，以及湖南万莱斯用地 4.82 公顷。

2010 年，园区报批各类用地 212.93 公顷。2011 年，预审各类用地 233.33 公顷亩，批回各类用地 133.33 公顷，年底挂牌项目用地 40 宗，为新区项目工程建设的顺利推进提供了有力保障。2012 年，园区全年上报用地 207.53 公顷，批准用地 171.67 公顷，为企业挂牌办证 42 宗，共 217.55 公顷，基本实现投产企业全部挂牌。

2013 年前，项目由县国土资源局初审，长沙市先导区国土部察看预审，长沙市国土资源局出具预审意见。2014 年，项目基本由县国土资源局察看预审，出具预审意见。审批的权力在省人民政府。按照征地报批程序和资料要求，园区征地报批具体工作由国土分局完成，县国土资源局分批次分项目实施申报。2013 年 10 月，在省国土资源厅提取卷宗不需提供报批用地林业、环保等手续，林业、环保等手续在土地供应环节实施。园区上升为省级园区后，项目用地报批需要的发改、规划等部门的材料由园区内设局室完成，园区征地报批手续简化。

2015 年，园区共审批用地 11 个卷宗、132.07 公顷亩土地，包括工业、道路、安置区、基础设施、商住用地等，保障了园区基础配套、湖南省大学科技园（简称大科园）、九龙仓长沙时代奥特莱斯商业中心、杉杉新材二期等重点项目建设的用地需求。“十二五”规划期间，园区共报批用地 61 宗，共 517.96 公顷。2016 年，全年共批回土地 43.6 公顷，保障园区重大项目落地。

2017 年，审批邦普五期 33.33 公顷，中锂 10 公顷，九龙仓扩征用地 11.33 公顷，欧洲南路、金桥路 10.53 公顷，合计 65.19 公顷。对批回的用地及时做好三公告一登记工作，已经组卷的项目有桑德集团、金川集团、大学科技园二期，杉杉二期，共 66.2 公顷，批回 35.33 公顷。全年审批土地 100 公顷。

2. 土地供应

2007 年 9 月 24 日，碧桂园房地产开发有限公司签订国有土地使用权受让合同，取得金洲新区第一宗出让地，面积 18.7265 公顷，成交价款 5338 万元。

2008 年 8 月 27 日，园区参照周边乡镇地价，进行第一次调整；2010 年 1 月 27 日，再次微调；2014 年 2 月 1 日，进行第三次调整。至 2014 年，共供应土地 128 宗，面积 730.98 公顷。其中，出让地 106 宗，面积 591.9 公顷；划拨地 22 宗，面积 139.12 公顷。

2015 年，土地发证 43 宗，面积 221.71 公顷，土地挂牌划拨 16 宗，面积 78.93 公顷，土地价款 3.3 亿元，其中划拨土地 4 宗，保障了企业土地按时挂牌发证，保障了长沙金洲新城建设投资有限公司融资抵押的用地需求。2016 年，出让土地 52.48 公顷。

2017 年，园区完成邦普五期、习创医疗、薇纳坤宸、长沙众聚达精密仪器、中谷科技二期土地挂牌，面积 40.28 公顷，土地价款 1.54 亿元。完成中国银行土地变性补交出让金工作；完成职业中专、全民变电站、大科园等 9 条路网工程划拨组卷工作；办理不动产证 19 宗，面积 77.64 公顷；办理土地使用权证注销 8 宗；协助新城公司、同创公司和恩吉公司、菲尔姆办理抵押登记 5 宗；完成龙桥安置小区发证的面积实测核对，请县国土资源局相关领导多次研究发证工作。对历年来已摘牌未缴清土地款的 8 家企业下发限期办理通知，召开企业负责人会议，相关企业写出缴款承诺。



3. 用地监管

2006 年建园以来，园区按照“资源节约型、环境友好型社会”标准，树立“土地资源是开发区第一资源”的理念，对每一个招商项目的进行严格把关，对入园企业进行前期调查，对比、筛选好的企业入驻，预防“圈地”现象发生。对项目建立入园指标体系，满足项目固定资产投资规模、投资强度、项目单位面积创税额、注册资本等指标要求的项目，可在园区内申请购地。工业用地类项目在项目竣工后 3 年，分别按照创税金额以产业发展基金等形式给予奖励。在项目选址布局上，按园区总体规划、产业规划进行，避免布局不集中、产业不集聚、土地资源浪费的问题。



2007—2010 年，县国土资源局执法大队根据项目土地出让合同约定的条件发放跟踪管理卡，国土分局对辖区内的土地进行不定期巡查。新区土地接受上级土地部门的执法监察和卫星监控。历年土地执法检查特别是国土卫片督查中，新区年年合格过关。

2012 年度和 2013 年度，园区建设用地节约集约利用连续被评定为市级优秀。园区 26 家租赁企业盘活园区闲置厂房超过 5 万平方米。

2015 年，按照省、市、县关于节约集约土地的有关文件精神，高新区对园区的闲置土地、低效利用土地进行一次全面摸底调查，对狮王机器、三一驱动桥生产线、族兴新材料、通程金洲项目、长沙新世纪房产开发有限公司、赛瑞新材、南湾国际、中石化宁东加油站 8 宗涉嫌闲置问题的土地下达行政处罚决定，涉及面积 56 公顷。建立了低效利用土地数据库，圣得西东方时装有限公司、三一重工、长高集团金洲产业园、宇浩机器、银太纺织、中基路桥、归一建材、和鼎电子、合丰数控机场、赛瑞新材料等企业的未利用土地被列为低效利用土地的范围，面积 68.07 公顷，其中对归一建材、银太纺织的低效利用土地进行二次开发。按照数字园区、智慧园区建设的要求，启动园区的地籍数据库建设工作，已经完成前期的基础外业工作。为盘活土地存量，实现节约集约用地，区招商合作局联合国土、财政对闲置用地进行清理，起诉 5 宗土地，督促银太纺织加快招商建设；协议收回族兴新材料公司闲置用地 3.33 公顷，并立即用于两个新项目入驻；合理分配原股东回报用地 6.67 公顷。

2016 年，园区对三一驱动桥生产线、狮王机械、赛瑞新材料下达闲置土地行政处罚决定书，银太纺织商业用地下达收回决定书，通程金洲、狮王机械的闲置土地因政府征地拆迁的原因，已修改土地出让合同书，同意延迟一年开发。初步认定 7 宗，分别为湖南东方时装有限公司、长沙族兴新材料有限公司、长沙银太纺织有限公司、湖南中基路桥产业科技有限公司、长沙归一建材科技有限公司、湖南赛瑞新材料有限公司、湖南长高高压开关集团有限公司，低效利用土地面积 45.33 公顷。涉嫌低效利用土地的企业有 11 宗，包括三一起重机、和鼎电子、宇浩机器、伟特家具、先导电陶、美国新视野、双胞胎饲料、锂顺电子、金洲物流、鸿扬家装、菲尔姆光能。处置长沙族兴新材料有限公司、长沙银太纺织有限公司低效利用土地 9.33 公顷。

2017 年，启动对园区的土地集约节约评价工作，管委会成立去存量土地三年行动计划工作领导小组，对闲置土地和低效利用土地进行处置。已收购和正在准备收购的企业有欧乐佳科技、赛诺生物、三一试车跑道、驱动桥生产线、宇浩机器、翰旗光电、关山创业园、美国新视野、狮王机械等企业闲置土地。全年完成项目用地跟踪管理50宗,沃特玛停车场10公顷地因无用地手续,按上级要求及时做好复耕复绿工作。收购三一等4家企业闲置资产24.2公顷。园区解除碧桂园协议用地73.33公顷。园区在长沙市节约集约用地评比中排名省级园区第一,被长沙市评为节约集约用考核优秀单位。

## 第二节　拆迁安置

### 一、房屋拆迁

2005—2017年,园区先后成立征地拆迁科、综合管理部、社会事务局,负责区内安置工作。金洲镇政府、历经铺乡政府、夏铎铺镇政府共同协助、配合。

2006年,园区为路网及项目用地共拆迁128户,其中历经铺乡紫云村16户、群星村13户,全民乡全民村63户、同兴村28户,夏铎铺镇六度庵村8户。拆房屋25500平方米,其中违章建筑2700平方米。2007年4月,园区出台《金洲新区拆迁补偿标准补充规定》。至2008年3月,拆迁780户,拆迁人口2663人,拆迁房屋面积15439.35平方米,支付拆迁补偿资金10463.37万元。

2012年,金洲新区制定《金洲高新区征拆补安试行办法》。根据项目建设需求,拆迁15户,安置近200户,迁坟859座,发放各类零星补偿200多万元。至2013年12月,金洲新区分别按长沙市人民政府颁布的60号令和103号令的具体政策,拆迁1896户、6032人,支付拆迁补偿资金61064.8万元。2015年,园区完成拆迁455户,其中危房及提前拆迁89户、九龙仓55户、杉杉新材二期44户、三路建设153户,启动通程金洲、大科园二期、澳洲北路等项目114户。至2016年,拆迁1585户,仅有3户通过司法拆迁。

2017年,园区启动城中村改造项目,拆迁60户,支付拆迁补偿资金3745万元。

## 金洲新区划地自建一览表

**表 4—1**

| 地　　块 | 安置户数（户） | 安置人数（人） | 安置面积（平方米） | 备　注 |
|---|---|---|---|---|
| 紫云安置小区一期 | 13 | 60 | 2340 | — |
| 紫云安置小区二期 | 53 | 169 | 5940 | — |
| 群星安置小区 | 12 | 57 | 2220 | — |
| 全民安置小区 | 220 | 701 | 24453 | — |
| 高新安置小区 | 172 | 614 | 21351 | 4 户拍卖所得 |
| 同兴安置小区一期 | 25 | 105 | 4140 | — |
| 同兴安置小区二期 | 96 | 334 | 11385 | — |
| 龙桥安置小区 | 36 | 127 | 4290 | — |
| 合　计 | 627 | 2167 | 76119 | — |

## 金洲新区安置保障房建成及分配情况表

**表 4—2**

| 地块 | 建　成 | | | | 分　配 | | |
|---|---|---|---|---|---|---|---|
| | 户型 | 栋数 | 套数 | 面积（平方米） | 栋数 | 套数 | 面积（平方米） |
| 全民安置区 | 三室二厅 | 10 | 224 | 29404.54 | 10 | 206 | 26940.63 |
| | 二室二厅 | 4 | 100 | 9092.4 | 4 | 95 | 8636.7 |
| | 一室一厅 | 2 | 120 | 5187.24 | 2 | 70 | 3013.1 |
| | 合计 | 16 | 444 | 43684.18 | 16 | 371 | 38590.43 |
| 同兴安置区 | 三室二厅 | 6 | 192 | 23428.2 | 6 | 177 | 21601.07 |
| | 二室二厅 | 5 | 180 | 16699.68 | 5 | 124 | 11477.7 |
| | 一室一厅 | 1 | 32 | 1472.64 | 1 | 19 | 874.38 |
| | 合计 | 12 | 404 | 41600.52 | 12 | 320 | 33953.15 |
| 龙桥安置区 | 三室二厅 | 2 | 32 | 4023.84 | 2 | 32 | 4023.84 |
| | 二室二厅 | 3 | 50 | 4834.3 | 3 | 45 | 4351.95 |
| | 合计 | 5 | 82 | 8858.14 | 5 | 77 | 8375.79 |

续表 4—2

| 地块 | 建成 | | | | 分配 | | |
|---|---|---|---|---|---|---|---|
| | 户型 | 栋数 | 套数 | 面积(平方米) | 栋数 | 套数 | 面积(平方米) |
| 高新安置区 | 三室二厅 | 5 | 128 | 16050.68 | 5 | 127 | 15927.46 |
| | 二室二厅 | 1 | 24 | 2234.64 | 1 | 24 | 2234.64 |
| | 一室一厅 | 2 | 72 | 3287.76 | 2 | 52 | 2371.78 |
| | 合计 | 8 | 224 | 21573.08 | 8 | 203 | 20533.88 |
| 紫云安置区 | 三室二厅 | 1 | 32 | 3980.48 | 1 | 24 | 2985.36 |
| | 二室二厅 | 1 | 24 | 2325.12 | 1 | 6 | 581.28 |
| | 一室一厅 | 1 | 16 | 1020.16 | 1 | 8 | 509.42 |
| | 合计 | 3 | 72 | 7325.76 | 3 | 38 | 4076.06 |
| 总计 | | 44 | 1226 | 123041.7 | 44 | 1009 | 105529.3 |



**临街门面数据一览表**

表 4—3

| 地块 | 空数 | 面积（平方米） | 出售面积（平方米） | 出售空数（空） | 出售总价（元） | 优惠总额（元） |
|---|---|---|---|---|---|---|
| 高新 | 61 | 11154.2 | 11154.2 | 61 | 39016516 | 3320486.6 |
| 全民 | 49 | 7169.46 | 7169.46 | 49 | 25449876 | 2317338.2 |
| 同兴 | 30 | 5300.49 | 2242.93 | 26 | 8764002 | 801881.4 |
| 龙桥 | 38 | 7750.65 | 4487.13 | 25 | 12218084 | 1040408.4 |
| 紫云 | 23 | 4869.45 | 1795.85 | 14 | 6239942 | 508272.8 |
| 合计 | 201 | 36244.25 | 26849.57 | 175 | 91688420 | 7888387.4 |

## 二、安置

2005 年 10 月，在园区逐户办理征收手续时，征拆科着手选址用于划地自建，选定群星安置小区、紫云安置小区一期、同兴安置小区一期作为划地自建的地址。紫云安置区一期靠近金洲大道和历泉公路的交会地；紫云安置区二期背靠三一重工，处于金沙路和澳洲路的交会处，为园区廉租房建设中心；同兴安置区一期、二期都在金洲新区商贸中心，处于金洲大道南线和金林路的交会处；全民安置区毗邻金洲镇集镇，临金水路和美洲路；高新安置区位于金洲新区欧洲南路，是园区的文化中心，毗邻碧桂园小区；龙桥安置区选址工业中心。

2006年至2007年6月，园区在紫云安置区一期、同兴安置区一期、群星安置区解决拆迁户的划地自建问题，夫妻双方不带子女的，分配两缝地皮，每缝建筑占地面积60平方米；夫妻双方带未成年子女的，分配地皮三缝，夫妻双方带两个儿子的，分配地皮四缝。2007年6月，开始根据拆迁户人口结构按55平方米/人（含生活小区建筑占地、道路广场用地），系数为0.6，实际建筑占地面积以33平方米/人安置。每缝地皮的设施配套费由园区全部承担，并对开挖基础的地皮补助80元/平方米；基础不适宜开挖的地带由新区负责打桩，并对分配到桩基础地皮的拆迁户补助1个月的过渡费；对坡屋面按40元/平方米、外立面按10元/平方米进行补助；对于建房后自动拆除棚屋搬入新居的，根据拆迁时合法建筑面积奖励30元/平方米；在法定过渡费计算以外补助拆迁户6个月的过渡费，其中3个月用于建房过渡、3个月用于装修过渡。



2008年4月1日以前，按长沙市政府60号令拆迁的安置户，房价为525元/平方米（均价）。2008年4月1日后，按长沙市政府103号令拆迁的安置户，房价为880元/平方米（均价），共分购安置房的有1759人，分购房屋1009套，分购房屋面积105529.31平方米。为使住安置房的拆迁户能迅速适应上楼的生活，新区为每个自然户配置车库1个，每个车库面积18～40平方米，配置价格为1280元/平方米，共为拆迁户配置车库451个，配置车库面积10849.5平方米。



2010年，划地自建安置工作完毕。按60号令征收拆迁户627户，共安置人口2167人，划地自建建筑占地面积76119平方米，通过惠民措施补助拆迁户4224.36万元。

2012年上半年，经县政府、新区、县国土资源局、县规划局集中研究决定，留地安置户建房用地办证工作从2012年开始，2013年基本结束。至2014年年底，办证563户，均发送到留地安置户手中。

2013年，从园区商业配套和保障拆迁户长远生计的角度出发，将临街保障住房一、二层建设成门面。2008—2013年，在全民安置小区建设门面49空，7169.46平方米；高新安置小区建设门面61空，11154.2平方米；龙桥安置小区建设门面38空，7750.65平方米；紫云安置小区建设门面23空，4869.45平方米；同兴安置小区建设门面30空，5300.49平方米。以上5处共建门面201空，36244.25平方米。部分门面向园区开发范围内村民定向出售，均价为3000元/平方米。对已拆迁的村民实施优惠10%的政策，共向当地村民出售门面175空，向拆迁户优惠788.84万元。全年安置189户，其中纯货币安置38户。

2008年4月1日至2014年3月4日，园区按每人2.15万元的购房补贴标准计算到户。2014年3月4日，按照每人7.8万元的购房补贴标准计算到户。园区提供安置保障住房，均价为880元/平方米，选择安置保障住房的购房补贴不予发放。独生子女户和半边户，每户再增加2.15万元购房补贴(2014年3月4日后为7.8万元)。按每人2.15万元的标准选择纯货币结算的106人，结算金额227.9万元；选择部分货币结算的635人，结算金额1365.25万元；按每人7.8万元的标准进行货币结算的144人，结算金额1123.2万元。

2015年，完成保障性住房安置407套(其中龙桥电梯房安置396套)，货币补贴安置367人，安置车位103个，龙桥整户未安置的仅17户。



2017年，园区清理五大安置区闲置房屋，销售房屋402套，4.45万平方米，向城中村改造项目拆迁群众推出限价房84套；推进管道燃气入户，五大安置小区全部通气；实行零星维修800多次，五大安置区消防验收工作完成。



## 第三节　安居工程

2008年6月，金洲新区启动安置房建设工程，实施统一规划，成片开发，安居工程分为安置房、安置小区建设工程。安置房共44栋，1226套，总建筑面积123041.7平方米，总造价20917万元。

### 一、全民安置小区

2008年6月动工。全民安置小区位于金水西路以北，金洲北路以西，长常高速以南，历泉路以东，共12栋，建住房444套。建筑面积43684.18平方米，总造价7400万元。主要为6+1层住宅，一层为车库，临路一层、二层为门面，小区地势平坦，交通方便，西邻历泉路，毗邻待建的金洲商贸大市场、全民集镇，东靠金洲南路，北倚长常高速与石长铁路，前接金水西路。地理位置优越，周边配套设施完善，超市、学校、医院、银行、幼儿园一应俱全。

小区每单元一梯两户到一梯四户，户型多样化，主要户型有一室一厅一卫、二室二厅一卫、三室二厅二卫，每户建筑面积 41.35～139.83 平方米。水平房占地面积 25216.65 平方米，计 37.82 亩；重建地住房 220 套，占地面积 26400 平方米，建筑面积 79200 平方米。

2010 年 1 月竣工。

**二、同兴安置小区**

2010 年 1 月动工。同兴安置小区位于宁乡县金洲新区金洲南路以东，金洲大道以南，建住房 404 套。主要为 6＋1 层住宅，一层为车库，临路一层、二层为门面。小区占地面积 94360 平方米，计 141.55 亩；水平房 404 套，建筑面积 41600.52 平方米；重建地住房 121 套，占地面积 14520 平方米，计 21.78 亩，建筑面积 43560 平方米，共 12 栋，总造价 7000 万元。

2012 年 10 月竣工。

**三、高新安置小区**

2009 年 4 月动工。高新安置小区位于宁乡金洲新区欧洲北路以西，金洲大道以南，欧洲北路欧洲南路以西，共 8 栋，建住房 224 套。主要为 6＋1 层住宅，一层为车库，临路一层、二层为门面。建筑设计使用年限为 50 年，主要结构类型为框剪结构，抗震设防裂度为六度。

小区占地面积 52903.31 平方米，计 80 亩；水平房 224 套；重建地住房 172 套，占地面积 20640 平方米，计 30.96 亩，建筑面积 61920 平方米，共 8 栋，总造价 3700 万元。

2012 年 9 月竣工。

**四、紫云安置小区**

2011 年 10 月动工。紫云安置小区位于位于金洲新区澳洲路以西，金沙西路以南，金洲大道以北，共 3 栋，建住房 72 套。主要为 6＋1 层住宅，一层为车库，临路一层、二层为门面。由湖南省建苑投资有限公司设计，湖南华冠造价咨询有限公司监理，湖南新望建筑工程有限公司施工。

小区占地面积 3325.2 平方米；建筑占地面积 2494.94 平方米，计 3.74 亩；

水平房 72 套;重建地住房 66 套,占地面积 7920 平方米,计 11.88 亩,建筑面积 23760 平方米,共 2 栋,建筑面积 7325.76 平方米,总造价 1300 万元。

2012 年 9 月竣工。

**五、龙桥安置小区**

2011 年 10 月动工。龙桥安置小区位于姚家坡路以南,泉洲路以西,金沙东路以北,银洲路以东,建住房 82 套。

龙桥安置小区一期主要为 6+1 层住宅,一层为车库,临路一层、二层为门面。占地面积 3926 平方米;建筑占地面积 16807 平方米;建筑总面积 26223.08 平方米;水平房 82 套;重建地住房 36 套,占地面积 4320 平方米,建筑面积 12960 平方米。

龙桥安置小区二期为低层建筑 3 栋、高层建筑 9 栋、幼儿园 1 栋以及地下车库。同时,建设给排水、通信、电力、消防、燃气管道、绿化景观、广场铺装、道路硬化、地上停车位、设备安装等基础配套设施。

项目规划总用地面积 51993.59 平方米,净用地面 46363.12 平方米;规划总建筑面积 149288.38 平方米(含地下车库)。项目计划总投资 41140.15 万元,采用 BT 模式进行融资建设。2012 年 8 月竣工。

**2006—2017 年园区征地及补偿情况表**

**表 4—4**

| 时间 | 征地(公顷) | 补偿金额(万元) |
| --- | --- | --- |
| 2006 年 1 月至 2008 年 3 月 | 842.12 | 25305.8 |
| 2008 年 4 月至 2010 年 2 月 | 241.0232 | 9177.68 |
| 2010 年 3 月至 2012 年 12 月 | 350.2469 | 16306.9 |
| 2013 年 1 月至 2015 年 8 月 | 139.7513 | 8918.49 |
| 2015 年 8 月至 2015 年 12 月 | 47.5387 | 3297.92 |
| 2016 年 | 99.6667 | 6934.72 |
| 2017 年 | 87.4567 | 7792.54 |
| 2018 年 | 66.7593 | 6311.78 |
| 2019 年 | 80.446 | 8726.88 |
| 合计 | — | 92772.71 |

## 2007—2017 年金洲新区土地出让、划拨情况表

表 4—5

单位：平方米

| 年度(年) | 总面积 | 出让面积 | | | | | 划拨面积 | | | | | | |
|---|---|---|---|---|---|---|---|---|---|---|---|---|---|
| | | 合计 | 工业用地 | 商住用地 | 商服用地 | 公共设施用地 | 合计 | 机关用地 | 住宅用地 | 科教用地 | 军事用地 | 公路用地 | 公共设施用地 |
| 2007 | 259174 | 259174 | 71909 | 187265 | — | — | — | — | — | — | — | — | — |
| 2008 | 791828.5 | 791828.5 | 338785 | 410450.8 | 42592.7 | — | 0 | — | — | — | — | — | — |
| 2009 | 1794240.38 | 1794240.38 | 1245051.2 | 549189.18 | — | — | 0 | — | — | — | — | — | — |
| 2010 | 319568.8 | 319568.8 | 47032.9 | 268356.6 | 4179.3 | — | 0 | — | — | — | — | — | — |
| 2011 | 593919 | 372244 | 334004.9 | 38239.1 | — | — | 221675 | — | — | — | — | 221675 | — |
| 2012 | 2180090.1 | 1443373 | 1230094.4 | 213278.6 | — | — | 736717.1 | — | — | 94269.6 | 166137 | — | 476310.5 |
| 2013 | 862719.5 | 429886.9 | 292628.2 | 7359.5 | 129899.2 | — | 432832.6 | — | — | 18303.6 | — | — | 414529 |
| 2014 | 361746.8 | 361746.8 | 305341.2 | 56405.6 | — | — | 0 | — | — | — | — | — | — |
| 2015 | 637199.35 | 637199.35 | 502436.05 | 134763.3 | — | — | — | — | — | — | — | — | — |
| 2016 | 546325.2 | 524765.9 | 478197.5 | — | 4631.4 | 41937 | 21559.3 | 3514.4 | 18044.9 | — | — | — | — |
| 2017 | 465039.5 | 465039.5 | 465039.5 | — | — | — | — | — | — | — | — | — | — |
| 总计 | 8811851.13 | 7399067.13 | 5310519.85 | 1865307.68 | 181302.6 | 41937 | 1412784 | 3514.4 | 18044.9 | 112573.2 | 166137 | 221675 | 890839.5 |

## 2006—2017 年宁乡金洲新区建设用地审批情况表

表 4—6　　单位:公顷

| 年度(年) | 总用地面积 | 农用地 | 其中:耕地 | 国有用地 | 集体用地 | 安置用地 | 备注 |
|---|---|---|---|---|---|---|---|
| 2006 | 117.7382 | 114.2264 | 26.1476 | 117.7382 | — | — | — |
| 2007 | 171.0745 | 159.8349 | 33.9112 | 151.7786 | 19.2959 | 19.2959 | — |
| 2008 | 132.0393 | 125.5209 | 46.7619 | 94.1107 | 37.9286 | 37.7294 | — |
| 2009 | 326.5485 | 299.1456 | 120.9506 | 326.5485 | — | — | — |
| 2010 | 52.9768 | 47.3269 | 11.2566 | 39.4769 | 13.4999 | 13.4999 | — |
| 2011 | 144.7363 | 128.5708 | 55.7809 | 144.7363 | — | — | — |
| 2012 | 97.0898 | 91.5326 | 37.8972 | 94.7327 | 2.3571 | — | — |
| 2013 | 134.4766 | 126.7359 | 56.7326 | 134.4766 | — | — | — |
| 2014 | 62.6957 | 56.0649 | 43.1046 | 62.6957 | — | — | — |
| 2015 | 96.8964 | 86.3788 | 43.1445 | 96.8964 | — | 1.8045 | 1.8045 为国有安置地 |
| 2016 | 43.0157 | 39.6660 | 29.9636 | 43.0157 | — | — | — |
| 2017 | 65.1217 | 59.2722 | 41.8929 | 65.1217 | — | — | — |
| 总计 | 1444.4095 | 1334.2759 | 252.7354 | 496.9388 | 73.0815 | 72.3297 | — |

# 第五章

# 招商引资

# 第五章　招商引资

## 第一节　招商政策

2006 年金洲新区成立后，在建设基础项目的同时，实行招商先行，确立“四个不引进”(不符合产业规划的项目不引进、污染环境的项目不引进、投资强度低的项目不引进、税收贡献不大的项目不引进)的原则，把纺织服饰、新能源新材料、机械制造、软件、塑胶等产业作为招商重点。2007 年，金洲新区制定《金洲新区管理委员会招商代理管理暂行办法》，推行代理招商制度，建立招商项目建设的“五通”(政策上通畅、操作上变通、服务上顺通、环境上疏通、相互间沟通)服务机制。

2010 年，金洲新区制定《金洲新区先进装备制造业发展专项规划(草案)》《金洲新区新材料产业发展专项发展规划(草案)》。《规划》提出推动产业发展的具体工作举措、明晰分产业招商的工作思路。

2012 年，金洲新区出台《宁乡金洲新区招商引资工作流程》和《宁乡金洲新区招商引资项目管理办法》。两项制度从项目申报、考察、评审、合同签订、项目履约、后续服务、档案管理以及准入标准、优惠政策、用地监管、退出机制等各个方面做了规范，为招商项目的规划管理和科学分工提供重要的政策依据。同时，新区全面完成“园区客商信息资源管理系统程序开发”和“园区专家库”的建设工作，实现信息化招商。

2013 年，金洲新区先后出台针对光电信息产业行业特点进行产业链扶持的《宁乡金洲新区(工业集中区)光电信息产业振兴政策》《关于鼓励科技型中小企业进驻孵化园的暂行办法》和《关于引进非生产性企业总部和地区总部的优惠政策》，对于归国创业人员、教授和高级职称人员创办或协办的企业、高新技术企业、拟上市企业、制定行业标准的企业、拥有发明专利的企业进行扶持和补贴。

2014 年，金洲新区建立招商项目建设日常调度机制，定期召开园区招商项目推进调度会。通过专人盯项目，组织项目业主与相关部门负责人面对面交流等方式，帮助企业解决问题。新区坚持“承接抱团转移、培育产业集群”的工作思路，突出抓好平台招商、产业链招商，新区逐步从招商引资向选商择资转变。

2015 年，高新区出台《金洲新区重大招商项目领导联系责任制》，班子成员每月对签约、开工、投产的项目进行调度。高新区相继制定《招标投标管理实施细则》《政府采购管理暂行规定(试行)》《工程建设招标投标不良行为记录和黑名单制度管理办法》等规章制度。在招商模式上采取 PPP 模式，共同开发、利益共享、风险共担；另外，在项目引进和支持上，坚持用市场效益检验项目的优劣。

2016 年，高新区采取以租代售、小产权分割等新金融模式的方式，组建长沙银行 10 亿元产业基金，筹建华融湘江产业基金，对招商项目进行保障和扶持。

2017 年，高新区采取基金战略合作、离岸金融、融资租赁、以租代售、小产权分割等新金融、新方式，组建长沙银行 10 亿元产业基金，在引进中锂新材项目中发挥关键作用。出台“创新十条”和“降成本九条”政策，入驻项目享受零租金厂房、拎包入驻、零成本上市的“叁零优惠政策”；与长沙银行合作成立 10 亿元产业引导基金；与省高创投、深圳众投邦合作成立规模 10 亿元的创投基金；与湘江新区，并联合民营资本设立 5 亿元重大战略性项目投资基金，该基金成为湘江新区支持产业发展的首支示范基金。



## 第二节　招商活动

2007 年，金洲新区共接待国内外客商 500 余人次，组织小分队外出招商 20 余批次。3 月 21 日，新区举办金洲新区暨湖南塑胶工业园推介会，接待来自全国各地的 100 多名塑胶业客商。

2008 年，金洲新区参加在深圳市举办的第十届中国国际高新技术成果交易会，并邀请日本客商到金洲新区考察指导。通过实地参观，日本客商加深对湖南长沙大河西先导区和金洲新区发展环境的了解。宁乡县委副书记、县长黎春秋带队赴日本考察，向日本客户推介金洲新区。11 月，金洲新区参加“2008 湖南经济合作洽谈会暨第二届湘商大会”，为吸引湘商回乡投资打下基础。

2009 年，金洲新区先后参与长沙大河西先导区(香港)招商恳谈会、宁乡玉潭(福州)招商项目推介会、长沙市情(北京)推介暨世界 500 强投资恳谈会；参加中博会、生物产业大会、厦交会、高交会、科交会、津洽会、两型高层论坛、泛珠会、湘商大会、湘台经贸论坛等众多节会。

2010 年，金洲新区先后参加大河西先导区宁乡玉潭新城(上海)招商项目推介会、大河西先导区宁乡县情推介暨重点项目签约仪式等县级招商活动;参加2010年湘台经贸交流洽谈周、第六届珠洽会、第十七届津洽会等众多国家和省市招商节会。是年4月,金洲新区参加由亚洲金属网主办、湖南雅城新材料有限公司协办的2010年国际钴业论坛,完成金洲新区投资环境推介。7月,金洲新区与三一起重机商务部门共同组织召开"三一汽车供应商大会"。11月25—27日,金洲新区参加在深圳举行的第十一届深圳国际电池展会,挖掘有投资意向的客商。

2011年,金洲新区赴沿海地区学习考察,与国内发展较快的深圳市新材料协会和国家级高新技术产业开发区——肇庆开发区建立有效的沟通与联系,分享双方项目招商、项目评估、项目管理等方面的宝贵经验。是年,园区与国内成立最早的上海市新材料协会以及深圳新材料协会、本土筹建的湖南省新材料协会建立战略合作关系,与省内外新材料行业领域内的专家、学者搭建合作交流的平台,为在新材料产业方面有针对性地招商推介奠定坚实的基础。此外,做好长沙国家节能环保新材料高新技术产业化基地在申报过程中的资料准备、宣传推介和联络协调工作,为基地成功授牌贡献应有的力量。基地落户后,招商合作局在当年的中国(长沙)科技成果交易会上,围绕长沙国家节能环保新材料高新技术产业基地的建设和发展,结合园区的总体发展战略规划,举行专场推介会。

2012年4月,在广东省湖南长沙商会成立之际的招商推介会上,新区以"金洲有戏"为主题开展招商活动。5月,新区组织中博会宁乡投资说明会暨重大项目签约仪式,并在与会期间,接待广东长沙商会、山西考察团等到访客商80余人。全年对接上海新材料协会、深圳新材料等各类商会、协会十多个。新区组织新春招待酒会、广东长沙商会庆典活动、宁乡地产项目推介会、泛长江三角洲绿色照明产业恳谈会等大型招商推介活动。12月,策划"伯云院士金洲行"活动,为金洲新区实现"产学研"协同发展迈出实质性的一步。

2013年,金洲新区拓展招商引资途径,通过与省市商务部门对接,加大项目包装推介力度,利用省、市、县信息发布平台拓展招商信息,在互联网上图文并茂地发布和展示招商项目信息。用电子邮件、电话传真、网络会议等方式完成与相关企业、投资方的信息咨询、交流,提高招商效率,降低招商成本。邀请深圳新材料协会、上海新材料协会、深圳潮汕商会、广东湖南长沙商会等组团到园区考察指导。北京城建集团就是通过网络联系的形式,达成金洲新区中央商务区的建设。是年,新区参加第二届中国工程机械配套博览会、2013中国(长沙)科技成果转化交易会,在会上开办金洲新区新材料产业专场推介。

2014年,按照中共中央、国务院关于党的群众路线教育的要求,新区转变观念,不再举办大型节会。新区通过网络招商、协会招商、小分队招商等多种方式,开展产业对接会、企业家沙龙、专家讲座,宣传新区优势和政策,构建"大招商"格局。5月,承办湖南省发改委及省新材料协会主办的"高新技术产业链发展规划论坛";6月26日,举行重大项目签约仪式暨"四优四强"活动;10月23日,主办2014年中国(长沙)科技成果转化交易会宁乡专场活动——中国(金洲)锂电谷产业园推介暨锂电池产业对接会,吸引省内外近300家相关企业和金融、投资机构参会。与省、市商务、工信、经协等部门对接,扩大信息来源的层次和渠道;与湖南省新材料协会、深圳新材料协会、深圳市手机行业协会达成战略合作,延伸招商触角,提升精准招商水平。研究各地重点上市后备企业名录,筛选湖南省异地商会企业家名录,确定目标企业,整合招商资源库、招商项目库;健全网站,通过网络扩大园区认知度,发挥招商平台的作用。

2015年,宁乡高新区拜访和接待客商200余批次,招商活动涵盖新材料、先进装备制造、光电信息、城市基础设施建设等行业和领域。高新区先后举办、承办杉杉新材"感恩之约"活动、"院士专家行长沙·宁乡"暨新材料高峰论坛活动、2015中国(长沙)科交会宁乡专场、大科园政策发布会、"美丽宁乡"博览会宁乡高新区专场、全省普通高校"转型发展、内涵发展、特色发展"会议暨湖南省大学科技产业园建设推进现场会、长沙市商务局香港中小型企业总商会签署商务合作备忘录暨招商推介会等重大会议和特色活动,其中杉杉新材"感恩之约"活动获评全县"最具吸引力的招商活动"。高新区吸引比亚迪(BYD)、中兴通讯、东莞新能源(ATL)、惠州金能(TCL)、香港中小企业总商会企业到园区洽谈投资。策划组织"长沙2049"、湘江西综合体、爱飞客小镇、中国(金洲)锂电谷等10个重大招商项目。高新区招商活动还通过官方网站、微信公众平台、移动终端推广(在建)等形式全面宣传推介。高新区招商局网站改版升级,打造招商信息与招投标项目的发布平台;开设独立的开标室、评标室、监控系统以及相应的配套设施;新增OA系统手机客户端并使用短信、微信发布招商活动信息。

2016年,外出考察项目和洽谈60余次,遍及广东、江苏、浙江、上海、北京、青海、甘肃、湖北等地,拜访和接待客商200余批次。高新区举办第四届中国锂电新能源产业国际高峰论坛(锂电"达沃斯"),直接获取招商信息百余条。高新区参加省委、省政府主办的"中央企业走进湖南湘江新区""走进中国企业500强""沪洽周"等大型活动。

2017年,宁乡高新区在招商活动中将产业导入融入"2049"片区开发的招商引资,致力实现以城促产,以产融城,以"长沙2049"城市综合体项目吸引海航集团、华夏幸福、蓝光集团、佳兆业集团等企业入园。

# 第三节　招商成果

2006年，金洲新区引进锦峰钢结构、星港床垫、磐龙安全系统、银太纺织等8个项目，总投资7.8亿元。6月29日，锦峰钢结构生产基地项目落户新区，是宁乡县金洲新区第一个签约的项目。项目2007年11月全部建成，锦锋钢结构是集设计、制造、安装于一体的专业钢结构生产企业，年设计加工能力5万吨，并拥有湖南省首条重钢生产线。12月18日，金洲新区与星港公司签约，总投资5000万元，占地面积76.73公顷，2007年2月下旬启动建设，8月初实现竣工投产，是园区建设速度最快的企业。12月，磐龙安全系统设备产品研发及生产基地进驻新区，用地面积36.95公顷，投资5000万元，生产防火卷帘、防火卷帘传动控制系统、防火灭火装置。是月，长沙银太纺织公司在金洲新区开建，项目总投资3.2亿元，项目总用地面积19.21公顷。

2007年，新区共签订合同50个，合同利用域外资金253.8亿元，实际到位外资5705万美元(碧桂园、科玲软件、星港等)。新区引进长高高压开关、邦普镍钴材料、族兴铝颜料等重大工业项目和碧桂园、通程地产等重大商业地产项目。中国湖南纺织服饰工业园、中国湖南塑胶工业园相继选址落户。碧桂园、泓信房产两个房产项目，银泓纺织、圣得西、香港万莱斯和省塑胶工业园总投资达15.3亿元。

2008年，金洲新区签订项目投资合同21个，其中工业项目20个，合同利用域外资金117.32亿元。全年实际到位资金35.44亿元，其中到位外资8730万美元。新区引进三一汽车起重机、红宇耐磨材料、归一建材、金腾机械、东澳有色金属、博朗思达金属材料、特耐金属材料、深湘通用机械、特种金属材料和邦普循环科技等项目。

2009年，新区引进项目30个，合同利用域外资金65.75亿元，建设面积为18万平方米的高标准中小企业孵化平台——恩吉创业园。新区引进落户东鑫环保材料、壹纳光电、飞洋机电、立达环保机械和五季风生物加工5个项目。中南大学国家技术转移中心、湖南大学国家磨削工程技术中心等项目落户，金洲新区成为高校科研成果转化的发展平台。

2010年，新区引进菲尔姆光能、先导电子陶瓷科技产业园、安泰工程塑料等15个项目，合同引资42.55亿元。至此，金洲新区累计落户项目97个，合同引资

372亿元。大河西大型综合性汽车城项目被纳入长沙市大型商业网点规划。

2011年,新区引进合同项目22个,合同引资216.8亿元。依托“长沙国家节能环保新材料高新技术产业化基地”效应,引进位列全球第七、国内行业第一的源科固态存储器(SSD)、人造石墨类锂离子电池负极材料重点企业微晶石墨、世界领先的工业物流设施及服务提供商普洛斯物流等一批项目。

2012年,新区签订合同项目28个。引进摩根海容、升华微电子、红宇研发中心、三一帕尔菲格、湘邵电力、创新生物、中崛供水、宜家家居床垫生产基地等项目。其中,宜家家居、英国摩根是世界500强企业。新注册外商投资企业2家,到位外资6600万美元,合同利用县域外资金121.1亿元,实际到位资金75.02亿元。

2013年,新区完成招商项目22个,合同引资109亿元,实际到位外资7100万美元,实际到位内资48.9亿元。其中10亿元以上项目有美国新视野显示、东方新诚信、潇湘网谷、湖南信托战略合作、兴业太阳能光伏;亿元以上项目有欧乐家科技、戴斯光电、赛恩斯环保、万家供热、双胞胎集团、吉永盛汽车内饰材料、华远实业、莱拓福、蓝盾消防器材、省信托现代农业产业投资基地等12个。



2015年,新区新引进项目32个,其中包括投资50亿元的湖南省大学科技产业园。投资10亿元以上产业项目有充电桩及配电系统、安达化工、盟创投资碳酸锂、中物泰沃3D打印喷焊智能机器人4个,合同引资146.1亿元。新区从引进项目个数、规模和质量上引领宁乡新能源新材料产业发展;监管招投标项目41个,中标金额39.40亿元,其中公开招标项目27个、邀请招标项目14个;政府采购项目175个,采购金额847.27万元,较报价节约197.16万元,占比23.27%。招商合作局团队先后被评为全县“最具战斗力的招商专班”、县“狮子型”团队称号。

2016年,新区引进投资30亿元的沃特玛电池、12亿元的3.5万吨三元前驱体、10亿元的中锂新材、5亿元的惠州旭能等项目37个,合同引资约284亿元,域外到位资金50亿元,完成全年目标任务的142%。其中,产业项目36个,公共服务平台1个,亿元以上项目26个;高标准包装策划项目10个,2个入选湘江新区重点推介项目包装。

2017年,新区引进项目52个,合同引资超过300亿元,其中包括新签约投资15亿元的新锂时代锂电池综合回收资源化利用基地项目、投资10亿元的长园高端隔膜及涂布生产线、投资10亿元的桑德集团年产3万吨三元前驱体及10万吨废旧电池回收项目,以及航盛新能源(2亿元)、博信新能源的电解液项目(2亿元)、东莞芯能锂电池铝塑膜生产基地项目等先进储能材料产业链链内项目。

## 2006—2017 年高新区招商引资情况表

表 5—1

| 投资单位名称 | 项目名称 | 招商合同签订时间 | 协议供地面积(亩) | 建设进度 | 投产时间 | 固定资产投资总额(万元) | 经营状况 |
|---|---|---|---|---|---|---|---|
| 晏三明 | 锦峰钢结构 | 2006.6.29 | 67 | 竣工投产 | 2007.1 | 18590 | 正常 |
| 湖南锦峰钢结构工程有限公司 | 锦峰钢结构 | 2007.5.21 | 6 | 竣工投产 | 2009.5 | | 正常 |
| 深圳市勤诚达投资有限公司 | 长沙金洲大道 | 2006.9.27 | 18.78 | 竣工投产 | 2007.9 | 42520 | 正常 |
| 湖南武警消消防总队 | 省消防总队模拟训练基地 | 2006.1 | 330 | 竣工投产 | 2007.6 | 10240 | 正常 |
| 长沙银超纺织有限公司 | 银太纺织 | 2006.12.8 | 265 | 竣工投产 | 2007.11 | 56480 | 正常 |
| 湖南精威包装印务有限公司 | 精威包装 | 2007.12.6 | 46.3 | 竣工投产 | 2009.6 | 2560 | 转让 |
| 长沙湘桥风机制造有限公司 | 湘桥风机 | 2007.12.8 | 30 | 竣工投产 | 2009.7 | 4560 | 正常 |
| 长沙市华美雕塑有限公司 | 华美雕塑 | 2007.12.18 | 20 | 竣工投产 | 2008.1 | 2350 | 正常 |
| 长沙磐龙安全系统设备有限公司 | 安全系统设备研发生产 | 2006.12.25 | 28.1 | 竣工投产 | 2008.5 | 4230 | 正常 |
| 湖南东方时装有限公司 | 东方时装 | 2007.2.27 | 300 | 竣工投产 | 2008.8 | 31250 | 正常 |
| 湖南鑫烨钢结构彩板有限公司 | 鑫烨彩钢板生产 | 2007.4.21 | 35 | 竣工投产 | 2008.9 | 11260 | 正常 |
| 湖南鑫烨钢结构彩板有限公司 | 鑫烨彩钢板生产 | 2008.9.10 | 5 | 竣工投产 | 2008.9 | 11260 | 正常 |
| 深圳市族兴实业有限公司 | 族兴铝颜料生产项目 | 2007.4.26 | 100 | 竣工投产 | 2008.7 | 21020 | 正常 |
| 长沙金洲物流有限公司 | 金洲物流基地 | 2007.8.6 | 20 | 竣工投产 | 2008.6 | 4250 | 转让 |

**续表 5—1**

| 投资单位名称 | 项目名称 | 招商合同签订时间 | 协议供地面积(亩) | 建设进度 | 投产时间 | 固定资产投资总额(万元) | 经营状况 |
|---|---|---|---|---|---|---|---|
| 湖南鸿扬家庭装饰设计工程有限公司 | 鸿扬家装生产基地 | 2007.6.16 | 59 | 竣工投产 | 2013.11 | 6485 | 正常 |
| 湖南省精密量具工业有限公司 | 精密量具生产 | 2007.8.16 | 50 | 竣工投产 | 2008.11 | 9850 | 正常 |
| 湖南龙丰不锈钢有限公司 | 龙丰不锈钢加工 | 2007.8.24 | 12.5 | 竣工投产 | 2008.8 | 9580 | 正常 |
| 长沙博得科技开发有限公司 | 博得科技 | 2007.9.24 | 42.99 | 竣工投产 | 2009.5 | 16850 | 正常 |
| 湖南长高高压开关集团股份公司 | 长高高压开关 | 2007.11.5 | 600 | 竣工投产 | 2011.4 | 36850 | 正常 |
| 湖南红门机电设备有限公司 | 红门电动伸缩门及停车场设备系统 | 2007.11.19 | 24.99 | 竣工投产 | 2008.8 | 7580 | 正常 |
| 佛山市邦普镍钴技术有限公司 | 邦普镍钴铜锂项目 | 2007.12.8 | 200 | 竣工投产 | 2008.11 | 68950 | 正常 |
| 天津新碧投资发展有限公司 | 宁乡碧桂园 | 2007.7.1 | 总面积 2656(净用地) | 竣工投产 | 2009.8 | 85940 | 正常 |
| 湖南红宇耐磨新材料有限公司 | 和鼎电子 | 2008.2.12 | 约 42.05(含公摊) | 未生产 | 2009.5 | 5680 | 未生产 |
| 长沙市金腾机械科技有限公司 | 金腾科技 | 2008.3.1 | 约 40(含公摊) | 竣工投产 | 2009.5 | 7650 | 正常 |
| 湖南红宇耐磨新材料有限公司 | 红宇耐磨 | 2008.3.4 | 100,分两期(含公摊) | 竣工投产 | 2009.8 | 24520 | 正常 |
| 湖南东澳有色金属有限公司 | 东澳 | 2008.4.3 | 26(含公摊) | 竣工投产 | 2009.7 | 5680 | 更名 |
| 长沙归一建材科技有限公司 | 归一建材 | 2008.4.17 | 60(不含公摊) | 竣工投产 | 2009.6 | 4230 | 转让 |

**续表 5—1**

| 投资单位名称 | 项目名称 | 招商合同签订时间 | 协议供地面积(亩) | 建设进度 | 投产时间 | 固定资产投资总额(万元) | 经营状况 |
|---|---|---|---|---|---|---|---|
| 湖南特种金属材料厂 | 特种金属材料 | 2008.3.27 | 28(含公摊) | 竣工投产 | 2009.7 | 12130 | 正常 |
| 湖南邦普循环科技有限公司 | 邦普循环 | 2008.3.27 | 200(含公摊),一期120,二期80 | 竣工投产 | 2008.11 | 68950 | 正常 |
| 三一集团有限公司 | 三一重起 | 2008.4.25 | 2600工业用地,400商业用地 | 竣工投产 | 2009.5 | 391250 | 正常 |
| 长沙市博朗思达金属材料有限公司 | 博朗思达 | 2008.5.28 | 20(含公摊) | 竣工投产 | 2009.11 | 2650 | 正常 |
| 长沙特耐金属材料科技有限公司 | 特耐金属 | 2008.9.11 | 11(含公摊) | 竣工投产 | 2009.11 | 3850 | 正常 |
| 湖南神塑科技有限公司 | 神塑科技 | 2008.8.28 | 189.42(含公摊),一期125,二期64.42 | 竣工投产 | 2009.12 | 15260 | 正常 |
| 长沙市固力实业有限公司 | 固力工程 | 2008.11.13 | 10.96(含公摊) | 竣工投产 | 2010.6 | 2890 | 正常 |
| 长沙银太置业有限公司 | 银太商业街 | 2008.11.26 | 67.57(含公摊10.78) | 竣工投产 | 2007.11 | 56480 | 正常 |
| 湖南振明电器有限公司 | 振明电器 | 2009.4.14 | 12(含公摊) | 竣工投产 | 2010.7 | 3120 | 正常 |
| 宁乡县职业中专学校 | 职业中专 | 2009.5.12 | 215,划拨形式 | 竣工投产 | 2010.11 | 14620 | 正常 |
| 湖南龙丰不锈钢有限公司 | 龙丰铝业 | 2009.5.12 | 补充用地10,总用地36 | 竣工投产 | 2008.8 | 9580 | 正常 |
| 江长久 | 壹纳光电 | 2009.5.15 | 租用标准厂房1400平方米 | 竣工投产 | 2010.12 | 4560 | 正常 |

**续表 5—1**

| 投资单位名称 | 项目名称 | 招商合同签订时间 | 协议供地面积(亩) | 建设进度 | 投产时间 | 固定资产投资总额(万元) | 经营状况 |
|---|---|---|---|---|---|---|---|
| 长沙金洲物流有限公司 | 金洲物流 | 2009.6 | 补充新增用地 2.04，补充后用地 22.83 | 竣工投产 | 2010.5 | 2480 | 正常 |
| 湖南涌鑫石油化工有限公司 | 桥头加油站、金鑫加油站 | 2009.6.4 | 13.65 | 竣工投产 | 2010.6 | 2640 | 正常 |
| 长沙市裕盛厨房设备有限责任公司 | 裕盛厨具 | 2009.6.8 | 10(含公摊) | 竣工投产 | 2010.8 | 2890 | 正常 |
| 长沙三仁包装有限公司 | 三仁包装 | 2009.6.8 | 10(含公摊) | 竣工投产 | 2010.8 | 2420 | 正常 |
| 长沙超峰印刷有限公司 | 超峰印刷 | 2009.6.8 | 10(含公摊) | 竣工投产 | 2010.8 | 2650 | 正常 |
| 湖南赛瑞新材料有限公司 | 赛瑞新材 | — | 补充协议,甲方将 28.8 另行安排企业,甲方预留 35 用地给乙方 | 竣工投产 | 2010.6 | 9850 | 正常 |
| 武汉合得利橡胶粉有限公司 | 合得利 | 2008.6.24 | 15(含分摊) | 竣工投产 | 2009.8 | 3250 | 正常 |
| 长沙东鑫环保材料有限责任公司 | 东鑫环保 | 2009.7.24，2009.11.16 | 租赁 4000 平方米，分两次租 | 竣工投产 | 2010.11 | 4850 | 正常 |
| 中基舟船路桥投资管理有限公司 | 中基路桥 | 2009.8.12 | 500(含公摊)，分期供地，一期 200 | 竣工投产 | 2010.12 | 15620 | 正常 |
| 中国石油化工股份有限公司湖南长沙石油分公司 | 赛瑞新材旁加油站 | 2009.7.30 | 9(含公摊) | 竣工投产 | 2010.6 | 2420 | 正常 |

续表 5—1

| 投资单位名称 | 项目名称 | 招商合同签订时间 | 协议供地面积(亩) | 建设进度 | 投产时间 | 固定资产投资总额(万元) | 经营状况 |
|---|---|---|---|---|---|---|---|
| 长沙县立达机械厂 | 同翔机械 | 2009.9.17 | 租赁4000平方米 | 竣工投产 | 2010.11 | 3450 | 正常 |
| 湖南飞洋机电科技有限公司 | 飞洋机电 | 2009.10.28 | 租赁8300平方米 | 竣工投产 | 2010.12 | 2460 | 正常 |
| 湖南省五季风生物科技有限责任公司 | 五季风 | 2009.11.14 | 租赁3600平方米 | 竣工投产 | 2010.12 | 1890 | 迁出 |
| 湖南长高高压开关集团股份有限公司 | 长高集团金洲产业园 | 2009.4.14 | 新增20 | 竣工投产 | 2011.4 | 36850 | 正常 |
| 湖南锦峰电缆有限公司 | 电缆生产基地 | 2010.5.11 | 21 | 竣工投产 | 2011.11 | 8590 | 正常 |
| 湖南菲尔姆光能有限公司 | 建设太阳能平板集热器、低辐射(LOW—E)中空玻璃项目 | 2010.6.18 | 94 | 竣工投产 | 2011.8 | 12130 | 正常 |
| 长沙艾森设备维护技术有限公司 | 艾森工业清洗剂项目 | 2010.1.4 | 25 | 竣工投产 | 2011.5 | 3650 | 正常 |
| 佛山市康荣精细陶瓷有限公司 | 建设氧化铝陶瓷基体项目 | 2010.10.23 | 50 | 竣工投产 | 2011.12 | 13650 | 正常 |
| 湖南龙丰铝业有限公司 | 铝型材生产基地 | 2010.3.23 | 20 | 竣工投产 | 2008.8 | 9580 | 正常 |
| 长沙族兴金属颜料有限公司 | 铝颜料基地项目 | 2010.8.19 | 18 | 竣工投产 | 2011.1 | 4560 | 正常 |
| 宁乡县金鹰模具厂 | 配套模具厂项目 | 2010.8.27 | 5.61 | 竣工投产 | 2011.12 | 895 | 转让 |
| 陈素南 | 加油加气站建设项目 | 2010.9.29 | 6 | 竣工投产 | 2011.11 | 1210 | 正常 |

**续表 5—1**

| 投资单位名称 | 项目名称 | 招商合同签订时间 | 协议供地面积(亩) | 建设进度 | 投产时间 | 固定资产投资总额(万元) | 经营状况 |
|---|---|---|---|---|---|---|---|
| 湖南博深事业有限公司 | 先导电子陶瓷产业园 | 2010.10.10 | 总用地 400,一期 120,二期 120,预留三期 160 | 竣工投产 | 2009.11 | 24560 | 正常 |
| 湖南锦峰钢结构有限公司 | 锦峰钢结构生产基地 | 2010.11.18 | 18 | 竣工投产 | 2011.12 | 4520 | 正常 |
| 中国石油化工股份有限公司湖南长沙石油分公司 | 中国石油化工股份有限公司湖南长沙石油分公司 | 2010.12.28 | 6.622 | 竣工投产 | 2011.12 | 6580 | 正常 |
| 长沙星沙机床有限公司 | 星沙机床 | 2011.1.4 | 22.63 | 竣工投产 | 2012.9 | 14230 | 正常 |
| 湖南星邦重工有限公司 | 高空作业平台项目 | 2011.1.6 | 项目总面积 300,一期 100,预留二期、三期 200 | 竣工投产 | 2012.9 | 18650 | 正常 |
| 长沙族兴金属颜料有限公司 | 太阳能光伏电池用浆料项目 | 2011.1.6 | 项目总用地 80,一期 30,预留二期 50 | 竣工投产 | 2012.12 | 3650 | 正常 |
| 宁乡县金洲镇人民政府 | 关山创业园 | 2011.7.4 | 150(含公摊),一期 100,预留 150 | 竣工投产 | 2012.12 | 21230 | 正常 |

**续表 5—1**

| 投资单位名称 | 项目名称 | 招商合同签订时间 | 协议供地面积(亩) | 建设进度 | 投产时间 | 固定资产投资总额(万元) | 经营状况 |
|---|---|---|---|---|---|---|---|
| 湖南源科高新技术有限公司 | 金洲存储 | 2011.8.17 | 约58,一期30(含公摊) | 竣工投产 | 2012.9 | 10230 | 停产 |
| 长沙博朗思达金属材料有限公司 | 博朗思达 | 2011.10.18 | 原址调整,约25(含公摊) | 竣工投产 | 2012.11 | 8560 | 正常 |
| 长沙天和钻具机械有限公司 | 天和钻具 | 2011.10.24 | 约73(含公摊) | 竣工投产 | 2013.2 | 15620 | 正常 |
| 普洛斯投资管理(中国)有限公司 | 普洛斯(长沙金洲)物流园 | 2011.10.31 | 565(含公摊) | 竣工投产 | 2013.2 | 24520 | 正常 |
| 湖南赛诺生物科技有限责任公司 | 赛诺生物 | 2011.11.4 | 49(含公摊),其中一期10,二期39 | 竣工投产 | 2012.9 | 2350 | 正常 |
| 伟特家具有限公司 | 伟特家居 | 2011.11.9 | 92(含公摊) | 竣工投产 | 2013.4 | 16850 | 破产 |
| 长沙广夏投资有限公司 | 金洲明珠 | 2011.1.23 | 41.96 | 竣工投产 | 2013.6 | 28650 | 正常 |
| 长沙星城微晶石墨有限公司 | 星城石墨 | 2012.1.16 | 49.8 | 竣工投产 | 2013.8 | 10650 | 正常 |
| 长沙升华微电子材料有限公司 | 年产500万件电子封装材料等系列产品生产基地 | 2012.4.5 | 14.3 | 竣工投产 | 2013.12 | 5680 | 正常 |

续表 5—1

| 投资单位名称 | 项目名称 | 招商合同签订时间 | 协议供地面积(亩) | 建设进度 | 投产时间 | 固定资产投资总额(万元) | 经营状况 |
|---|---|---|---|---|---|---|---|
| 湖南红宇耐磨新材料股份有限公司 | 红宇技术研究中心项目 | 2012.5.22 | 60 | 竣工投产 | 2013.9 | 10230 | 更名 |
| 湖南长峰电缆有限公司 | 长峰电力高低压成套设备生产基地 | 2012.6.29 | 13.8 | 竣工投产 | 2013.9 | 8590 | 正常 |
| 湖南创新生物科技有限公司 | 创新生物年产 12 万吨无抗生素微生物饲料生产基地 | 2012.7.3 | 26.44 | 竣工投产 | 2013.9 | 6420 | 正常 |
| 湖南星港家居发展有限公司 | 星港家居床垫生产基地 | 2012.9.14 | 16.24 | 竣工投产 | 2013.12 | 6450 | 正常 |
| 长沙中崛供水设备有限公司 | 中崛供水无负压变频供水设备生产基地 | 2012.9.27 | 30 | 竣工投产 | 201.12 | 4230 | 正常 |
| 湖南东湘源服饰有限公司 | 东湘源 | 2012.11.21 | 30 | 竣工投产 | 2013.8 | 3450 | 迁出 |
| 邵东县晋阳置业有限公司 | 欧乐家 | 2012.11.29 | 项目总用地 78.6，一期 61.9，二期 16.7 | 竣工投产 | 2013.12 | 16420 | 正常 |
| 长沙东鑫环保材料有限责任公司 | 东鑫环保钢铁添加剂产品生产 | 2012.7.2 | 4410 平方米 | 竣工投产 | 2013.8 | 2120 | 正常 |
| 长沙东鑫环保材料有限责任公司 | 东鑫环保钢铁添加剂产品生产 | 2012.11.30 | 项目总用地 260，一期 50 | 竣工投产 | 2014.1 | 3260 | 正常 |

续表 5—1

| 投资单位名称 | 项目名称 | 招商合同签订时间 | 协议供地面积(亩) | 建设进度 | 投产时间 | 固定资产投资总额(万元) | 经营状况 |
|---|---|---|---|---|---|---|---|
| 福州光诚光电有限公司 | 戴斯光电产业关键器件及新材料产业基地 | 2013.1.19 | 项目总用地 50，一期 21.5，二期 28.5 | 竣工投产 | 2014.8 | 7230 | 正常 |
| 湖南万家供热发展有限公司 | 万家造具节能供热设备生产销售基地 | 2013.1.31 | 30 | 竣工投产 | 2015.8 | 6420 | 正常 |
| 长沙市博朗思达金属材料有限公司 | 博朗思达 | 2012.12.27 | 25 | 竣工投产 | 2014.4 | 1650 | 正常 |
| 宁乡县碧桂园外国语学校 | 碧桂园中英文双语学校 | 2012 | 139 | 竣工投产 | 2014.6 | 24520 | 正常 |
| 福州光诚光电有限公司 | 戴斯光电 | 2013.9.11 | 24.8 | 竣工投产 | 2014.8 | 7230 | 正常 |
| 湖南吉永盛汽车零部件有限公司 | 吉永盛 | 2013.8.6 | 14 | 竣工投产 | 2014.11 | 2450 | 正常 |
| 江西双胞胎投资有限公司 | 双胞胎饲料 | 2013.6.17 | 73.6 | 竣工投产 | 2014.12 | 9650 | 正常 |
| 湖南星沙机床设备有限公司 | 星沙机床 | 2013.5.29 | 租赁 8305 平方米，其中厂房 6870 平方米、办公楼 1435 平方米 | 竣工投产 | 2014.2 | 2120 | 正常 |
| 长沙赛恩斯环保科技有限公司 | 赛恩斯环保 | 2013.4.25(原协议)，2013.8.29(补充协议) | 62.74 | 竣工投产 | 2014.12 | 6420 | 正常 |

续表 5—1

| 投资单位名称 | 项目名称 | 招商合同签订时间 | 协议供地面积（亩） | 建设进度 | 投产时间 | 固定资产投资总额（万元） | 经营状况 |
|---|---|---|---|---|---|---|---|
| 湖南中和新能源有限公司 | 中和新能源 | 2013.8.30 | 160 | 竣工投产 | 2014.12 | 15620 | 停产 |
| 湖南杉杉新能源科技有限公司 | 万吨级高能量密度动力型锂电正极材料项目 | 2014.1.21 | 298.9 | 竣工投产 | 2015.8 | 302561 | 正常 |
| 长沙东鑫环保材料有限责任公司 | 东鑫环保总部及生产基地项目 | 2014.2.18 | 59.71 | 竣工投产 | 2017.6 | 65421 | 正常 |
| 东莞万鑫机电有限公司 | 万鑫机电 | 2014.9.20 | 100 | 竣工投产 | 2016.1 | 18594 | 正常 |
| 湖南中吉科技有限公司 | 中谷科技一期 | 2014.9 | 70 | 竣工投产 | 2016.5 | 48750 | 正常 |
| 九龙仓奥特莱斯 | 九龙仓奥特莱斯 | 2017.7.28 | 150 | 竣工投产 | 2016.7 | 89560 | 正常 |
| 湖南然润堂 | 然润堂 | 2014 | 30 | 竣工投产 | 2016.1 | 15640 | 正常 |
| 祁胜新材有限公司 | 德莱恩新材料 | 2014.11.18 | 5 | 竣工投产 | 2016.8 | 4520 | 正常 |
| 湖南省大学科技产业园 | 湖南省大科园 | 2015.3 | — | 在建 | 一期厂房2016年6月竣工投入使用，综合楼正在进行精装修，企业孵化楼及后勤服务中心基本完工，准备进行精装修施工，3＃、4＃厂房基本完工，5＃、6＃厂房进行主体建设 | 245860 | 正常 |

**续表 5—1**

| 投资单位名称 | 项目名称 | 招商合同签订时间 | 协议供地面积(亩) | 建设进度 | 投产时间 | 固定资产投资总额(万元) | 经营状况 |
|---|---|---|---|---|---|---|---|
| 湖南长高电气有限公司 | 新能源汽车充电桩及配电总成 | 2016.8 | 140 | 在建 | — | 8952 | 正常 |
| 湖南邦普循环科技有限公司 | 盟创投资碳酸锂项目 | 2014.12.19 | — | 竣工投产 | 2017.8 | 17520 | 正常 |
| 湖南红宇耐磨新材料股份有限公司(3D打印) | 中物泰沃 3D 打印 | 2015.11.13<br>原址新增项目 | 132.7 | 在建 | 在建 | 12650 | 正常 |
| 中山市广合实业有限公司 | 裕丰紧固件 | 2015.2.15 | 50 | 竣工投产 | 2017.3 | 13650 | 正常 |
| 湖南兴元科技有限公司 | 兴元自动售货机 | 2015.6.11 | 49.4 | 在建 | 在建 | 12180 | 正常 |
| 湖南特种金属材料有限公司 | 千吨级磁粉、铁硅粉项目(中钢特材) | — | 20 | — | — | — | 退出 |
| 湖南星沙机床设备有限公司 | QPQ 表面耐磨防腐新材料 | 2015.12.2 | 23 | 在建 | 在建 | 6850 | 正常 |
| 广州市长岳东升玻璃纤维有限公司 | 争明新材 | 2015.5.11 | 43 | 竣工投产 | 2017.6 | 14580 | 正常 |
| 污水处理厂 PPP 项目 | 污水处理 | 2013.7 | — | 竣工投产 | 2016.5 | 27560 | 正常 |
| 湖南红太东方机电装备股份有限公司 | 红太机电 | 2015.3.30 | 50 | 竣工投产 | 2016.12 | 9750 | 正常 |
| 湖南天威电器股份有限公司 | 天威电器 | 2015.12.17 | 50.6 | 在建 | 在建 | 8460 | 正常 |

**续表 5—1**

| 投资单位名称 | 项目名称 | 招商合同签订时间 | 协议供地面积(亩) | 建设进度 | 投产时间 | 固定资产投资总额(万元) | 经营状况 |
|---|---|---|---|---|---|---|---|
| 微纳坤宸及国家重大实验室 | — | 2015.8.12 | 9.66 | 在建 | 在建 | 8560 | 正常 |
| 上懿丰新材料 | — | — | 20 | 竣工投产 | 2016.2 | 9450 | 正常 |
| 长沙东屋机电有限责任公司 | 东屋机电 | 2015.1.20 | — | 竣工投产 | 2016.4 | 18540 | 正常 |
| 长沙万钛工程机械有限公司 | 万钛工程 | 2015.1.30 | — | 竣工投产 | 2017.6 | 3490 | 迁出 |
| 湖南锦峰钢结构有限公司 | 中国中车北车同力风电塔筒项目 | 2015.6.30 | — | 竣工投产 | 2016.12 | 8650 | 正常 |
| 湖南华铝机械技术有限公司 | 铝合金装配检修平台生产基地项目 | 2015.5.8 | 30 | 竣工投产 | 2017.1 | — | — |
| 万鑫精工(湖南有限公司) | 万鑫精工高端精密机电租赁 | 2015.3.15 | — | — | — | — | 正常 |
| 立达新材 | — | 2015.8.5 | — | 竣工投产 | 2016.7 | 3460 | 正常 |
| 诺兰蒂尔新材料 | — | 2015.11.30 | 32.7 | 在建 | 在建 | — | 正常 |
| 湖南邦普循环科技有限公司 | 天宁热电供热管网(邦普) | 2015.11.6 | — | 竣工投产 | 2016.3 | 6850 | 停产 |
| 深圳市沃特玛电池有限公司 | 沃特玛电池项目 | 2016.9.8 | — | 在建 | 在建 | 185640 | 正常 |
| 湖南邦普循环科技有限公司(五期) | 邦普五期 | 2016.6 | 500 | 在建 | 在建 | — | 正常 |
| 湖南中锂新材料有限公司 | 中锂新材 | 2016.11.4 | — | 在建 | 在建 | — | 正常 |

续表 5—1

| 投资单位名称 | 项目名称 | 招商合同签订时间 | 协议供地面积(亩) | 建设进度 | 投产时间 | 固定资产投资总额(万元) | 经营状况 |
|---|---|---|---|---|---|---|---|
| 湖南民富沃能有限公司(战略合作协议) | 沃特玛创新联盟 | 2016.9.28 | — | 在建 | 在建 | — | 正常 |
| 湖南立达高新材料有限公司 | 武汉科技大学高温耐火材料 | 2016.6.17 | — | 竣工投产 | 2016.7 | 3570 | 正常 |
| 湖南耐特材料科技有限公司 | 耐特新材 | 2016.9.5 | — | 2016 | 2016 | 3450 | 正常 |
| 湖南华越锂能科技实业有限公司 | 华越锂能 | 2017.7.30 | — | 竣工投产 | 2017.1 | 3650 | 更名 |
| 湖南众源电子科技有限公司、中南大学资产经营公司(租赁菲尔姆) | 众源电子 | 2016.11.3 | — | — | — | — | 正常 |
| 长沙泰康包装设备有限公司 | 泰康包装 | 2016 | — | 试生产 | 试生产 | 2640 | 正常 |
| 长沙鲜源生物科技有限公司 | 鲜源生物 | 2016 | — | 竣工投产 | 2017.1 | 3260 | 正常 |
| 湖南嘉鸿检测技术有限公司 | 嘉鸿检测 | 2016 | — | 竣工投产 | 2017.1 | 2360 | 正常 |
| 长沙贝洁亮环保科技有限公司 | 贝洁亮 | 2016.9.22 | — | 竣工投产 | 2017.6 | 3560 | 正常 |
| 惠州旭能电子科技有限公司 | 旭能电子 | 2016.2.19 | — | 竣工投产 | 2017.1 | 15640 | 迁出 |
| 长沙烨海机械设备有限公司 | 烨海机械 | 2016.6 | — | 竣工投产 | 2017.1 | 7890 | 正常 |
| 湖南科加环保设备有限公司 | 科加环保 | 2016.9.1 | — | 竣工投产 | 2017.1 | 3560 | 正常 |
| 湖南省银峰新能源有限公司 | 银峰新能源 | 2013.6.8 | — | 竣工投产 | 2016.12 | 6540 | 正常 |

**续表 5—1**

| 投资单位名称 | 项目名称 | 招商合同签订时间 | 协议供地面积(亩) | 建设进度 | 投产时间 | 固定资产投资总额(万元) | 经营状况 |
|---|---|---|---|---|---|---|---|
| 湖南朋泰高新材料有限公司 | 年产5000吨硅酸镁铝矿物凝胶 | 2016.6.21 | — | 投产 | 2017.4 | 8450 | 正常 |
| 长沙乐远化工科技有限公司 | 乐远可降解环保胶黏剂 | 2016.6.21 | 20 | 在建 | 在建 | — | 正常 |
| 湖南金万德节能厨具设备有限公司 | 金万德 | 2016 | — | 投产 | 2016.9 | 3560 | 正常 |
| 湖南中谷科技股份有限公司(二期) | 中谷二期 | 2016.6.30 | 45 | 在建 | 在建 | 16540 | 正常 |
| 湖南航天责任有限公司(新营业注册是天麓公司) | 天麓检测 | 2016.5.11 | — | 投产 | 2017.1 | 3680 | 正常 |

# 第六章

# 产业经济

# 第六章　产业经济

## 第一节　产业政策

建园之初，园区在入园项目的选择上就注重招商引资的整体质量，促进土地集约型利用，引进既具有经济效益，又具有良好社会效益、生态效益的标志性项目，提升园区品位。

2006年，园区明确提出发展现代制造、服饰鞋业和新能源新材料三大产业的思路。提出把园区打造成以工业为主导，多产业相互配套、相互补充的城乡一体、功能齐全、生态优美、富裕文明、人与自然和谐相处的全省一流、全国知名的第四代复合型园区。

是年底，金洲新区管委会就园区产业发展目标和方向提出“建设长沙西线工业走廊的建议”。以其区位优势，与宁乡经开区形成功能互补、结构互补，联动性良好的产业布局。从建设长沙西线工业走廊大开发区角度出发，力争上级支持，使金洲新区享受到宁乡经开区相关政策。西线工业走廊范围内统一对外推介，基本统一招商口径，形成联动开发、协调发展的良好态势。

2007年，落实宁发〔2005〕40号中园区开发建设享受的各项优惠政策，将园区开发中按新用地政策缴纳的耕地占用税新增部分全额返回新区；园区开发中所缴纳的契税全额返回，用于基础设施建设。确立园区经济发展总体目标是将园区作为长沙经济发展的重要载体，通过园区、长沙河西工业走廊的辐射作用，带动宁乡区域全面发展，实现宁乡县与长沙市的全面对接。同时，立足引进大项目，培育大产业，做到“以质取胜、特色立园”。

2008年起，园区重点引进的实力强、技术新、成长性好、技术支撑有力的企业。引进的项目中，投资5000万元以上的项目有44个，占引进项目总数的71%，其中投资亿元以上的项目有26个，碧桂园等3家中国驰名商标企业，族兴铝颜料等7个项目获“两高”认证，其中族兴铝颜料在国内同行业中排名第一。族兴铝颜料、红宇耐磨新材料等5家企业计划在3年内上市。新区的红宇耐磨新材料、赛瑞新材料等一批新材料产业项目得到中南大学、湖南大学、华南理工大学的技术支持，邦普镍钴材料公司与清华大学建立废旧充电电池资源利用产业化技术研究合作关系。

2011年，园区产业发展围绕实现200亿元工业产值的目标，按照“着力建设高端产业发展载体，大力发展高端产业”的要求，大力推进先进制造、新材料、光电信息三大产业发展，推行“股东式服务”。按照“主动、靠前、协同、常态”的方法，从企业引进、手续办理、项目建设、争资融资、政策扶持等方面提前介入，做到“服务重点确保落实，服务难点全力突破，服务盲点心中有数”，增强帮扶工作实效。在先进装备制造业方面，以三一汽车起重机为主的企业，带动科源液压、三一涂装、星沙机床等一批配套企业在园区落户，开始向产业链方向发展。新材料产业方面，企业的创新和发展能力不断提升，红宇、邦普申报省级企业技术中心，族兴申报市级企业技术中心。



2012年，园区以国家级新材料产业基地和省级产业集中区建设为契机，逐步完善政策扶持体系，推进新型工业化和“两型园区”建设；把握创新型园区的发展趋势，实施产业链招商、大项目带动、大投入推动战略，提升园区承载能力；提升产业层次，创建孵化平台、创新平台和公共服务平台三大平台。以扶持园区企业做大做强为重点，政务服务由过去单纯的服务向全方位服务转变。提升服务产业发展的水平和能力，根据聚集新材料产业项目的需要，以企业为主体，争取上级扶持，建立2～3家公共检测平台，形成“产学研”一体化的区城创新体系。加强产业扶持力度，安排产业发展资金培育重点企业，创建国家级和省级、市级技术中心，支持企业申报高新技术企业，鼓励企业争创中国驰名商标和中国名牌和各类国家级、省级、市级品牌。引进风投公司，设立产业发基金，重点孵化、扶持一批成长性好的企业，使更多优质企业迅速成长壮大。



2015年，园区落实《关于加快实力园区建设促进宁乡工业转型创新发展的实施意见(试行)》(宁发〔2015〕10 号)。园区大力实施园区提档升级计划,全面提升园区的科学规划水平、主导产业层次、载体多元功能和创新驱动能力,为实现现代产业集聚区、"两型社会"示范区和产城融合样板区而努力。宁乡高新区培育发展以三一重起、长高集团、星邦重工等为代表的先进装备制造业;以杉杉新材、红宇新材、湖南邦普等为代表的新材料产业;以美国新视野、金洲存储、菲尔姆光能等为代表光电信息产业,三大主导产业占全部产值的 85%。宁乡高新区先进装备制造产业和新材料产业被纳入长沙市《工业园区转型提质发展三年行动计划》。

2016 年,在全面梳理湘江新区、湖南省、长沙市的政策基础上,宁乡县、宁乡高新区出台"实力园区 27 条""工业发展 10 条""创新十条"和"重大产业项目降成本 9 条"等政策。重点完善股权投资支持、专利奖励、科技成果转化交易奖励、学会与行业协会补贴、技能人才补贴奖励。建立 12.5 亿元的产业引导基金、10 亿元创投基金,为企业提供股权投资和项目合作支持;宁乡高新区财政投入 1.5 亿元控股参股金玉担保、仁润担保、信达小额贷公司,成立信道资产处置公司,初步形成系统的金融服务体系,可为企业提供低成本、快捷的资金支持。

2017 年,先后出台《关于支持湖南省大学科技产业园和湖南省高等院校知识产权运营服务中心创新发展的若干意见》《宁乡高新区关于支持重大产业项目降低成本的若干意见(试行)》《宁乡高新区加强总部经济发展考核办法》等政策。科技型小微项目和重大产业项目可享受公共检测服务、科技创新、用电、设备投入等全方位补贴;重大项目享受厂房代建、电费补助、设备采购补贴。全年,为企业提供扶持资金超过 8 亿元,以产业引导基金和融资租赁担保的形式,为 18 家企业提供扶持资金 6.72 亿元;与长沙市经信委、建设银行成立风险补偿基金,单个企业最多可以获得 500 万元无抵押贷款;控股和参股金玉担保公司、信达小额贷公司,担保公司为园区企业优先提供担保服务,担保费由管委会全额补贴。因企业经营不善造成投资机构损失的,按投资实际损失的 30%予以补贴。

## 2011—2017 年宁乡高新区企业享受财政补助情况表

**表 6—1**

| 年度 | 企业名称 | 申报项目 | 财政补助级次(万元) | | | | 资金安排部门 | 财政补助名称 | 补助类别 | 金额(万元) | 规定用途 | 实际用途 |
|---|---|---|---|---|---|---|---|---|---|---|---|---|
| | | | 中央 | 省级 | 市级 | 市以下 | | | | | | |
| 2011 年 | 中基路桥 | 基础设施建设 | 0.00 | 0.00 | 0.00 | 65.30 | 县财政 | 基础设施建设 | 工发资金 | 65.30 | 基础设施建设 | 基础设施建设 |
| 2011 年 | 邦普循环 | 产业扶持资金 | 0.00 | 0.00 | 0.00 | 500.00 | 园区财政 | 产业扶持资金 | 工发资金 | 500.00 | 企业发展 | 企业发展 |
| 2011 年 | 神塑科技 | 基础设施建设 | 0.00 | 0.00 | 0.00 | 63.00 | 县财政 | 基础设施建设 | 工发资金 | 63.00 | 基础设施建设 | 基础设施建设 |
| 2011 年 | 东方时装 | 基础设施建设 | 0.00 | 0.00 | 0.00 | 25.00 | 县财政 | 基础设施建设 | 工发资金 | 25.00 | 基础设施建设 | 基础设施建设 |
| 2011 年 | 瀚麟公司 | 企业发展专项 | 0.00 | 0.00 | 0.00 | 9.17 | 园区财政 | 企业发展专项 | 工发资金 | 9.17 | 企业发展 | 企业发展 |
| 2011 年 | 三一汽车起重机有限公司 | 产业扶持资金 | 0.00 | 0.00 | 0.00 | 18000.00 | 园区财政 | 产业扶持资金 | 工发资金 | 18000.00 | 企业发展 | 企业发展 |
| 2012 年 | 金洲物流公司 | 产业扶持 | 0.00 | 0.00 | 0.00 | 40.00 | 园区财政 | 产业扶持 | 工发资金 | 40.00 | 企业发展 | 企业发展 |
| 2012 年 | 红宇新材 | 产业扶持 | 0.00 | 0.00 | 0.00 | 600.00 | 园区财政 | 产业扶持 | 工发资金 | 600.00 | 企业发展 | 企业发展 |
| 2012 年 | 广厦投资公租房项目补助 | 公租房补助 | 0.00 | 0.00 | 0.00 | 700.00 | 园区财政 | 公租房补助 | 工发资金 | 700.00 | 公租房建设 | 公租房建设 |
| 2012 年 | 银太纺织 | 产业扶持 | 0.00 | 0.00 | 0.00 | 2540.00 | 园区财政 | 产业扶持 | 工发资金 | 2540.00 | 企业发展 | 企业发展 |

**续表 6—1**

| 年度 | 企业名称 | 申报项目 | 财政补助级次(万元) | | | | 资金安排部门 | 财政补助名称 | 补助类别 | 金额(万元) | 规定用途 | 实际用途 |
|---|---|---|---|---|---|---|---|---|---|---|---|---|
| | | | 中央 | 省级 | 市级 | 市以下 | | | | | | |
| 2012 年 | 星港家居 | 产业扶持 | 0.00 | 0.00 | 0.00 | 76.00 | 园区财政 | 产业扶持 | 工发资金 | 76.00 | 企业发展 | 企业发展 |
| 2012 年 | 邦普循环 | 产业扶持 | 0.00 | 0.00 | 0.00 | 1112.00 | 园区财政 | 产业扶持 | 工发资金 | 1112.00 | 企业发展 | 企业发展 |
| 2012 年 | 三一汽车起重机有限公司 | 产业扶持、科研经费 | 0.00 | 0.00 | 0.00 | 10000.00 | 园区财政 | 产业扶持、科研经费 | 工发资金 | 10000.00 | 产业发展、科研 | 产业发展、科研 |
| 2013 年 | 广厦投资公租房项目补助 | 公租房补助 | 0.00 | 0.00 | 0.00 | 1470.00 | 园区财政 | 公租房补助 | 工发资金 | 1470.00 | 公租房建设 | 公租房建设 |
| 2013 年 | 金洲物流公司 | 产业扶持 | 0.00 | 0.00 | 0.00 | 23.00 | 园区财政 | 产业扶持 | 工发资金 | 23.00 | 企业发展 | 企业发展 |
| 2013 年 | 华美雕塑 | 产业扶持 | 0.00 | 0.00 | 0.00 | 77.80 | 园区财政 | 产业扶持 | 工发资金 | 77.80 | 企业发展 | 企业发展 |
| 2014 年 | 湖南天和钻具有限公司 | 产业扶持 | 0.00 | 0.00 | 0.00 | 147.20 | 园区财政 | 产业扶持 | 工发资金 | 147.20 | 企业发展 | 企业发展 |
| 2014 年 | 湖南星城石墨科技股份有限公司 | 产业扶持 | 0.00 | 0.00 | 0.00 | 100.00 | 园区财政 | 产业扶持 | 工发资金 | 100.00 | 企业发展 | 企业发展 |
| 2014 年 | 宁乡东城污水处理厂 | 产业扶持 | 800.00 | 0.00 | 0.00 | 0.00 | 中央财政、国家发改委 | 产业扶持 | 工发资金 | 800.00 | 公租房建设 | 公租房建设 |
| 2014 年 | 湖南合得利科技有限公司 | 产业扶持 | 0.00 | 650.00 | 0.00 | 0.00 | 中央财政、国家发改委 | 产业扶持 | 工发资金 | 650.00 | 企业发展 | 企业发展 |

**续表 6—1**

| 年度 | 企业名称 | 申报项目 | 财政补助级次(万元) | | | | 资金安排部门 | 财政补助名称 | 补助类别 | 金额(万元) | 规定用途 | 实际用途 |
|---|---|---|---|---|---|---|---|---|---|---|---|---|
| | | | 中央 | 省级 | 市级 | 市以下 | | | | | | |
| 2014 年 | 湖南合得利科技有限公司 | 产业扶持 | 0.00 | 0.00 | 4.10 | 0.00 | 市财政、市经信委 | 产业扶持 | 工发资金 | 4.10 | 企业发展 | 企业发展 |
| 2014 年 | 湖南红宇耐磨新材料股份有限公司 | 产业扶持 | 0.00 | 0.00 | 20.00 | 0.00 | 市财政、市经信委 | 产业扶持 | 工发资金 | 20.00 | 企业发展 | 企业发展 |
| 2014 年 | 湖南红宇耐磨新材料股份有限公司 | 产业扶持 | 0.00 | 0.00 | 100.00 | 0.00 | 市财政、市经信委 | 产业扶持 | 工发资金 | 100.00 | 企业发展 | 企业发展 |
| 2014 年 | 湖南红宇耐磨新材料股份有限公司 | 重点新材料首批次应用示范专项 | 0.00 | 50.00 | 0.00 | 0.00 | 省财政、省经信委 | 重点新材料首批次应用示范专项 | 工发基金 | 50.00 | 项目资金 | 项目资金 |
| 2014 年 | 湖南红宇耐磨新材料股份有限公司 | 市级技术创新企业 | 0.00 | 0.00 | 20.00 | 0.00 | 市财政、市经信委 | 市级技术创新企业 | 工发基金 | 20.00 | 项目资金 | 项目资金 |
| 2014 年 | 长沙族兴新材料股份有限公司 | 科技专项资金 | 0.00 | 0.00 | 100.00 | 0.00 | 市财政、市经信委 | 科技专项资金 | 工发基金 | 100.00 | 项目资金 | 项目资金 |
| 2014 年 | 长沙族兴新材料股份有限公司 | 市级专利补助 | 0.00 | 0.00 | 0.30 | 0.00 | 市财政、市经信委 | 市级专利补助 | 工发基金 | 0.30 | 项目资金 | 项目资金 |
| 2014 年 | 长沙族兴新材料股份有限公司 | 省级专利补助 | 0.00 | 0.60 | 0.00 | 0.00 | 省财政 | 省级专利补助 | 奖励 | 0.60 | 奖励 | 奖励 |
| 2014 年 | 长沙族兴新材料股份有限公司 | 市标准化奖励资金 | 0.00 | 0.00 | 5.00 | 0.00 | 市财政 | 市标准化奖励资金 | 奖励 | 5.00 | 奖励 | 奖励 |
| 2014 年 | 长沙族兴新材料股份有限公司 | 科研基础平台奖励 | 0.00 | 5.00 | 0.00 | 0.00 | 市财政 | 科研基础平台奖励 | 奖励 | 5.00 | 奖励 | 奖励 |
| 2014 年 | 长沙族兴新材料股份有限公司 | 省工程技术中心 | 0.00 | 50.00 | 0.00 | 0.00 | 省财政、省经信委 | 省工程技术中心 | 工发基金 | 50.00 | 项目资金 | 项目资金 |
| 2014 年 | 湖南精量重工有限公司 | 中小企业专项 | 0.00 | 40.00 | 0.00 | 0.00 | 省财政、省经信委 | 中小企业专项 | 工发基金 | 40.00 | 项目资金 | 项目资金 |
| 2014 年 | 湖南精量重工有限公司 | 科技专项资金 | 0.00 | 50.00 | 0.00 | 0.00 | 省财政、省经信委 | 科技专项资金 | 工发基金 | 50.00 | 项目资金 | 项目资金 |

**续表 6—1**

| 年度 | 企业名称 | 申报项目 | 财政补助级次(万元) | | | | 资金安排部门 | 财政补助名称 | 补助类别 | 金额(万元) | 规定用途 | 实际用途 |
|---|---|---|---|---|---|---|---|---|---|---|---|---|
| | | | 中央 | 省级 | 市级 | 市以下 | | | | | | |
| 2014 年 | 湖南精量重工有限公司 | 中小企业贷款贴息补助 | 0.00 | 0.00 | 10.20 | 0.00 | 市财政、市经信委 | 中小企业贷款贴息补助 | 工发基金 | 10.20 | 项目资金 | 项目资金 |
| 2014 年 | 湖南邦普循环科技有限公司 | 长沙市技术创新示范企业 | 0.00 | 0.00 | 20.00 | 0.00 | 市财政、市经信委 | 长沙市技术创新示范企业 | 工发基金 | 20.00 | 项目资金 | 项目资金 |
| 2014 年 | 湖南邦普循环科技有限公司 | 湖南省专利资助 | 0.00 | 0.50 | 0.00 | 0.00 | 省财政 | 湖南省专利资助 | 奖励 | 0.50 | 奖励 | 奖励 |
| 2014 年 | 湖南邦普循环科技有限公司 | 2013 年长沙市新材料生物产业高新技术产业化专项资金 | 0.00 | 0.00 | 30.00 | 0.00 | 市财政、市经信委 | 2013 年长沙市新材料生物产业高新技术产业化专项资金 | 工发基金 | 30.00 | 项目资金 | 项目资金 |
| 2014 年 | 湖南邦普循环科技有限公司 | 废电池循环利用过程高浓度氨氮废水资源化处理关键技术及应用项目 | 0.00 | 400.00 | 0.00 | 0.00 | 省财政、省经信委 | 废电池循环利用过程高浓度氨氮废水资源化处理关键技术及应用项目 | 工发基金 | 400.00 | 项目资金 | 项目资金 |
| 2014 年 | 湖南邦普循环科技有限公司 | 省重金属治理专项资金 | 0.00 | 100.00 | 0.00 | 0.00 | 省财政、省经信委 | 省重金属治理专项资金 | 工发基金 | 100.00 | 项目资金 | 项目资金 |
| 2014 年 | 湖南邦普循环科技有限公司 | 2014 年长沙市知识产权示范企业 | 0.00 | 0.00 | 5.00 | 0.00 | 市财政、市知识产权局 | 2014 年长沙市知识产权示范企业 | 科技资金 | 5.00 | 项目资金 | 项目资金 |
| 2014 年 | 湖南邦普循环科技有限公司 | 2014 年长沙市知识产权管理规范化试点企业 | 0.00 | 0.00 | 2.00 | 0.00 | 市财政、市知识产权局 | 2014 年长沙市知识产权管理规范化试点企业 | 科技资金 | 2.00 | 项目资金 | 项目资金 |
| 2014 年 | 湖南邦普循环科技有限公司 | 2013 年度中小企业贷款贴息补贴 | 0.00 | 0.00 | 2.90 | 0.00 | 省财政 | 2013 年度中小企业贷款贴息补贴 | 工发基金 | 2.90 | 项目资金 | 项目资金 |
| 2014 年 | 湖南星邦重工有限公司 | 湖南省国际知名品牌补助 | 0.00 | 20.00 | 0.00 | 0.00 | 省财政 | 湖南省国际知名品牌补助 | 工发基金 | 20.00 | 项目资金 | 项目资金 |

续表 6—1

| 年度 | 企业名称 | 申报项目 | 财政补助级次(万元) | | | | 资金安排部门 | 财政补助名称 | 补助类别 | 金额(万元) | 规定用途 | 实际用途 |
|---|---|---|---|---|---|---|---|---|---|---|---|---|
| | | | 中央 | 省级 | 市级 | 市以下 | | | | | | |
| 2014 年 | 湖南星邦重工有限公司 | 长沙市科技专项资金补助 | 0.00 | 0.00 | 30.00 | 0.00 | 市财政 | 长沙市科技专项资金补助 | 科技资金 | 30.00 | 项目资金 | 项目资金 |
| 2014 年 | 湖南星邦重工有限公司 | 长沙市财政补贴资金 | 0.00 | 0.00 | 20.00 | 0.00 | 市财政 | 长沙市财政补贴资金 | 科技资金 | 20.00 | 项目资金 | 项目资金 |
| 2014 年 | 湖南星邦重工有限公司 | 长沙市出口信保补助 | 0.00 | 0.00 | 15.97 | 0.00 | 市财政 | 长沙市出口信保补助 | 工发基金 | 15.97 | 项目资金 | 项目资金 |
| 2014 年 | 湖南星邦重工有限公司 | 中小企业贷款贴息补贴 | 0.00 | 0.00 | 10.60 | 0.00 | 市财政、市经信委 | 中小企业贷款贴息补贴 | 工发基金 | 10.60 | 项目资金 | 项目资金 |
| 2014 年 | 湖南星邦重工有限公司 | 智能型自行式剪叉高空作业平台关键技术及产业化 | 0.00 | 0.00 | 30.00 | 0.00 | 市财政、市经信委 | 智能型自行式剪叉高空作业平台关键技术及产业化 | 工发基金 | 30.00 | 项目资金 | 项目资金 |
| 2014 年 | 湖南星邦重工有限公司 | 长沙市中小企业优秀企业补助 | 0.00 | 0.00 | 5.00 | 0.00 | 市财政、市经信委 | 长沙市中小企业优秀企业补助 | 工发基金 | 5.00 | 项目资金 | 项目资金 |
| 2014 年 | 长沙升华微电子有限公司 | 长沙市新材料生物产业高新技术产业化专项资金 | 0.00 | 0.00 | 20.00 | 0.00 | 市财政、市经信委 | 长沙市新材料生物产业高新技术产业化专项资金 | 工发基金 | 20.00 | 项目资金 | 项目资金 |
| 2014 年 | 湖南龙丰铝业有限公司 | 中小企业贷款贴息补贴 | 0.00 | 0.00 | 11.00 | 0.00 | 市财政、市经信委 | 中小企业贷款贴息补贴 | 工发基金 | 11.00 | 项目资金 | 项目资金 |
| 2014 年 | 伟特家居股份有限公司 | 中小企业贷款贴息补贴 | 0.00 | 0.00 | 6.00 | 0.00 | 市财政、市经信委 | 中小企业贷款贴息补贴 | 工发基金 | 6.00 | 项目资金 | 项目资金 |
| 2014 年 | 湖南星港家居发展有限公司 | 中小企业贷款贴息补贴 | 0.00 | 0.00 | 13.20 | 0.00 | 市财政、市经信委 | 中小企业贷款贴息补贴 | 工发基金 | 13.20 | 项目资金 | 项目资金 |
| 2014 年 | 湖南博得科技开发有限公司 | 中小企业贷款贴息补贴 | 0.00 | 0.00 | 11.00 | 0.00 | 市财政、市经信委 | 中小企业贷款贴息补贴 | 工发基金 | 11.00 | 项目资金 | 项目资金 |
| 2014 年 | 湖南星沙机床设备有限公司 | 中小企业贷款贴息补贴 | 0.00 | 0.00 | 3.70 | 0.00 | 市财政、市经信委 | 中小企业贷款贴息补贴 | 工发基金 | 3.70 | 项目资金 | 项目资金 |

**续表 6—1**

| 年度 | 企业名称 | 申报项目 | 财政补助级次(万元) | | | | 资金安排部门 | 财政补助名称 | 补助类别 | 金额(万元) | 规定用途 | 实际用途 |
|---|---|---|---|---|---|---|---|---|---|---|---|---|
| | | | 中央 | 省级 | 市级 | 市以下 | | | | | | |
| 2014 年 | 长沙康荣特种陶瓷有限公司 | 长沙市科技专项资金补助 | 0.00 | 0.00 | 20.00 | 0.00 | 市财政、市经信委 | 长沙市科技专项资金补助 | 工发基金 | 20.00 | 项目资金 | 项目资金 |
| 2014 年 | 长沙康荣特种陶瓷有限公司 | 中小企业贷款贴息补贴 | 0.00 | 0.00 | 5.30 | 0.00 | 市财政、市经信委 | 中小企业贷款贴息补贴 | 工发基金 | 5.30 | 项目资金 | 项目资金 |
| 2014 年 | 湖南锦峰钢结构工程有限公司 | 中小企业贷款贴息补贴 | 0.00 | 0.00 | 13.20 | 0.00 | 市财政、市经信委 | 中小企业贷款贴息补贴 | 工发基金 | 13.20 | 项目资金 | 项目资金 |
| 2014 年 | 东方时装有限公司 | 国家级工业设计中心 | 0.00 | 0.00 | 100.00 | 0.00 | 市财政、市经信委 | 国家级工业设计中心 | 工发基金 | 100.00 | 项目资金 | 项目资金 |
| 2014 年 | 东方时装有限公司 | 工业旅游示范单位 | 0.00 | 0.00 | 10.00 | 0.00 | 市财政、市经信委 | 工业旅游示范单位 | 工发基金 | 10.00 | 项目资金 | 项目资金 |
| 2014 年 | 东方时装有限公司 | 长沙市能源局节能减排奖励资金 | 0.00 | 0.00 | 31.40 | 0.00 | 市财政、市经信委 | 长沙市能源局节能减排奖励资金 | 工发基金 | 31.40 | 项目资金 | 项目资金 |
| 2014 年 | 东方时装有限公司 | 长沙市委宣传部 2014 年文化产业引导资金 | 0.00 | 0.00 | 20.00 | 0.00 | 市财政、市经信委 | 长沙市委宣传部 2014 年文化产业引导资金 | 工发基金 | 20.00 | 项目资金 | 项目资金 |
| 2014 年 | 东方时装有限公司 | 2014 年信息化和工业化融合管理体系管理体系惯标试点 | 0.00 | 0.00 | 10.00 | 0.00 | 市财政、市经信委 | 2014 年信息化和工业化融合管理体系管理体系惯标试点 | 工发基金 | 10.00 | 项目资金 | 项目资金 |
| 2014 年 | 东方时装有限公司 | 长沙市科技专项资金补助 | 0.00 | 0.00 | 25.00 | 0.00 | 市财政、市科技局 | 长沙市科技专项资金补助 | 科技资金 | 25.00 | 项目资金 | 项目资金 |
| 2014 年 | 湖南中好科技有限公司 | 2014 年湖南省第二批培训发展战略性新兴产业专项引导资金 | 0.00 | 70.00 | 0.00 | 0.00 | 省财政、省经信委 | 2014 年湖南省第二批培训发展战略性新兴产业专项引导资金 | 工发基金 | 70.00 | 项目资金 | 项目资金 |

**续表 6—1**

| 年度 | 企业名称 | 申报项目 | 财政补助级次(万元) | | | | 资金安排部门 | 财政补助名称 | 补助类别 | 金额(万元) | 规定用途 | 实际用途 |
|---|---|---|---|---|---|---|---|---|---|---|---|---|
| | | | 中央 | 省级 | 市级 | 市以下 | | | | | | |
| 2014 年 | 湖南星城石墨股份有限公司 | 2014 年湖南省第三批推进新型工业化专项引导资金 | 0.00 | 100.00 | 0.00 | 0.00 | 省财政、省经信委 | 2014 年湖南省第三批推进新型工业化专项引导资金 | 工发基金 | 100.00 | 项目资金 | 项目资金 |
| 2014 年 | 湖南中嵋供水设备有限公司 | 2014 年湖南省第三批推进新型工业化专项引导资金 | 0.00 | 50.00 | 0.00 | 0.00 | 省财政、省经信委 | 2014 年湖南省第三批推进新型工业化专项引导资金 | 工发基金 | 50.00 | 项目资金 | 项目资金 |
| 2014 年 | 湖南量翰机床有限公司 | 市创业富民资金 | 0.00 | 0.00 | 7.00 | 0.00 | 市财政、市创业办 | 市创业富民资金 | 科技资金 | 7.00 | 项目资金 | 项目资金 |
| 2014 年 | 宁乡中宇塑业有限公司 | 中小企业贷款贴息补贴 | 0.00 | 0.00 | 0.00 | 7.50 | 县财政 | 中小企业贷款贴息补贴 | 工发基金 | 7.50 | 项目资金 | 项目资金 |
| 2014 年 | 湖南莱拓福生物科技有限公司 | 产业扶持(厂房租金补贴) | 0.00 | 0.00 | 0.00 | 6.75 | 园区财政 | 产业扶持(厂房租金补贴) | 工发基金 | 6.75 | 项目资金 | 项目资金 |
| 2014 年 | 县级财政各种奖励 | 工业、科技奖励 | 0.00 | 0.00 | 0.00 | 1250.00 | 县财政 | 工业、科技奖励 | 工发、科技 | 1250.00 | 项目资金 | 项目资金 |
| 2015 年 | 湖南东方时装有限公司 | 科技平台建设资金 | 0.00 | 0.00 | 0.00 | 50.00 | 园区财政 | 科技平台建设资金 | 科技资金 | 50.00 | 项目资金 | 项目资金 |
| 2015 年 | 湖南东方时装有限公司 | 技术改造资金 | 0.00 | 0.00 | 30.00 | 0.00 | 市财政、市科技局 | 技术改造资金 | 科技资金 | 30.00 | 项目资金 | 项目资金 |
| 2015 年 | 湖南星邦重工有限公司 | 技术改造资金 | 0.00 | 0.00 | 30.00 | 0.00 | 市财政、市科技局 | 技术改造资金 | 科技资金 | 30.00 | 项目资金 | 项目资金 |
| 2015 年 | 湖南天和钻具有限公司 | 技术改造资金 | 0.00 | 0.00 | 10.00 | 0.00 | 市财政、市科技局 | 技术改造资金 | 科技资金 | 10.00 | 项目资金 | 项目资金 |
| 2015 年 | 湖南天和钻具有限公司 | 技术中心 | 0.00 | 50.00 | 0.00 | 0.00 | 省财政、省经信委 | 技术中心 | 科技资金 | 50.00 | 项目资金 | 项目资金 |
| 2015 年 | 长沙瑞捷机器有限公司 | 2015 年能资金项目第二批 | 0.00 | 10.00 | 0.00 | 0.00 | 省财政、省经信委 | 2015 年能资金项目第二批 | 工发基金 | 10.00 | 项目资金 | 项目资金 |
| 2015 年 | 长沙东鑫环保有限责任公司 | 中央预算内战略性新兴产业资金 | 3498.00 | 0.00 | 0.00 | 0.00 | 中央财政、工信部 | 中央预算内战略性新兴产业资金 | 工发基金 | 3498.00 | 项目资金 | 项目资金 |
| 2015 年 | 湖南红宇耐磨新材料股份有限公司 | 2015 年第四批战略性新兴产业与新型工业化专项资金 | 0.00 | 80.00 | 0.00 | 0.00 | 省财政、省经信委 | 2015 年第四批战略性新兴产业与新型工业化专项资金 | 工发基金 | 80.00 | 项目资金 | 项目资金 |

**续表 6—1**

| 年度 | 企业名称 | 申报项目 | 财政补助级次(万元) | | | | 资金安排部门 | 财政补助名称 | 补助类别 | 金额(万元) | 规定用途 | 实际用途 |
|---|---|---|---|---|---|---|---|---|---|---|---|---|
| | | | 中央 | 省级 | 市级 | 市以下 | | | | | | |
| 2015 年 | 湖南杉杉新能源有限公司 | 2015 年第四批战略性新兴产业与新型工业化专项资金 | 0.00 | 80.00 | 0.00 | 0.00 | 省财政、省经信委 | 2015 年第四批战略性新兴产业与新型工业化专项资金 | 工发基金 | 80.00 | 项目资金 | 项目资金 |
| 2015 年 | 长沙族兴新材料股份有限公司 | 2015 年第四批战略性新兴产业与新型工业化专项资金 | 0.00 | 50.00 | 0.00 | 0.00 | 省财政、省经信委 | 2015 年第四批战略性新兴产业与新型工业化专项资金 | 工发基金 | 50.00 | 项目资金 | 项目资金 |
| 2015 年 | 长沙东鑫环保有限责任公司 | 2015 年第四批战略性新兴产业与新型工业化专项资金 | 0.00 | 50.00 | 0.00 | 0.00 | 省财政、省经信委 | 2015 年第四批战略性新兴产业与新型工业化专项资金 | 工发基金 | 50.00 | 项目资金 | 项目资金 |
| 2015 年 | 湖南杉杉新能源有限公司 | 2015 年中央预算内产业转型升级项目资金 | 2239.00 | 0.00 | 0.00 | 0.00 | 中央财政、工信部 | 2015 年中央预算内产业转型升级项目资金 | 工发基金 | 2239.00 | 项目资金 | 项目资金 |
| 2015 年 | 湖南红宇耐磨新材料股份有限公司 | 2015 年省预算内创新能力建设专项资金 | 0.00 | 70.00 | 0.00 | 0.00 | 省财政、省经信委 | 2015 年省预算内创新能力建设专项资金 | 工发基金 | 70.00 | 项目资金 | 项目资金 |
| 2015 年 | 湖南星城石墨科技股份有限公司 | 新认定企业技术中心专项补助金 | 0.00 | 50.00 | 0.00 | 0.00 | 省财政、省经信委 | 新认定企业技术中心专项补助金 | 工发基金 | 50.00 | 项目资金 | 项目资金 |
| 2015 年 | 长沙东鑫环保有限责任公司 | 新认定企业技术中心专项补助金 | 0.00 | 50.00 | 0.00 | 0.00 | 省财政、省经信委 | 新认定企业技术中心专项补助金 | 工发基金 | 50.00 | 项目资金 | 项目资金 |
| 2015 年 | 长沙广厦投资有限公司 | 基础设施建设配套资金 | 0.00 | 0.00 | 0.00 | 74.59 | 园区财政 | 基础设施建设配套资金 | 工发资金 | 74.59 | 基础设施建设 | 基础设施建设 |
| 2015 年 | 天津新碧投资发展有限公司 | 碧桂园基础设施建设支出 | 0.00 | 0.00 | 0.00 | 500.00 | 园区财政 | 碧桂园基础设施建设支出 | 工发资金 | 500.00 | 基础设施建设 | 基础设施建设 |
| 2015 年 | 天津新碧投资发展有限公司 | 碧桂园基础设施建设支出 | 0.00 | 0.00 | 0.00 | 1609.86 | 园区财政 | 碧桂园基础设施建设支出 | 工发资金 | 1609.86 | 基础设施建设 | 基础设施建设 |
| 2015 年 | 湖南长峰电力集团股份有限公司 | 产业扶持 | 0.00 | 0.00 | 0.00 | 175.00 | 园区财政 | 产业扶持 | 工发资金 | 175.00 | 企业发展 | 企业发展 |

**续表 6—1**

| 年度 | 企业名称 | 申报项目 | 财政补助级次（万元） | | | | 资金安排部门 | 财政补助名称 | 补助类别 | 金额（万元） | 规定用途 | 实际用途 |
|---|---|---|---|---|---|---|---|---|---|---|---|---|
| | | | 中央 | 省级 | 市级 | 市以下 | | | | | | |
| 2015 年 | 湖南杉杉新能源有限公司 | 产业扶持 | 0.00 | 0.00 | 0.00 | 1557.00 | 园区财政 | 产业扶持 | 工发资金 | 1557.00 | 企业发展 | 企业发展 |
| 2015 年 | 湖南莱拓福生物科技有限公司 | 厂房租金补助 | 0.00 | 0.00 | 0.00 | 6.81 | 园区财政 | 厂房租金补助 | 工发资金 | 6.81 | 企业发展 | 企业发展 |
| 2015 年 | 湖南中谷科技股份有限公司 | 产业扶持 | 0.00 | 0.00 | 0.00 | 168.00 | 园区财政 | 产业扶持 | 工发资金 | 168.00 | 企业发展 | 企业发展 |
| 2015 年 | 湖南邦普循环科技有限公司 | 供热管网基础设施建设支持款 | 0.00 | 0.00 | 0.00 | 300.00 | 园区财政 | 供热管网基础设施建设支持款 | 工发资金 | 300.00 | 基础设施建设 | 基础设施建设 |
| 2015 年 | 宁乡东城污水处理有限公司 | 产业扶持 | 0.00 | 600.00 | 0.00 | 0.00 | 中央财政、国家发改委 | 产业扶持 | 工发资金 | 600.00 | 企业发展 | 企业发展 |
| 2015 年 | 湖南杉杉新能源有限公司 | 供热管网基础设施建设支持款 | 0.00 | 0.00 | 0.00 | 300.00 | 县财政 | 供热管网基础设施建设支持款 | 工发资金 | 300.00 | 基础设施建设 | 基础设施建设 |
| 2015 年 | 湖南红宇耐磨新材料股份有限公司 | 135 工程 | 0.00 | 52.00 | 0.00 | 0.00 | 省财政、省发改委 | 135 工程 | 工发基金 | 52.00 | 标准厂房建设 | 标准厂房建设 |
| 2015 年 | 湖南吉永盛汽车零部件有限公司 | 135 工程 | 0.00 | 24.00 | 0.00 | 0.00 | 省财政、省发改委 | 135 工程 | 工发基金 | 24.00 | 标准厂房建设 | 标准厂房建设 |
| 2015 年 | 湖南欧乐家科技发展有限公司 | 135 工程 | 0.00 | 528.00 | 0.00 | 0.00 | 省财政、省发改委 | 135 工程 | 工发基金 | 528.00 | 标准厂房建设 | 标准厂房建设 |
| 2015 年 | 湖南然润堂中药有限公司 | 135 工程 | 0.00 | 52.00 | 0.00 | 0.00 | 省财政、省发改委 | 135 工程 | 工发基金 | 52.00 | 标准厂房建设 | 标准厂房建设 |
| 2015 年 | 长沙赛恩斯环保科技有限公司 | 135 工程 | 0.00 | 48.00 | 0.00 | 0.00 | 省财政、省发改委 | 135 工程 | 工发基金 | 48.00 | 标准厂房建设 | 标准厂房建设 |
| 2015 年 | 湖南杉杉新能源有限公司 | 135 工程 | 0.00 | 164.00 | 0.00 | 0.00 | 省财政、省发改委 | 135 工程 | 工发基金 | 164.00 | 标准厂房建设 | 标准厂房建设 |
| 2015 年 | 长沙双胞胎饲料有限公司 | 135 工程 | 0.00 | 60.00 | 0.00 | 0.00 | 省财政、省发改委 | 135 工程 | 工发基金 | 60.00 | 标准厂房建设 | 标准厂房建设 |

### 续表 6—1

| 年度 | 企业名称 | 申报项目 | 财政补助级次(万元) | | | | 资金安排部门 | 财政补助名称 | 补助类别 | 金额(万元) | 规定用途 | 实际用途 |
|---|---|---|---|---|---|---|---|---|---|---|---|---|
| | | | 中央 | 省级 | 市级 | 市以下 | | | | | | |
| 2015 年 | 万鑫精工(湖南)有限公司 | 135 工程 | 0.00 | 80.00 | 0.00 | 0.00 | 省财政、省发改委 | 135 工程 | 工发基金 | 80.00 | 标准厂房建设 | 标准厂房建设 |
| 2015 年 | 湖南星港家居发展有限公司 | 135 工程 | 0.00 | 20.00 | 0.00 | 0.00 | 省财政、省发改委 | 135 工程 | 工发基金 | 20.00 | 标准厂房建设 | 标准厂房建设 |
| 2015 年 | 县级财政各种奖励 | 工业、科技奖励 | 0.00 | 0.00 | 0.00 | 1780.00 | 县财政 | 工业、科技奖励 | 奖励 | 1780.00 | 奖励 | 奖励 |
| 2016 年 | 湖南东方红太机电有限公司 | 保障性住房资金 | 0.00 | 0.00 | 150.00 | 0.00 | 市财政、市住保局 | 保障性住房资金 | 住保资金 | 150.00 | 项目资金 | 项目资金 |
| 2016 年 | 湖南杉杉新能源有限公司 | 中央财政2016 年工业转型升级(中国制造2025)资金支持智能制造综合标准与新模式应用项目 | 1350.00 | 0.00 | 0.00 | 0.00 | 中央财政、工信部 | 中央财政2016 年工业转型升级(中国制造 2025)资金支持智能制造综合标准与新模式应用项目 | 工发基金 | 1350.00 | 项目资金 | 项目资金 |
| 2016 年 | 长沙赛恩斯环保科技有限公司 | 转型升级强基工程 | 1200.00 | 0.00 | 0.00 | 0.00 | 中央财政、工信部 | 转型升级强基工程 | 工发基金 | 1200.00 | 项目资金 | 项目资金 |
| 2016 年 | 湖南长高电气有限公司 | 转型升级强基工程 | 2640.00 | 0.00 | 0.00 | 0.00 | 中央财政、工信部 | 转型升级强基工程 | 工发基金 | 2640.00 | 项目资金 | 项目资金 |
| 2016 年 | 湖南长高电气有限公司 | 国家发改委、工信部、财政部智能数据字化车间 | 1250.00 | 0.00 | 0.00 | 0.00 | 中央财政、工信部 | 国家发改委、工信部、财政部智能数据字化车间 | 工发基金 | 1250.00 | 项目资会 | 项目资金 |
| 2016 年 | 湖南星邦重工有限公司 | 2016 年第一批中小企业发展专项资金 | 0.00 | 25.00 | 0.00 | 0.00 | 省财政、省经信委 | 2016 年第一批中小企业发展专项资金 | 工发基金 | 25.00 | 项目资金 | 项目资金 |
| 2016 年 | 长沙双胞胎饲料有限公司 | 2016 年第一批中小企业发展专项资金 | 0.00 | 25.00 | 0.00 | 0.00 | 省财政、省经信委 | 2016 年第一批中小企业发展专项资金 | 工发基金 | 25.00 | 项目资金 | 项目资金 |

续表 6—1

| 年度 | 企业名称 | 申报项目 | 财政补助级次(万元) | | | | 资金安排部门 | 财政补助名称 | 补助类别 | 金额(万元) | 规定用途 | 实际用途 |
|---|---|---|---|---|---|---|---|---|---|---|---|---|
| | | | 中央 | 省级 | 市级 | 市以下 | | | | | | |
| 2016 年 | 长沙微纳坤宸新材料有限公司 | 2016 年军民融合产业发展专项资金 | 0.00 | 120.00 | 0.00 | 0.00 | 省财政、省经信委 | 2016 年军民融合产业发展专项资金 | 工发基金 | 120.00 | 项目资金 | 项目资金 |
| 2016 年 | 长沙族兴新材料股份有限公司 | 2016 年第四批技术改造节能创新专项资金 | 0.00 | 30.00 | 0.00 | 0.00 | 省财政、省经信委 | 2016 年第四批技术改造节能创新专项资金 | 工发基金 | 30.00 | 项目资金 | 项目资金 |
| 2016 年 | 湖南中谷科技股份有限公司 | 2016 年第四批技术改造节能创新专项资金 | 0.00 | 50.00 | 0.00 | 0.00 | 省财政、省经信委 | 2016 年第四批技术改造节能创新专项资金 | 工发基金 | 50.00 | 项目资金 | 项目资金 |
| 2016 年 | 湖南精量重工有限公司 | 2016 年第三批技术改造节能创新专项资金 | 0.00 | 35.00 | 0.00 | 0.00 | 省财政、省经信委 | 2016 年第三批技术改造节能创新专项资金 | 工发基金 | 35.00 | 项目资金 | 项目资金 |
| 2016 年 | 湖南特种金属材料厂 | 2016 年第三批技术改造节能创新专项资金 | 0.00 | 30.00 | 0.00 | 0.00 | 省财政、省经信委 | 2016 年第三批技术改造节能创新专项资金 | 工发基金 | 30.00 | 项目资金 | 项目资金 |
| 2016 年 | 长沙族兴新材料股份有限公司 | 2016 年第四批技术改造节能创新专项资金 | 0.00 | 30.00 | 0.00 | 0.00 | 省财政、省经信委 | 2016 年第四批技术改造节能创新专项资金 | 工发基金 | 30.00 | 项目资金 | 项目资金 |
| 2016 年 | 长沙康荣特种陶瓷有限公司 | 2016 年传统产业项目补助资金 | 0.00 | 20.00 | 0.00 | 0.00 | 省财政、省经信委 | 2016 年传统产业项目补助资金 | 工发基金 | 20.00 | 项目资金 | 项目资金 |
| 2016 年 | 湖南先导电子陶瓷产业发展有限公司 | 2016 年企业研发与技术项目 | 0.00 | 15.00 | 0.00 | 0.00 | 省财政、省经信委 | 2016 年企业研发与技术项目 | 工发基金 | 15.00 | 项目资金 | 项目资金 |
| 2016 年 | 湖南邦普循环科技有限公司 | 2016 年湖南省信息产业和项目补助资金 | 0.00 | 20.00 | 0.00 | 0.00 | 省财政、省经信委 | 2016 年湖南省信息产业和项目补助资金 | 工发基金 | 20.00 | 项目资金 | 项目资金 |
| 2016 年 | 湖南戴斯光电有限公司 | 2016 年湖南省信息产业和项目补助资金 | 0.00 | 30.00 | 0.00 | 0.00 | 省财政、省经信委 | 2016 年湖南省信息产业和项目补助资金 | 工发基金 | 30.00 | 项目资金 | 项目资金 |

**续表 6—1**

| 年度 | 企业名称 | 申报项目 | 财政补助级次(万元) | | | | 资金安排部门 | 财政补助名称 | 补助类别 | 金额(万元) | 规定用途 | 实际用途 |
|---|---|---|---|---|---|---|---|---|---|---|---|---|
| | | | 中央 | 省级 | 市级 | 市以下 | | | | | | |
| 2016年 | 长沙艾森设备维护技术有限公司 | 2016年有关专项资金 | 0.00 | 20.00 | 0.00 | 0.00 | 省财政、省经信委 | 2016年有关专项资金 | 工发基金 | 20.00 | 项目资金 | 项目资金 |
| 2016年 | 湖南星城石墨科技股份有限公司 | 2016年重点新材料产品首批应用示范项目 | 0.00 | 40.00 | 0.00 | 0.00 | 省财政、省经信委 | 2016年重点新材料产品首批应用示范项目 | 工发基金 | 40.00 | 项目资金 | 项目资金 |
| 2016年 | 湖南先导电子陶瓷产业发展有限公司 | 2016年重点新材料产品首批应用示范项目 | 0.00 | 40.00 | 0.00 | 0.00 | 省财政、省经信委 | 2016年重点新材料产品首批应用示范项目 | 工发基金 | 40.00 | 项目资金 | 项目资金 |
| 2016年 | 湖南长高成套电器有限公司 | 2016年第三批战略性新兴产业与新型工业化专项资金 | 0.00 | 130.00 | 0.00 | 0.00 | 省财政、省经信委 | 2016年第三批战略性新兴产业与新型工业化专项资金 | 工发基金 | 130.00 | 项目资金 | 项目资金 |
| 2016年 | 湖南长高电气有限公司 | 2016年第三批战略性新兴产业与新型工业化专项资金 | 0.00 | 100.00 | 0.00 | 0.00 | 省财政、省经信委 | 2016年第三批战略性新兴产业与新型工业化专项资金 | 工发基金 | 100.00 | 项目资金 | 项目资金 |
| 2016年 | 万鑫精工(湖南)有限公司 | 2016年第三批战略性新兴产业与新型工业化专项资金 | 0.00 | 80.00 | 0.00 | 0.00 | 省财政、省经信委 | 2016年第三批战略性新兴产业与新型工业化专项资金 | 工发基金 | 80.00 | 项目资金 | 项目资金 |
| 2016年 | 湖南锂顺能源科技有限公司 | 2016年第三批战略性新兴产业与新型工业化专项资金 | 0.00 | 80.00 | 0.00 | 0.00 | 省财政、省经信委 | 2016年第三批战略性新兴产业与新型工业化专项资金 | 工发基金 | 80.00 | 项目资金 | 项目资金 |
| 2016年 | 湖南兴元科技股份有限公司 | 2016年移动互联网产业发展专项资金 | 0.00 | 50.00 | 0.00 | 0.00 | 省财政、省经信委 | 2016年移动互联网产业发展专项资金 | 工发基金 | 50.00 | 项目资金 | 项目资金 |

**续表 6—1**

| 年度 | 企业名称 | 申报项目 | 财政补助级次(万元) | | | | 资金安排部门 | 财政补助名称 | 补助类别 | 金额(万元) | 规定用途 | 实际用途 |
|---|---|---|---|---|---|---|---|---|---|---|---|---|
| | | | 中央 | 省级 | 市级 | 市以下 | | | | | | |
| 2016年 | 三一汽车起重机有限公司 | 2016年移动互联网产业发展专项资金 | 0.00 | 200.00 | 0.00 | 0.00 | 省财政、省经信委 | 2016年移动互联网产业发展专项资金 | 工发基金 | 200.00 | 项目资金 | 项目资金 |
| 2016年 | 东方时装有限公司 | 2016年移动互联网产业发展专项资金 | 0.00 | 200.00 | 0.00 | 0.00 | 省财政、省经信委 | 2016年移动互联网产业发展专项资金 | 工发基金 | 200.00 | 项目资金 | 项目资金 |
| 2016年 | 湖南东湘源服饰有限公司 | 2016年承接产业转移资金 | 0.00 | 30.00 | 0.00 | 0.00 | 省财政、省经信委 | 2016年承接产业转移资金 | 工发基金 | 30.00 | 项目资金 | 项目资金 |
| 2016年 | 长沙赛恩斯环保科技有限公司 | 长沙市2016年度第一批科技计划项目 | 0.00 | 0.00 | 50.00 | 0.00 | 市财政、市科技局 | 长沙市2016年度第一批科技计划项目 | 科技资金 | 50.00 | 项目资金 | 项目资金 |
| 2016年 | 杉杉等6家企业 | 长沙市2016年度第二批科技计划项目 | 0.00 | 0.00 | 150.00 | 0.00 | 市财政、市科技局 | 长沙市2016年度第二批科技计划项目 | 科技资金 | 150.00 | 项目资金 | 项目资金 |
| 2016年 | 湘发机械等4家企业 | 长沙市2016年度第五批科技计划项目 | 0.00 | 0.00 | 60.00 | 0.00 | 市财政、市科技局 | 长沙市2016年度第五批科技计划项目 | 科技资金 | 60.00 | 项目资金 | 项目资金 |
| 2016年 | 长高电气等4家企业 | 2016年长沙科技小巨人企业 | 0.00 | 0.00 | 10.00 | 0.00 | 市财政、市科技局 | 2016年长沙科技小巨人企业 | 科技资金 | 10.00 | 项目资金 | 项目资金 |
| 2016年 | 湖南星城石墨科技股份有限公司 | 长沙市2016年度第八批科技计划项目 | 0.00 | 0.00 | 30.00 | 0.00 | 市财政、市科技局 | 长沙市2016年度第八批科技计划项目 | 科技资金 | 30.00 | 项目资金 | 项目资金 |
| 2016年 | 湖南精量重工有限公司 | 长沙市2016年度第八批科技计划项目 | 0.00 | 0.00 | 30.00 | 0.00 | 市财政、市科技局 | 长沙市2016年度第八批科技计划项目 | 科技资金 | 30.00 | 项目资金 | 项目资金 |
| 2016年 | 长沙天和钻具有限公司 | 长沙市2016年度第八批科技计划项目 | 0.00 | 0.00 | 30.00 | 0.00 | 市财政、市科技局 | 长沙市2016年度第八批科技计划项目 | 科技资金 | 30.00 | 项目资金 | 项目资金 |
| 2016年 | 长沙天和钻具有限公司 | 2016年市智能制造本地采购 | 0.00 | 0.00 | 1.60 | 0.00 | 市财政、市经信委 | 2016年市智能制造本地采购 | 工发基金 | 1.60 | 项目资金 | 项目资金 |

**续表 6—1**

| 年度 | 企业名称 | 申报项目 | 财政补助级次(万元) | | | | 资金安排部门 | 财政补助名称 | 补助类别 | 金额(万元) | 规定用途 | 实际用途 |
|---|---|---|---|---|---|---|---|---|---|---|---|---|
| | | | 中央 | 省级 | 市级 | 市以下 | | | | | | |
| 2016 年 | 杉杉等 15 家企业 | 2015 年新入规工业企业奖励资金 | 0.00 | 0.00 | 45.00 | 0.00 | 市财政、市经信委 | 2015 年新入规工业企业奖励资金 | 工发基金 | 45.00 | 项目资金 | 项目资金 |
| 2016 年 | 长沙东鑫环保有限责任公司 | 2015 年度长沙市科技奖励经费 | 0.00 | 0.00 | 10.00 | 0.00 | 市财政、市科技局 | 2015 年度长沙市科技奖励经费 | 科技资金 | 10.00 | 项目资金 | 项目资金 |
| 2016 年 | 长沙族兴新材料股份有限公司 | 2015 年度长沙市科技奖励经费 | 0.00 | 0.00 | 3.00 | 0.00 | 市财政、市科技局 | 2015 年度长沙市科技奖励经费 | 科技资金 | 3.00 | 项目资金 | 项目资金 |
| 2016 年 | 湖南邦普循环科技有限公司 | 2015 年度长沙市科技奖励经费 | 0.00 | 0.00 | 10.00 | 0.00 | 市财政、市科技局 | 2015 年度长沙市科技奖励经费 | 科技资金 | 10.00 | 项目资金 | 项目资金 |
| 2016 年 | 长沙瑞捷机器有限公司 | 长沙市 2015 年移动互联网产业项目专项资金 | 0.00 | 0.00 | 10.00 | 0.00 | 市财政、市经信委 | 长沙市2015 年移动互联网产业项目专项资金 | 工发基金 | 10.00 | 项目资金 | 项目资金 |
| 2016 年 | 星邦等 4 家企业 | 2015 年中小企业绿色发展项目 | 0.00 | 0.00 | 40.00 | 0.00 | 市财政、市经信委 | 2015 年中小企业绿色发展项目 | 工发基金 | 40.00 | 项目资金 | 项目资金 |
| 2016 年 | 湖南华力通线缆股份有限公司 | 市财政局、质监局下达 2015 年小微企业两创扶持资金 | 0.00 | 0.00 | 16.00 | 0.00 | 市财政 | 市财政局、质监局下达 2015 年小微企业两创扶持资金 | 工发基金 | 16.00 | 项目资金 | 项目资金 |
| 2016 年 | 长沙东鑫环保有限责任公司 | 长沙东鑫环保材料有限公司技术中心 | 0.00 | 0.00 | 50.00 | 0.00 | 市财政、市科技局 | 长沙东鑫环保材料有限公司技术中心 | 科技资金 | 50.00 | 项目资金 | 项目资金 |
| 2016 年 | 长沙东鑫环保有限责任公司 | 低成本高效微氮合金的研发及产业化 | 0.00 | 0.00 | 10.00 | 0.00 | 市财政、市科技局 | 低成本高效微氮合金的研发及产业化 | 科技资金 | 10.00 | 项目资金 | 项目资金 |
| 2017 年 | 长沙东鑫环保有限责任公司 | 科技创新平台建设奖 | 0.00 | 0.00 | 2.00 | 0.00 | 市财政、市科技局 | 科技创新平台建设奖 | 科技资金 | 2.00 | 项目资金 | 项目资金 |

**续表 6—1**

| 年度 | 企业名称 | 申报项目 | 财政补助级次(万元) | | | | 资金安排部门 | 财政补助名称 | 补助类别 | 金额(万元) | 规定用途 | 实际用途 |
|---|---|---|---|---|---|---|---|---|---|---|---|---|
| | | | 中央 | 省级 | 市级 | 市以下 | | | | | | |
| 2016 年 | 凤凰谷 | 凤凰谷投资有限公司产业扶持资金 | 0.00 | 0.00 | 0.00 | 168.20 | 园区财政 | 凤凰谷投资有限公司产业扶持资金 | 产业扶持 | 168.20 | 产业扶持 | 产业扶持 |
| 2016 年 | 湖南邦普循环科技有限公司 | 邦普循环科技有限公司产业扶持资金 | 0.00 | 0.00 | 0.00 | 100.00 | 园区财政 | 邦普循环科技有限公司产业扶持资金 | 产业扶持 | 100.00 | 产业扶持 | 产业扶持 |
| 2016 年 | 宁乡银太纺织有限公司 | 银太纺织产业扶持资金 | 0.00 | 0.00 | 0.00 | 20.00 | 园区财政 | 银太纺织产业扶持资金 | 产业扶持 | 20.00 | 产业扶持 | 产业扶持 |
| 2016 年 | 长沙微纳坤宸新材料有限公司 | 微纳坤宸获得国家技术发明奖奖励 | 0.00 | 0.00 | 0.00 | 50.00 | 园区财政 | 微纳坤宸获得国家技术发明奖奖励 | 产业扶持 | 50.00 | 产业扶持 | 产业扶持 |
| 2016 年 | 湖南中谷科技股份有限公司 | 中谷科技产业扶持资金 | 0.00 | 0.00 | 0.00 | 168.00 | 园区财政 | 中谷科技产业扶持资金 | 产业扶持 | 168.00 | 产业扶持 | 产业扶持 |
| 2016 年 | 湖南红太东方机电装备股份有限公司 | 红太机电产业扶持资金 | 0.00 | 0.00 | 0.00 | 370.00 | 园区财政 | 红太机电产业扶持资金 | 产业扶持 | 370.00 | 产业扶持 | 产业扶持 |
| 2016 年 | 长沙壹纳光电材料有限公司 | 壹纳光电厂房租金补贴 | 0.00 | 0.00 | 0.00 | 13.60 | 园区财政 | 壹纳光电厂房租金补贴 | 产业扶持 | 13.60 | 产业扶持 | 产业扶持 |
| 2016 年 | 湖南嘉东房产开发有限公司 | 嘉东房地产公司金洲新城购房补贴 | 0.00 | 0.00 | 0.00 | 78.47 | 园区财政 | 嘉东房地产公司金洲新城购房补贴 | 购房补贴 | 78.47 | 购房补贴 | 购房补贴 |
| 2016 年 | 长沙广厦投资有限公司 | 金洲明珠购房补贴款 | 0.00 | 0.00 | 0.00 | 27.22 | 园区财政 | 金洲明珠购房补贴款 | 购房补贴 | 27.22 | 购房补贴 | 购房补贴 |
| 2016 年 | 湖南嘉东房产开发有限公司 | 金洲新城购房补贴款 | 0.00 | 0.00 | 0.00 | 330.93 | 园区财政 | 金洲新城购房补贴款 | 购房补贴 | 330.93 | 购房补贴 | 购房补贴 |
| 2016 年 | 长沙市宁乡碧桂园房地产开发有限公司 | 碧桂园公司购房补贴 | 0.00 | 0.00 | 0.00 | 205.79 | 园区财政 | 碧桂园公司购房补贴 | 购房补贴 | 205.79 | 购房补贴 | 购房补贴 |

续表 6—1

| 年度 | 企业名称 | 申报项目 | 财政补助级次(万元) | | | | 资金安排部门 | 财政补助名称 | 补助类别 | 金额(万元) | 规定用途 | 实际用途 |
|---|---|---|---|---|---|---|---|---|---|---|---|---|
| | | | 中央 | 省级 | 市级 | 市以下 | | | | | | |
| 2016年 | 长沙市宁乡碧桂园房地产开发有限公司 | 碧桂园购房补贴 | 0.00 | 0.00 | 0.00 | 25.76 | 园区财政 | 碧桂园购房补贴 | 购房补贴 | 25.76 | 购房补贴 | 购房补贴 |
| 2016年 | 长沙广厦投资有限公司 | 金洲明珠购房补贴 | 0.00 | 0.00 | 0.00 | 84.30 | 园区财政 | 金洲明珠购房补贴 | 购房补贴 | 84.30 | 购房补贴 | 购房补贴 |
| 2016年 | 长沙广厦投资有限公司 | 广厦投资有限公司保障性住房支出 | 0.00 | 0.00 | 600.00 | 0.00 | 市财政 | 广厦投资有限公司保障性住房支出 | 住保资金 | 600.00 | 项目资金 | 项目资金 |
| 2016年 | 长沙广厦投资有限公司 | 广厦投资有限公司保障性住房支出 | 0.00 | 0.00 | 200.00 | 0.00 | 市财政 | 广厦投资有限公司保障性住房支出 | 住保资金 | 200.00 | 项目资金 | 项目资金 |
| 2016年 | 长沙广厦投资有限公司 | 广厦投资有限公司保障性住房支出 | 0.00 | 0.00 | 200.00 | 0.00 | 市财政 | 广厦投资有限公司保障性住房支出 | 住保资金 | 200.00 | 项目资金 | 项目资金 |
| 2016年 | 湖南邦普循环科技有限公司 | 邦普天宁热电资金 | 0.00 | 0.00 | 0.00 | 300.00 | 县财政 | 邦普天宁热电资金 | 工发基金 | 300.00 | 项目资金 | 项目资金 |
| 2016年 | 长沙旺金投资有限公司 | 135工程 | 0.00 | 320.00 | 0.00 | 0.00 | 省财政、省发改委 | 135工程 | 工发基金 | 320.00 | 标准厂房建设 | 标准厂房建设 |
| 2016年 | 长沙旺金投资有限公司 | 135工程 | 0.00 | 120.00 | 0.00 | 0.00 | 省财政、省发改委 | 135工程 | 工发基金 | 120.00 | 标准厂房建设 | 标准厂房建设 |
| 2016年 | 湖南邦普循环科技有限公司 | 135工程 | 0.00 | 56.00 | 0.00 | 0.00 | 省财政、省发改委 | 135工程 | 工发基金 | 56.00 | 标准厂房建设 | 标准厂房建设 |
| 2016年 | 湖南红门金属建材有限公司 | 135工程 | 0.00 | 24.00 | 0.00 | 0.00 | 省财政、省发改委 | 135工程 | 工发基金 | 24.00 | 标准厂房建设 | 标准厂房建设 |
| 2016年 | 湖南锂顺能源科技有限公司 | 135工程 | 0.00 | 152.00 | 0.00 | 0.00 | 省财政、省发改委 | 135工程 | 工发基金 | 152.00 | 标准厂房建设 | 标准厂房建设 |
| 2016年 | 湖南星城石墨科技股份有限公司 | 135工程 | 0.00 | 32.00 | 0.00 | 0.00 | 省财政、省发改委 | 135工程 | 工发基金 | 32.00 | 标准厂房建设 | 标准厂房建设 |
| 2016年 | 湖南红宇耐磨新材料股份有限公司 | 135工程 | 0.00 | 52.00 | 0.00 | 0.00 | 省财政、省发改委 | 135工程 | 工发基金 | 52.00 | 标准厂房建设 | 标准厂房建设 |

**续表 6－1**

| 年度 | 企业名称 | 申报项目 | 财政补助级次(万元) | | | | 资金安排部门 | 财政补助名称 | 补助类别 | 金额(万元) | 规定用途 | 实际用途 |
|---|---|---|---|---|---|---|---|---|---|---|---|---|
| | | | 中央 | 省级 | 市级 | 市以下 | | | | | | |
| 2016 年 | 湖南吉永盛汽车零部件有限公司 | 135 工程 | 0.00 | 24.00 | 0.00 | 0.00 | 省财政、省发改委 | 135 工程 | 工发基金 | 24.00 | 标准厂房建设 | 标准厂房建设 |
| 2016 年 | 湖南然润堂中药有限公司 | 135 工程 | 0.00 | 52.00 | 0.00 | 0.00 | 省财政、省发改委 | 135 工程 | 工发基金 | 52.00 | 标准厂房建设 | 标准厂房建设 |
| 2016 年 | 长沙赛恩斯环保科技有限公司 | 135 工程 | 0.00 | 48.00 | 0.00 | 0.00 | 省财政、省发改委 | 135 工程 | 工发基金 | 48.00 | 标准厂房建设 | 标准厂房建设 |
| 2016 年 | 湖南杉杉新能源有限公司 | 135 工程 | 0.00 | 164.00 | 0.00 | 0.00 | 省财政、省发改委 | 135 工程 | 工发基金 | 164.00 | 标准厂房建设 | 标准厂房建设 |
| 2016 年 | 长沙双胞胎饲料有限公司 | 135 工程 | 0.00 | 60.00 | 0.00 | 0.00 | 省财政、省发改委 | 135 工程 | 工发基金 | 60.00 | 标准厂房建设 | 标准厂房建设 |
| 2016 年 | 万鑫精工(湖南)有限公司 | 135 工程 | 0.00 | 80.00 | 0.00 | 0.00 | 省财政、省发改委 | 135 工程 | 工发基金 | 80.00 | 标准厂房建设 | 标准厂房建设 |
| 2016 年 | 湖南星港家居发展有限公司 | 135 工程 | 0.00 | 20.00 | 0.00 | 0.00 | 省财政、省发改委 | 135 工程 | 工发基金 | 20.00 | 标准厂房建设 | 标准厂房建设 |
| 2016 年 | 长沙金洲新城建设投资有限公司 | 135 工程 | 0.00 | 132.00 | 0.00 | 0.00 | 省财政、省发改委 | 135 工程 | 工发基金 | 132.00 | 标准厂房建设 | 标准厂房建设 |
| 2016 年 | 湖南中谷科技股份有限公司 | 135 工程 | 0.00 | 80.00 | 0.00 | 0.00 | 省财政、省发改委 | 135 工程 | 工发基金 | 80.00 | 标准厂房建设 | 标准厂房建设 |
| 2016 年 | 长沙东鑫环保有限责任公司 | 135 工程 | 0.00 | 80.00 | 0.00 | 0.00 | 省财政、省发改委 | 135 工程 | 工发基金 | 80.00 | 标准厂房建设 | 标准厂房建设 |
| 2016 年 | 湖南红太东方机电装备股份有限公司 | 135 工程 | 0.00 | 76.00 | 0.00 | 0.00 | 省财政、省发改委 | 135 工程 | 工发基金 | 76.00 | 标准厂房建设 | 标准厂房建设 |
| 2016 年 | 宁乡同创建设开发有限公司 | 135 工程 | 0.00 | 40.00 | 0.00 | 0.00 | 省财政、省发改委 | 135 工程 | 工发基金 | 40.00 | 标准厂房建设 | 标准厂房建设 |
| 2016 年 | 各企业 | 安全生产引导基金 | 0.00 | 0.00 | 0.00 | 7.00 | 园区财政 | 安全生产引导基金 | 奖励 | 7.00 | 奖励 | 奖励 |

**续表 6—1**

| 年度 | 企业名称 | 申报项目 | 财政补助级次(万元) | | | | 资金安排部门 | 财政补助名称 | 补助类别 | 金额(万元) | 规定用途 | 实际用途 |
|---|---|---|---|---|---|---|---|---|---|---|---|---|
| | | | 中央 | 省级 | 市级 | 市以下 | | | | | | |
| 2016 年 | 县级财政各种奖励 | 工发、科技 | 0.00 | 0.00 | 0.00 | 2268.33 | 县财政 | 工发、科技 | 工发基金 | 2268.33 | 工发基金 | 工发基金 |
| 2017 年 | 宁乡东城污水处理厂 | 补贴资金 | 0.00 | 0.00 | 0.00 | 78.00 | 园区财政 | 补贴资金 | 工发资金 | 78.00 | 基础设施建设 | 工发基金 |
| 2017 年 | 湖南嘉东房地产公司 | 购房补贴 | 0.00 | 0.00 | 0.00 | 100.00 | 园区财政 | 购房补贴 | 工发资金 | 100.00 | 购房补贴 | 工发基金 |
| 2017 年 | 湖南邦普循环科技有限公司 | 产业扶持资金 | 0.00 | 0.00 | 0.00 | 750.00 | 园区财政 | 产业扶持资金 | 工发资金 | 750.00 | 企业发展 | 工发基金 |
| 2017 年 | 湖南民富沃能新能源汽车有限公司 | 新能源汽车购车补贴 | 0.00 | 0.00 | 0.00 | 747.60 | 县财政 | 新能源汽车购车补贴 | 工发资金 | 747.60 | 企业发展 | 工发基金 |
| 2017 年 | 湖南裕丰紧固件有限公司 | 工发资金 | 0.00 | 0.00 | 0.00 | 300.00 | 园区财政 | 工发资金 | 工发资金 | 300.00 | 企业发展 | 工发基金 |
| 2017 年 | 湖南中谷科技股份有限公司 | 工发资金 | 0.00 | 0.00 | 0.00 | 417.00 | 园区财政 | 工发资金 | 工发资金 | 417.00 | 企业发展 | 工发基金 |
| 2017 年 | 长沙旺金投资有限公司 | 工发资金 | 0.00 | 120.00 | 0.00 | 0.00 | 省财政、省发改委 | 工发资金 | 工发资金 | 120.00 | 企业发展 | 项目资金 |
| 2017 年 | 长沙金洲新城建设投资有限公司 | 工发资金 | 0.00 | 132.00 | 0.00 | 0.00 | 省财政、省发改委 | 工发资金 | 工发资金 | 132.00 | 企业发展 | 项目资金 |
| 2017 年 | 湖南中谷科技股份有限公司 | 135 工程 | 0.00 | 80.00 | 0.00 | 0.00 | 省财政、省发改委 | 135 工程 | 工发基金 | 80.00 | 项目资金 | 项目资金 |
| 2017 年 | 长沙东鑫环保有限责任公司 | 135 工程 | 0.00 | 80.00 | 0.00 | 0.00 | 省财政、省发改委 | 135 工程 | 工发基金 | 80.00 | 项目资金 | 项目资金 |
| 2017 年 | 湖南红太东方机电装备股份有限公司 | 135 工程 | 0.00 | 76.00 | 0.00 | 0.00 | 省财政、省发改委 | 135 工程 | 工发基金 | 76.00 | 项目资金 | 项目资金 |
| 2017 年 | 宁乡同创建设开发有限公司 | 135 工程 | 0.00 | 40.00 | 0.00 | 0.00 | 省财政、省发改委 | 135 工程 | 工发基金 | 40.00 | 项目资金 | 项目资金 |

# 第二节 产业发展

## 一、产业目标

1.发展阶段

宁乡高新区产业发展分为3个阶段。

2006—2010年为产业培育阶段。这一阶段，园区以承接长株潭城市群、泛珠三角、长三角等大区域产业转移、引进和发展私营企业为重点，稳固壮大机械制造、纺织服装、印刷包装、塑胶等优势产业，积极培育和发展物流、文化创意等新兴产业，逐步形成有一定规模的工业园区。

2011—2015年为产业扩张阶段。园区在提高质量、增进效益的基础上，加快经济发展速度，体现产业的高端化、科技化、生态化和可持续化。这一阶段，园区经济发展逐渐形成良性循环，打造长沙西部先进制造业基地，建设以工业为主导，集居住、商贸、科教、休闲、娱乐于一体的第四代复合型园区。

2016—2020年为产业转型阶段。园区以创建国家高新区为新起点，以建设一流国家级创新型特色产业园区为目标，深入贯彻创新引领、开放崛起战略，大力优化发展环境，形成高端智能装备和先进储能材料“一主一特”的产业格局和以高新技术企业为主体的创新体系。

2.发展目标

2007年，园区在制定的《金洲新区(2006—2020)总体规划》中，将园区产业发展目标确定为：首先立足于宁乡现有产业基础，立足于“工业新城”的功能定位，其次考虑邻县望城以及长沙市产业发展战略。由此，宁乡县金洲新区产业发展目标确定为：建成以机械制造、纺织服装、印刷包装等优势产业为支柱，物流产业、文化创意产业为先导，新能源、新材料、软件等高新技术产业为龙头的设施现代化、管理高效化、环境园林化的新型区域，成为优化宁乡县、长沙市及长株潭城市群产业结构、提升产业层次、建设经济强市的一个经济支撑点。

2012年4月，园区在制定的《金洲新区工业集中区发展规划》中，确定园区产业发展为立足国内外大区域背景，承接泛珠三角、长株潭、长沙市产业转移，形成以新材料、先进制造、光电信息为主导，配套发展现代服务业的现代工业集中区，实现产业的高新化、科技化、生态化和可持续化发展。

2017年4月，《宁乡高新技术产业园区战略规划(2017—2025年)》中，提出：

重点推动新材料、高端装备制造、节能环保等高新技术产业发展；不断优化产业链，做强长板，补齐短板，着力推进关键领域与环节的技术突破与集聚集约发展，形成特色鲜明、产业基础坚实、创新能力突出的高新技术产业，推动园区国际化进度；加强生态文明建设，注重产城融合发展，引领、示范、带动新材料与高端装备制造现代化和产业化进程。围绕新材料、先进装备制造、节能环保等主导产业，充分发挥省级高新区、国家新型工业化产业示范基地、国家节能环保新材料产业基地的平台优势，强化科技创新服务支撑，提升自身科技创新能力；加强湖南省大学科技园的创新创业孵化带动作用，积极融入长沙市岳麓山大学科技城规划建设，推动形成岳麓山大学科技城的产学研合作及成果转化基地；优化创新创业金融支持，推动湖南省科技创新资源和科技人才集聚，最大程度发挥创新资源的驱动作用，带动园区在主导产业领域实现科技创新的突破式发展。

### 宁乡高新区发展指标一览表

**表 6—2**

| 一级指标 | 二级指标 | 2016 年 | 2020 年 | 2025 年 |
|---|---|---|---|---|
| 总体发展目标 | 工业总产值(亿元) | 825.69 | 1900 | 3500 |
| | 工业增加值(亿元) | 185.55 | 700 | 1600 |
| | 高新区生产总值占地区生产总值比例(%) | 75 | 79 | 85 |
| | 税收收入(亿元) | 24.6 | 60 | 120 |
| | 收入超 100 亿元企业数(家) | 0 | 4 | 8 |
| | 收入超 50 亿元企业数(家) | 4 | 15 | 35 |
| | 从业人员(万人) | 5.5 | 6.5 | 8 |
| 创新发展目标 | R&D 占 GDP 比重(%) | 6.2 | 7 | 8 |
| | 高新技术产品产值占规模以上工业总产值比重(%) | 70.8 | 75 | 80 |
| | 国家级高新技术企业数量(家) | 62 | 140 | 240 |
| | 科技进步对产业发展的贡献率(%) | 70 | 75 | 80 |
| | 省级企业技术研发中心、实验室(家) | 19 | 40 | 60 |
| | 国家级研发机构(含产业技术创新战略联盟、重点实验室、工程技术中心、新型科技研发机构等) | 4 | 10 | 20 |

续表 6—2

| 一级指标 | 二级指标 | 2016 年 | 2020 年 | 2025 年 |
|---|---|---|---|---|
| 创新发展目标 | 省市级科技服务平台(个) | 16 | 25 | 35 |
| | 院士专家工作站(个) | 3 | 8 | 15 |
| | 省级产业化基地(个) | 20 | 30 | 50 |
| | 专利授权量(件) | 2900 | 4000 | 6000 |
| | 万人发明专利拥有量(件) | 0.05 | 0.06 | 0.08 |
| | 科技孵化器面积(万平方米) | 40 | 50 | 65 |
| | 科技从业人员占比(%) | 7.9 | 13 | 25 |
| 可持续发展目标 | 建成区绿化覆盖率(%) | 28 | 35 | 44 |
| | 万元产值资源消耗量(吨标准煤) | 0.5 | 0.265 | 0.160 |
| | 污水处理率(%) | 95 | 100 | 100 |
| | 工业用水重复利用率(%) | 85 | 95 | 100 |
| | 工业固体废弃物综合利用率(%) | 99 | 100 | 100 |
| | 工业废水达标排放率(%) | 98 | 100 | 100 |

## 二、产业规模

2006—2008 年,园区开发建设投入达 14 亿元,建设了以金洲大道为轴的 30 余公里园区路网;合同引进项目 63 个,合同引资 350 亿元;已建成工业项目 8 个,在建工业项目 27 个,开工项目超过 40 个,投产企业达 30 个以上。规模大的企业有三一、长高、碧桂园、通程等;技术新的企业有族兴铝颜料、邦普镍钴新材料、赛瑞纳米新材料、唯佳科技等。入园工业企业最少能达到 8 万元 /亩的税收贡献,最高可达 30 万元/亩。2008 年工业产值过 10 亿元;园区税收突破 15000 万元。

2009 年 10 月,三一(宁乡)产业园一期峻工投产,当年园区工业产值超过 32 亿元。

2010 年,园区规模企业 27 个,企业就业人数 12567 人。园区重点扶持先进装备制造、新材料和光电信息三大主导产业。园区有以三一起重机、宇浩机械、长高集团为主的先进制造业;有以虹宇、族兴、邦普为主的新材料产业;有以达福鑫、菲尔姆太阳能为主的光电信息业等优质企业。园区规模工业增长较快。

当年实现工业总产值89亿元,同比增长186%。其中,三一汽车起重机实现产值31亿元,东方时装首次实现销售过10亿元、利税过亿元;邦普、红宇耐磨、族兴、银太、神塑科技、特种金属等一批规模企业产销两旺。9月,由科技部批准的“长沙国家节能环保新材料高新技术产业化基地”落户园区,科技部高新司领导亲临授牌。基地的落户,对园区培育战略性新兴产业集群具有重要推动作用。

2011年,园区规模企业36个,企业就业人数17645人。园区完成工业总产值177亿元。国家新材料产业化基地落户园区。是年,园区重点扶持先进装备制造、新材料和光电信息三大主导产业。年内,三大主导产业投产企业74家,主导产业聚集成势。

2012年,园区规模企业52个,企业就业人数19456人。全年实现工业总产值221.5亿元,同比增长25.14%。园区投产企业86家,产值过亿元企业39家,先进装备制造和新材料产业聚集成势,三一、红宇、族兴、圣得西等骨干企业支撑作用明显。是年,红宇新材上市,成为新区第一家本土上市企业。

2013年,园区规模企业59个,企业就业人数18127人。园区引进项目20个,吸引投资109亿元,实现工业总产值449亿元。先进装备制造、新材料、光电信息等,主导产业产值占全部产值比达到85%。

2014年,园区规模企业84个,企业就业人数18468人。园区完成工业总产值560亿元,同比增长24.5%,实现工业增加值133.2亿元,同比增长17.7%,完成固定投资113亿元,同比增长17.5%。全年实现出口退税免抵调库收入6500万元,出口贸易额占全县外贸交易总额的80%以上;向上争取资金6100万元以上,实际到位资金5132万元,协助企业争取资金2300多万元。

2015年,园区规模企业99个,企业就业人数19123人。园区培育发展以三一重起、长高集团、星邦重工等为代表的先进装备制造业;以杉杉新材、红宇新材、湖南邦普等为代表的新材料产业;以金洲存储为代表的光电信息产业。三大主导产业占全部产值比达到85%。园区先进装备制造产业和新材料产业被纳入长沙市《工业园区转型提质发展三年行动计划》。艾森工业清洗、锦峰钢结构等34家企业被省科技厅认定为高新技术企业,占全部投产企业的39.53%,高新技术企业产值占全部产值的65.6%。1—12月,园区引进项目32个,吸引投资146.1亿元,实现工业总产值429.54亿元,完成固定投资158亿元。

2016年,园区规模企业108个,企业就业人数23125人。园区打造以杉杉、邦普等为龙头的储能产业集群,以三一重起、星邦重工、中谷科技等为龙头的先进装备制造产业集群。园区被评为国家节能环保新材料高新技术产业化基地、国家新型工业化产业示范基地。当年实现规模以上工业总产值470亿元,年均增长68%。

2017年,园区规模企业198个,企业就业人数28465人。全年实现规模以上工业总产值532.60亿元,同比增长13.78%;完成规模工业增加值209亿元,同比增长10.3%;实现高新技术产品产值474.75亿元,同比增长20.77%,高新产值占比达72.32%;固定资产投资205亿元,同比增长16.8%。园区产业聚焦“一主一特”。园区鼓励、支持先进装备制造业创新发展,1—11月,园区企业共投入研究与开发经费10.1亿元,同比增长441.7%。园区打造国内链条完备、实力雄厚的先进储能产业,聚集湖南杉杉、中科星城石墨、邦普循环、沃特玛新能源等31家链条企业。与此同时,为迎接未来5～10年的发展,园区筹划布局高端医疗产业。当年,园区推动馨航瑞康签约落地,鑫苑医疗、中美德国际医疗、实体肿瘤微创诊疗机器人等重点项目在洽谈中。通过引进现代医疗科技企业、优化、完善园区产业结构。



## 第三节　经济效益

### 一、2006—2012年园区收入

2006年,园区税收收入500万元。2007年,园区收入10560万元,其中土地经营收入9600万元、标准厂房经营收入120万元、税收分成收入840万元。2008年,园区收入15870万元,其中土地经营收入9600万元、税收分成收入5670万元、标准厂房经营收入600万元。2009年,园区收入17000万元,其中土地经营收入9600万元、税收分成收入6440万元、标准厂房经营收入960万元。2010年,园区收入22650万元,其中土地经营收入12800万元、税收分成收入8650万元、标准厂房经营收入1200万元。2011年,园区收入16780万元,其中土地经营收入6400万元、税收分成收入9180万元、标准厂房经营收入1200万元。2012年,园区收入18900万元,其中土地经营收入7600万元、税收分成收入10100万元、标准厂房经营收入1200万元。

## 2010—2017 年度宁乡高新区主要经济指标完成情况表

表 6—3

| 年度 | 年末规模企业数(个) | | 年末就业人数(人) | | | GDP(万元) | 工业总产值(万元) | 高新技术产值(万元) | 技工贸总收入(万元) | 财政总收入(万元) | 税收(万元) |
|---|---|---|---|---|---|---|---|---|---|---|---|
| | 总数 | 工业企业 | 工业企业 | 其他 | 合计 | | | | | | |
| 2010 | 27 | 27 | 12144 | 423 | 12567 | 195000 | 888043 | — | 948513 | 31273.30 | 21715.00 |
| 2011 | 36 | 36 | 17133 | 512 | 17645 | 195000 | 1770343 | — | 1894023 | 54390.00 | 32386.26 |
| 2012 | 52 | 52 | 10782 | 674 | 19456 | 605000 | 2126254 | — | 2435612 | 94192.00 | 44801.00 |
| 2013 | 59 | 55 | 17373 | 754 | 18127 | 702000 | 2701164 | — | 2984017 | 97258.00 | 53967.00 |
| 2014 | 84 | 52 | 17481 | 987 | 18468 | 865200 | 3342833 | — | 3514261 | 107141.00 | 69343.00 |
| 2015 | 99 | 72 | 17909 | 1214 | 19123 | 913000 | 4295418 | 2719087 | 4423165 | 141679.00 | 80050.00 |
| 2016 | 108 | 88 | 21471 | 1654 | 23125 | 956000 | 4702090 | 2932732 | 4914219 | 140000.00 | 87808.49 |
| 2017 | 198 | 187 | 55213 | 3252 | 28465 | 1005236 | 5326000 | 3287890 | 5382280 | 131255.82 | 104326.62 |

## 二、固定资产投资

2006—2009 年，金洲新区秉承“创新、惠民、共建”的发展理念，以打造“长沙河西工业新城，担当县域经济崛起主力”为工作目标，累计引进工业项目 74 个，引进县域外资金 347.7 亿元；园区项目建设投入 50 亿元，其中基础设施投入 10 亿元。2009 年，园区引进项目 24 个，引进资金 23.66 亿元；园区项目建设投入 24.6 亿元，其中管委会直接投入开发建设资金 3.97 亿元，园区竣工、投产项目 20 个，累计在建项目 52 个。

2010 年，园区项目工程投入 45 亿元。调度项目 81 个，其中 71 个招商项目、十大基础设施项目。园区为节约、集约利用土地，规划建设 18 万平方米集生产、办公、生活于一体的恩吉创业园作为中小企业创业孵化中心。一期工程投入 1.5 亿元，建成 8 万平方米厂房和园区基础设施。

2011 年，调度招商项目 54 个，其中新增开工投产项目有中基路桥、三仁装、艾森工业清洗剂、碧桂园酒店等 17 个，年底竣工项目 23 个；在建项目 24 个；调度配套和配套设施项目 15 个。完成固定资产投资 60 亿元。

2012—2016 年，园区累计完成固定资产投资 382.5 亿元，完成建设社会投资项目 80 个，完成 1000 万元以上政府投资项目 45 个。园区共建设标准厂房近 200 万平方米（含企业自建），建设园区路网 60 千米，核心区范围内的路、水、电等“八通”基本完善。园区通过 PPP 合作模式，吸引社会资本参与园区建设，实施了总投资 50 亿元的湖南省大学科技园、总投资 1.1 亿元的东城污水处理厂和总投资 10 亿元的“长沙 2049”南片区路网项目 3 个 PPP 项目，其中湖南省大学科技园和东城污水处理厂 2 个项目被评为湖南省二批 PPP 示范项目。2015 年，新增融资 51.675 亿元，调度项目 110 个。全年实现新开工项目 34 个，新竣工项目 47 个，新投产 29 个。

2016 年，园区共调度项目 146 个，完成固定资产投资 123 亿元，项目建设考核排名在全市“五区九园”中稳居前列。重大政投项目 27 个，其中新开工 14 个，竣工 19 个。在产业项目方面，新开工项目 40 个，新竣工项目 34 个，新投产项目 30 个。5.4 万平方米的沃特玛电芯项目 49 天完成主体封顶，89 天竣工验收，刷新了项目建设的“宁乡速度”。

2017 年，全年共调度项目 137 个（其中产业项目 52 个、租赁项目 51 个、政府投资项目 34 个），在建项目 92 个，新开工项目 50 个，新竣工项目 72 个，新投产项目 49 个。其中，鸿捷新能源、川海新能源等项目投资都达到 10 亿元。中锂、航盛等储能产业项目实现当年签约、当年动工、当年投产。全年，园区实现固定资产投资 205 亿元，同比增长 16.8%。

# 第七章

# 园区产业

# 第七章　园区产业

## 第一节　新材料产业

2007 年，园区引进族兴铝颜料、湖南赛瑞新材料、长沙新宇化工、先导等离子、锐科新材料、鹰腾 UV 涂料等新材料项目。2008 年，以族兴铝颜料、红宇耐磨、邦普循环科技等为代表的新材料产业开始投产。2009 年，族兴铝颜料铝银浆和铝银粉生产量在国内排名领先。

2011 年，园区形成以红宇耐磨新材料、邦普循环科技园、族兴金属颜料、长沙康荣陶瓷为代表的新材料产业集聚区，集中区共有新材料企业 58 家。红宇耐磨被中国铸造协会评为“首届全国铸造分行业排头兵企业”，是《铬锰钨系抗磨铸铁件》的国家标准制定单位。邦普循环科技园的“废旧电池材料清洁循环利用关键技术及其产业化”项目通过中国有色金属工业协会专家鉴定，项目达到国际领先水平。镍钴年处理能力超过 1 万金属吨，位居亚洲第一。族兴公司生产的非浮型铝银浆、铝银粉、塑胶铝颜料、电镀银等产品，技术达到国际领先水平。园区被科技部授予“长沙国家节能环保新材料高新技术产业化基地”。

2012 年，园区被湖南省经济和信息化委员会批准为“湖南省新型工业化产业示范基地(节能环保新材料)”。

2013 年，园区拥有新材料企业 80 家，实现工业产值 95.5 亿元，同比增长 24.1%，占园区工业总产值的 35.35%，实现高新技术产品产值 64.41 亿元，占园区高新技术产品产值的 35%。形成以杉杉新材、红宇耐磨新材料、邦普循环、族兴铝颜料、东鑫环保、长沙康荣陶瓷等为代表的新材料企业集聚。红宇耐磨在深交所创业板上市；杉杉新材是中国国内产销规模第一的锂离子电池正极材料专业制造商，国内市场占有率超过 40%，产品销往美国、加拿大、韩国等海外市场；族兴公司在新三板上市；星城石墨是北京奥运会、上海世博会、深圳大运会等电动大巴的电池材料供应商，已实现新三板挂牌上市。11 月，园区被湖南省发改委批准为“湖南省低碳试点园区”。

2014年，园区拥有新材料企业86家，实现工业产值261亿元，同比增长10.82%，占园区工业总产值的46.66%。12月，金洲新区通过工信部组织的“国家新型工业化产业示范基地(新材料)”专家评审。引进锂电巨头金荣集团、杉杉新材、凯迪特等新材料项目。

2015年，新区已有产能居中国第一、全球第二的正极材料生产企业杉杉新材，中国最大的废旧电池循环利用企业邦普循环，负极材料生产企业星域石墨等多家锂电龙头企业。当年杉杉新材实现产值15亿元，邦普循环实现产值30亿元。

2016年，园区形成以沃特玛、杉杉新能源、邦普循环等为代表的新能源材料产业；以红宇新材、族兴新材为代表的节能环保新材料产业。培育了锂电池原材料、正极、负极、隔膜、电解液、电池总成、应用、回收和回收再利用等全产业链环，打造了在锂电池行业内具有全国影响力的品牌——中国(金洲)锂电谷。新材料产业被纳入长沙市《工业园区转型提质发展三年行动计划》和《长沙市新材料产业发展三年(2015—2018年)行动计划》。



2017年，园区形成以先进储能材料、新型金属材料、建筑新材料为主的三类产业体系，以锂电池材料为主的先进储能材料产业，成为全国具有较强竞争实力的锂电池产业集群。湖南特种金属材料公司是湖南省锰行业的龙头企业，四氧化三锰、电解金属锰粉和金属锰三种锰系列深加工产品销量位居全省前列；博朗思达新材料、中工新材料、德莱恩新材料均是与中南大学产学研合作的示范企业，拥有一批国家重点产品和多项自主知识产权的专利技术，在铜、铝、镁合金，金属表面处理、电子封装材料等细分行业有发展优势；微纳坤宸新材料拥有的“高性能钨基复合材料及其应用”获国家技术发明二等奖。园区形成以工程化、产业化为特色的高性能微纳复合材料产业化平台和基地。新材料产业实现总产值269.06亿元，同比增长15.11%，占园区产值总量的28.84%。新材料产业规模工业企业60家，占园区规模企业的30.8%，其中高新技术企业21家，占园区高企的38.2%。园区集聚约30家锂电池产业链龙头企业和领军企业，吸引一批锂电池产业“补链”生力军，形成“锂电池正负极材料—电解液—隔膜—电芯制造与组装—锂电池终端应用—锂电池回收再利用”的完整的绿色循环产业链条产业。

## 第二节 先进装备制造产业

2006—2007 年,锦峰钢结构、斯特科技、鑫烨彩钢板等先进制造企业入驻新区。2008 年,重点发展以三一重工、合丰数控机床、长高高压开关为龙头的先进制造产业。8 月,三一(宁乡)产业园项目,正式启动,总投资 100 亿元,10 月,第一期建成投产,当年实现产值 32 亿元。

2010 年,园区形成以三一汽车起重机、长高高压电器、星邦重工、宇浩机器等为代表的先进装备制造业产业集聚区。该产业集聚区共有先进装备制造企业 42 个,年产值达 110 亿元。其中三一汽车起重机实现产值 32 亿元,国内首台千吨级全地面起重机(SAC303)正式下线,打破了国外 500 吨级以上超大吨位起重机垄断地位。

2011 年,在工程机械行业普遍低迷的背景下,三一汽车起重机实现销售 18.3 亿元,并带动南通大地等配套企业发展。锐捷机器销售翻番,实现产值 13 亿元。

2012 年,园区引进三一帕尔菲格、基伍手机、东鑫环保、江西百乐集团等一批重大项目,其中三一帕尔菲格是三一集团与奥地利随车起重机企业帕尔菲格合资项目,总投资 10 亿元,总用地面积 20 万平方米,主要建设随车起重机生产线和配套设施,一期 2014 年建成投产。

2013 年,园区形成以三一汽车起重机、长高高压电器、星邦重工等为代表的先进装备制造企业集聚。园区先进装备制造企业达到 61 家,实现工业产值 158.8 亿元,同比增长 21.1%,占园区工业总产值的 58.79%,实现高新技术产品产值 108.9 亿元,占园区高新技术产品产值的 59.18%。三一汽车起重机总投资 100 亿元的工业项目是宁乡第一个投资超过百亿元的项目。该项目吸引了星沙机床、博得科技、南通大地等一大批工程机械配套企业,产业链条不断变粗、拉长;长高高压电器上市后,融资 6 亿元用于建设金洲项目,投产后税收过千万元;星邦重工是长沙市四大千亿元产业集群重点扶持企业之一,产品远销欧美、中东等地区;天和钻具的产品广泛应用于露天和井下矿山、水利、石油和天然气、桥梁、建筑等岩土工程建设行业,投产当年即可实现税收过千万元。依托三一重起、星邦重工、长高高压、长峰电缆、天和钻具等制造企业的产业技术及基础优势,宁乡高新区形成以工程机械、电力装备、新能源装备、智能装备等为主导的高端装备制造产业集群。

2015 年,先进装备制造业产值达 107.58 亿元。先进装备制造纳入长沙市《工业园转型提质发展三年行动计划》。

2016 年,园区依托三一重起、星邦重工、长高高压、长峰电缆、天和钻具等制造企业的技术及产业基础优势,形成以工程机械、电力装备、新能源汽车、智能装备等为主导的高端装备制造产业群。

2017 年,园区高端装备制造产业有规模以上工业企业 82 家,实现规模工业企业总产值 440.14 亿元,同比增长 16.09%。工程机械领域,三一重起拥有国家级技术开发中心和博士后流动工作站,授权有效专利 536 项,核心技术近 100 项,建立整车试验、零部件试验和仿真试验三级试验体系,具备世界领先的综合科研实力;万鑫精工具有国内先进的机加工能力,在日本成立研发实验室,高薪聘请掌握精湛制造工艺的技术顾问和日本资深研发设计工程师研发团队。截至 2017 年,拥有 7 项发明专利、16 项实用新型专利、2 项外观专利,部分产品替代日本技术,在国内取得市场份额的前三名;依托星邦重工、精量重工、天和钻具等企业,园区先后与中南大学、湖南大学等院校及科研机构开展产学研合作,实现 44 米自行式直臂高空作业平台、等温淬火球墨铸铁技术、深孔凿岩潜孔钻头和超大口径空气锤等技术和设备的研究突破,达到国内甚至国际领先水平;电力装备领域,依托长高高压、长峰电力等,园区初步形成集高压开关电器、电力成套设备、高低压电器设备、漏电保护器等领域于一体的电力装备产业集群,其中"特高压交流输电关键技术、成套设备及工程应用"和"特高压串补用开关设备和阻尼装置研制"均获科学技术奖项,并拥有 800 千伏及 1100 千伏系列户外高压隔离开关和接地开关等国际先进技术;智能装备领域,中谷旗下的中吉自动售货机取得 50 多项国家专利,还完善智能化支付系统及云服务系统,实现线上有效管理及多机联网,为构建智能物联体系打下坚实基础。

## 第三节　光电信息产业

光电信息产业是园区的后发产业。

2008年，园区引进晗麒光电、鑫洲智能等光电信息企业，标志着园区光电信息产业开始启动。

2011年，园区形成以达福鑫、瀚麒光电等为代表的光电信息产业集聚区。

达福鑫公司计划在园区总投资20亿元，建设超强触摸屏玻璃源片、TFT－LCD超薄玻璃基板、PCB板等项目。投产后，年生产玻璃基板面积130万平方米，年实现利润3.5亿元以上。

2012年，园区光电信息企业共有15家，实现工业产值10.31亿元，占园区规模工业企业总产值的4.85％。2013年，形成以美国新视野、菲尔姆光能、中好科技等为代表的光电信息企业集聚，实现工业产值15.8亿元，同比增长36.37％，占园区工业总产值的5.85％，其中高新技术产品产值10.71亿元，占园区的5.82％。园区15家光电信息企业中，美国新视野显示公司是主要从事液晶显示器、触摸屏模块生产的高新技术企业；湖南菲尔姆光能有限公司是一家专门从事太阳能平板集热器、太阳能利用研究、开发和生产应用的高新技术企业，是太阳能光热行业的核心设备制造商，主要为皇明、太阳雨、桑乐等太阳能热水器企业提供核心设备，占据国内市场70％以上的份额；中好科技是一家专门研究、制造、销售各类电容式触摸屏的高新技术企业，产品主要用于消费类电子产品的触摸屏，拥有多项发明专利。

2015年1月，园区制订《宁乡高新技术产业开发区产业发展规划》。《规划》确定依托湖南大学、中南大学、国防科技大学等高校在光电子领域的技术优势，建设金洲新区光电信息产业园；以培育和壮大光电信息产业成为宁乡县域经济发展的支柱产业之一为目标，打造中部地区有特色芯片产业基地的发展目标。重点建设美国新视野显示光电信息产业园项目、戴斯光电项目、基伍科技手机生产基地项目，3个项目总投资约22亿美元。

2017年4月，园区制订《湖南宁乡高新技术产业园区战略规划(2017—2025年)》。光电信息被节能环保产业取代，不再是园区三大主导产业(新材料、先进制造业、光电信息)之一。

## 第四节　现代服务业

2006年，园区在总体规划中就明确现代服务业在园区产业发展中的位置、提出建设“长沙西部生态休闲中心”的设想。与广东碧桂园集团签订协议开展碧桂园金洲项目建设。项目总投资30亿人民币计划用地1000亩。

2008年11月，碧桂园一期开盘，销售额达1.3亿元。

2010年，园区引进宁乡职业中专学校。学校开设机械制造技术、电气运行与控制、焊接技术与应用、制冷空调设备运行与维修、汽车制造与检修、汽车电子技术与应用、汽车整车与配件营销、旅游服务与管理、星级饭店运营与管理、会计、电子商务、计算机应用等专业。该学校与三一重工、中联重科、楚天科技、格力电器等园区多家企业建立合作关系，为园区工程机械、新能源汽车、现代商贸、商务旅游等各类企业输送大量技术工人。



2011年，园区完善以碧桂园、澜湾等为代表的现代配套服务业，碧桂园山湖城是宁乡最大的房地产项目；澜湾是引领湖南高档住宅发展的本土企业；名嘉集团投资建设省内最大的单体综合型商城，综合配套不断完善，工业新城初具雏形。同时，园区储备了一批影响区域经济发展格局的重大项目，金洲新区工业集中区逐渐成为投资者在中部地区的首选。

2015年，园区引进九龙仓时代奥特莱斯项目。项目位于宁乡高新区金水东路与欧洲北路交会处东北角，总投资5亿元，总用地面积120686平方米，建设3层大型商场、约300个专卖商铺及餐饮，经营世界一、二线，国内著名品牌的折扣商品及餐饮品牌，还建有餐饮、停车场及活动广场等配套设施，具有休闲、文化、景观等多种功能。2015年，该项目获得宁乡高新区2015年度“四优四强”投入贡献奖。



2017年，宁乡高新区初步形成以现代物流、科技服务业、金融服务业等为主的生产性服务业。组建科技中介服务机构协会，推进中介服务体系的建设；完善职业技术教育培训体系，引进长沙市沃亚德航空专修学院，专设以航空服务、空中乘务、民航教育、机务维修、无人机应用技术等为特色的专业技术培训教育课程，为宁乡高新区发展航空航天、无人机等装备制造方向输出大批高素质技术人才；宁乡高新区依托湖南创新服务中心，加强科技金融服务，加快为园区科技型企业提供便捷的融资渠道、创设良好的金融发展环境。同时，园区起草的《宁乡高新技术产业园区股权投资基金管理办法》，为园区金融服务业提供政策保障。湖南省长沙金洲大学城科技园资产管理有限公司与省高创投、深圳众投邦互联网众筹公司合作，成立湖南高新财富新三板创业投资基金(规模10亿元)，与广发银行联合设立产业发展引导基金(规模12.5亿元)；与长沙银行合作成立宁乡高新区产业引导基金(规模10亿元)，投放碳纤维编织机、凌翔磁浮、立达新材料等17个项目，累计投放9300万元；同时，投资1.5亿元控股、参股金玉担保、仁润担保、信达小额贷款公司，其中金玉担保公司为园区20余家小微企业提供担保放贷1.37亿元。

宁乡高新区注重“以城促产”，建立了较为完备的商业配套体系，为技术专家和企业人才提供良好的就医、就学、商贸、居住、物流等生活配套环境。教育配套方面，园区配套有碧桂园中英文双语学校；中国百强中学宁乡一中、金海中学、玉潭中学等为宁乡高新区提供优质的教学资源。商贸配套方面，园区内有奥特莱斯、崇尚百货等，有豪德贸易广场等商业综合体。园区积极与太平洋集团展开对接，启动中央商贸区洽谈合作。居住配套方面，碧桂园、关山一品、山水桃园等住宅区为科研人才和企业高管提供良好的居住环境；金洲新城及全民、同兴、龙桥、高新、紫云小区楼盘建设面积超过40万平方米，为企业白领提供便利的住宿空间；碧桂园还为园区商务人士打造五星级标准的凤凰酒店。交通配套方面，在长常高速兴建金洲、关山两个互通，形成5条连接省会长沙的快速通道；W202路、301路直达长沙汽车西站；3月10日，正式开通从湖南省大学科技产业园至河西高校群的免费通勤巴士——“科技快线”。物流配套方面，有普洛斯物流，其能够为园区企业提供畅达全球的物流服务。

**2011—2017年园区对企业的产业扶持资金拨付情况表**

**表7—1**

| 年份 | 收款单位 | 类型 | 金额(元) |
|---|---|---|---|
| 2011年 | 邦普公司 | 产业发展资金 | 5000000.00 |
| | 中基路桥 | 基础设施建设 | 653000.00 |
| | 神塑科技 | 基础设施建设 | 630000.00 |
| | 东方时装 | 基础设施建设 | 250000.00 |
| | 三一汽车起重机械有限公司 | 产业扶持 | 180000000.00 |
| | 三一汽车起重机械有限公司 | 产业扶持 | 5150000.00 |
| | 红宇新材 | 产业发展资金 | 2730000.00 |
| | 碧桂园公司 | 企业发展专项 | 1440000.00 |
| | 红宇新材 | 产业发展资金 | 3700000.00 |
| | 瀚麟公司 | 企业发展专项 | 91725.00 |
| | 2011年小计 | — | 199644725.00 |

续表 7—1

| 年份 | 收款单位 | 类型 | 金额(元) |
|---|---|---|---|
| 2012 年 | 三一汽车起重机械有限公司 | 产业扶持、科研经费 | 100000000.00 |
| | 三一汽车起重机械有限公司 | 财政奖励资金 | 11503851.00 |
| | 邦普科技 | 产业扶持 | 11120000.00 |
| | 金洲物流公司 | 产业扶持 | 400000.00 |
| | 红宇新材 | 产业扶持 | 6000000.00 |
| | 广厦投资公租房项目补助 | 公租房补助 | 7000000.00 |
| | 银太纺织 | 产业扶持 | 25400000.00 |
| | 星港家居 | 产业扶持 | 760000.00 |
| | 碧桂园公司 | 基础设施建设 | 4300000.00 |
| | 2012 年小计 | — | 166483851.00 |
| 2013 年 | 三一汽车起重机械有限公司 | 产业扶持 | 3405900.00 |
| | 广厦投资公租房项目补助 | 公租房补助 | 14700000.00 |
| | 金洲物流公司 | 产业扶持 | 230000.00 |
| | 华美雕塑 | 产业扶持 | 778000.00 |
| | 2013 年小计 | — | 19113900.00 |
| 2014 年 | 长沙天和钻具机械有限公司 | 产业扶持 | 1472000.00 |
| | 湖南星城石墨科技股份有限公司 | 产业扶持 | 1000000.00 |
| | 三一汽车起重机械有限公司 | 产业扶持 | 7414206.00 |
| | 三一汽车起重机械有限公司 | 产业扶持 | 2965000.00 |
| | 三一汽车起重机械有限公司 | 产业扶持 | 2569000.00 |
| | 湖南莱拓福生物科技有限公司 | 产业扶持 | 67500.00 |
| | 四优四强获奖企业 | 四优四强 | 1350000.00 |
| | 2014 年小计 | — | 16837706.00 |

续表 7—1

| 年份 | 收款单位 | 类型 | 金额(元) |
| --- | --- | --- | --- |
| 2015 年 | 安全生产获奖企业 | 安全生产引导基金 | 240000.00 |
| | 四优四强获奖企业 | 四优四强 | 990000.00 |
| | 湖南东方时装有限公司 | 科技平台建设资金 | 500000.00 |
| | 长沙广厦投资有限公司 | 基础设施建设配套资金 | 745916.00 |
| | 天津新碧投资发展有限公司 | 碧桂园基础设施建设支出 | 5000000.00 |
| | 天津新碧投资发展有限公司 | 碧桂园基础设施建设支出 | 16098600.00 |
| | 湖南长峰电力集团股份有限公司 | 产业扶持 | 1750000.00 |
| | 湖南杉杉新能源有限公司 | 产业扶持 | 15570000.00 |
| | 三一汽车起重机械有限公司 | 产业扶持 | 7460000.00 |
| | 湖南莱拓福生物科技有限公司 | 厂房租金补助 | 68076.00 |
| | 湖南中谷科技股份有限公司 | 产业扶持 | 1680000.00 |
| | 宁乡碧桂园房地产开发有限公司 | 碧桂园基础设施建设支出 | 2760000.00 |
| | 湖南邦普循环科技有限公司 | 供热管网基础设施建设支持款 | 3000000.00 |
| | 宁乡东城污水处理有限公司 | 中央预算内基建资金 | 6000000.00 |
| | 湖南杉杉新能源有限公司 | 生产设备补助 | 3000000.00 |
| | 湖南杉杉新能源有限公司等9家公司 | 135 工程 | 10280000.00 |
| | 2015 年小计 | — | 75142592.00 |

续表 7—1

| 年份 | 收款单位 | 类型 | 金额(元) |
|---|---|---|---|
| 2016 年 | 凤凰谷 | 凤凰谷投资有限公司产业扶持资金 | 1681979.00 |
| | 湖南邦普循环科技有限公司 | 邦普循环科技有限公司产业扶持资金 | 1000000.00 |
| | 宁乡银太纺织有限公司 | 银太纺织产业扶持资金 | 200000.00 |
| | 万鑫精工(湖南)有限公司 | 万鑫精工产业扶持资金 | 4400000.00 |
| | 长沙微纳坤宸新材料有限公司 | 微纳坤宸获得国家技术发明奖奖励 | 500000.00 |
| | 湖南中谷科技股份有限公司 | 中谷科技产业扶持资金 | 1680000.00 |
| | 湖南红太东方机电装备股份有限公司 | 红太机电产业扶持资金 | 3700000.00 |
| | 长沙壹纳光电材料有限公司 | 壹纳光电厂房租金补贴 | 136000.00 |
| | 长沙升华微电子材料有限公司 | 升华微产业扶植资金 | 1490000.00 |
| | 湖南杉杉新能源有限公司 | 杉杉产业扶持资金 | 33800000.00 |
| | 湖南嘉东房产开发有限公司 | 嘉东房地产公司金洲新城购房补贴 | 784662.00 |
| | 长沙广厦投资有限公司 | 金洲明珠购房补贴款 | 272229.00 |
| | 湖南嘉东房产开发有限公司 | 金洲新城购房补贴款 | 3309327.00 |
| | 宁乡碧桂园房地产开发有限公司 | 碧桂园公司购房补贴 | 2057940.00 |
| | 宁乡碧桂园房地产开发有限公司 | 碧桂园购房补贴 | 257559.00 |
| | 长沙广厦投资有限公司 | 金洲明珠购房补贴 | 842979.00 |
| | 长沙广厦投资有限公司 | 广厦投资有限公司保障性住房支出 | 6000000.00 |
| | 长沙广厦投资有限公司 | 广厦投资有限公司保障性住房支出 | 2000000.00 |

续表 7—1

| 年份 | 收款单位 | 类型 | 金额(元) |
|---|---|---|---|
| 2016 年 | 长沙广厦投资有限公司 | 广厦投资有限公司保障性住房支出 | 2000000.00 |
| | 湖南邦普循环科技有限公司 | 邦普天宁热电资金 | 3000000.00 |
| | 长沙旺金投资有限公司 | 135 工程 | 3200000.00 |
| | 长沙旺金投资有限公司 | 135 工程 | 1200000.00 |
| | 湖南邦普循环科技有限公司 | 135 工程 | 560000.00 |
| | 湖南红门金属建材有限公司 | 135 工程 | 240000.00 |
| | 湖南锂顺能源科技有限公司 | 135 工程 | 1520000.00 |
| | 湖南星城星墨科技股份有限公司 | 135 工程 | 320000.00 |
| | 湖南红宇耐磨新材料股份有限公司 | 135 工程 | 520000.00 |
| | 湖南吉永盛汽车零部件有限公司 | 135 工程 | 240000.00 |
| | 湖南然润堂中药有限公司 | 135 工程 | 520000.00 |
| | 长沙赛恩斯环保科技有限公司 | 135 工程 | 480000.00 |
| | 湖南杉杉新能源有限公司 | 135 工程 | 1640000.00 |
| | 长沙双胞胎饲料有限公司 | 135 工程 | 600000.00 |
| | 万鑫精工(湖南)有限公司 | 135 工程 | 800000.00 |
| | 湖南星港家居发展有限公司 | 135 工程 | 200000.00 |
| | 长沙金洲新城建设投资有限公司 | 135 工程 | 1320000.00 |
| | 湖南中谷科技股份有限公司 | 135 工程 | 800000.00 |
| | 长沙东鑫环保有限责任公司 | 135 工程 | 800000.00 |
| | 湖南红太东方机电装备股份有限公司 | 135 工程 | 760000.00 |
| | 宁乡同创建设开发有限公司 | 135 工程 | 400000.00 |
| | 安全生产获奖企业 | 安全生产引导基金 | 70000.00 |

**续表 7—1**

| 年份 | 收款单位 | 类型 | 金额(元) |
| --- | --- | --- | --- |
| 2016 年 | 四优四强获奖企业 | 四优四强 | 1020000.00 |
| | 2016 年小计 | — | 86322675.00 |
| 2017 年 | 宁乡东城污水处理厂 | 宁乡东城污水处理厂 | 780000.00 |
| | 三一重起 | 三一重起产业扶持资金 | 7100000.00 |
| | 嘉东房地产公司 | 购房补贴 | 1000000.00 |
| | 邦普循环公司 | 产业扶持资金 | 7500000.00 |
| | 裕丰紧固件 | 产业扶持资金 | 3000000.00 |
| | 中谷科技 | 产业扶持资金 | 4170000.00 |
| | 民富沃能公司 | 新能源汽车购车补贴 | 7476000.00 |
| | 中科星城石墨 | 高管个税奖励 | 3716700.00 |
| | 四优四强获奖企业 | 四优四强 | 1040000.00 |
| | 2017 年小计 | — | 35782700.00 |
| 2011—2017 年合计 | | — | 599328149.00 |

# 第八章

# 科技创新与人才引进

# 第八章　科技创新与人才引进

## 第一节　科技创新

建园之初，园区在项目引进上，注重引进项目的技术水平和附加值。自金洲新区开发建设以来，中南大学、湖南大学、清华大学等高校与科研院所为新区的红宇耐磨、邦普新材料、赛瑞新材料、博朗思达、固力等项目提供了强有力的技术支持，有的教授、专家直接技术入股经营。

2006—2007 年，园区引进获得“两高”认证的企业和项目有族兴铝颜料、先导等离子、赛瑞新材料、锐普新材料、斯特高新、数控机床 6 个；碧桂园地产、圣得西服饰、星港床垫 3 个企业为中国驰名商标企业；族兴铝颜料、银大纺织项目、赛瑞新材料、中和能源项目、捷登数控机床、新宇化工、欧鹏科技等是一批行业龙头和填补国内空白的优势项目。

2009 年，园区引入中南大学国家级技术转移中心与博云新材 ITO（氧化铟锡）项目，巩固与中南大学的战略合作关系。

2011 年，按照“提门槛、重评估、保质量”的要求，引进一批科技含量高、产业带动力强、发展势头强劲的优质企业。源科创新固态存储器项目是固态硬盘设计、制造龙头企业；普洛斯物流是全球领先的工业及物流设施提供商；深圳天骄电池是国内锂离子电池正极材料镍钴锰酸锂龙头企业。当年，园区有国家级高新技术企业 13 家、国家级工程技术中心 1 家、省级工程技术中心 1 家、市级工程技术中心 6 家、国家级企业技术中心 1 家、省级企业技术中心 4 家、市级企业技术中心 6 家、获得国家火炬计划项目 1 项。

2012 年，圣得西入选中部六省唯一的国家级企业工业设计中心；天和钻具、先导电陶等 4 家企业获得长沙科技进步奖，获奖企业总数位居全市各园区第三。

园区被评为长沙市创新型园区、湖南省低碳试点园区。园区30余项技术处于国际领先水平,其中“特高压交流输电关键技术、成套设备及工程应用”获国家科学技术进步奖特等奖;“有色冶炼含砷固废治理与清洁利用技术”“大吨位系列履带起重机关键技术与应用”获国家科学技术进步二等奖;“异种移植生物安全关键技术及示范”项目获湖南省技术发明一等奖。

2013年,园区共有高新技术企业25家、高新技术产品30大类、企业技术(工程技术)中心9家。红宇耐磨成立园区本土第一家院士工作站,天和钻具等多家企业免费安装专利查询软件。族兴被评为“长沙市创新型单位”,三一汽车起重机“SAC3500全地面起重机”项目获长沙市科技进步一等奖,邦普“废旧锂电、镍氢电池定向循环关键技术研究及产业化”、天和钻具“TS系列潜孔凿岩钻具”项目均获科技进步二等奖,先导电陶“一种钛酸盐系列电子陶瓷纳米晶体材料合成方法”项目获科技进步三等奖。



2014年,园区被评为国家新型工业化产业示范基地、湖南省科技企业孵化器。神塑科技获批中国驰名商标,龙丰铝业、天和钻具获批湖南省著名商标。园区新增高新技术企业5家,新增湖南省企业技术中心1家(特种金属材料)。

2015年,湖南省人民政府批准在宁乡高新区建设湖南省大学科技产业园和湖南省高等院校知识产权运营服务中心(简称“一园一中心”)。重点依托湖南高校和科研院所资源,辐射全国“985”“211”工程等重点院校,打造集技术创新、科技成果转化、高新技术企业孵化、创新创业人才培养与知识产权运营等功能于一体的科技创新实验区。“高性能钨基复合材料及其应用”项目获2015年度国家技术发明二等奖。



2016年,园区“一园一中心”先后引进“高性能钨基复合材料及其应用”“有色冶炼含砷固废治理与清洁利用技术”等十余项国际领先技术;航天天麓新材料检测平台、储能技术创新与应用、磁悬浮数控等45个科技项目签约入驻;引进科技中介机构25个。园区先后获批湖南省135创新创业园区、湖南省第二批PPP示范项目、湘江新区双创示范平台。

2017年,园区出台《关于支持湖南省大学科技产业园和湖南省高等院校知识产权运营服务中心创新发展的若干意见》《宁乡高新区关于支持重大产业项目降低成本的若干意见(试行)》《宁乡高新区加强总部经济发展考核办法》等。科技型小微项目和重大产业项目可享受公共检测服务、科技创新、用电、设备投入等全方位补贴;重大项目享受厂房代建、电费补助、设备采购补贴。超级节能气凝胶、精馏汽提脱氨技术、红宇PIP等13项技术处于国际领先水平,万鑫机电设备等100余项技术处于国内领先水平。当年,“一园一中心”一期完成开发面积800亩,总投入15亿元,总建筑面积63万平方米,入驻科技成果转化项目70余个。其中,一些项目与中科院、中南大学等23所高校和科研院所建立合作;入驻磁悬浮数控、三智精工等高科技项目36个。园区与湖南航天管理局共同出资建设湖南航天天麓新材料检测有限责任公司。该公司成为全省唯一的新材料公共检测平台。该公司获国家计量认证(CMA)、国家实验室认可(CNAS)和国防实验室认可(DILAC)等资质。园区实现高新技术产业产值638亿元,同比增长18.5%;高新技术产业产值占比68.52%;规模以上工业新产品产值558亿元,发明专利授权量131件,研发经费支出19亿元。园区被纳入科技部2017年升级国家高新区考察名单。园区建成国家级企业技术中心3家、省级企业技术中心12家、市级企业技术中心16家,建有院士工作站5个。





## 第二节 人才引进

建园之初,园区把科技人才工作放在首位,坚持培养、引进两手抓,把引才、育才、用才有机结合起来,构筑人才高地。园区开展科技人员普查,详细掌握科技人才的数量结构和分布等情况,并建立区人才信息库。拨出专项经费500万元为科技人才工作提供资金支持。2006—2008年,引进项目中有2名博士研究生导师、1名享受国务院特殊津贴专家、1名博士后、13名博士,另有39名硕士。如,斯特高新项目有1名博士,族兴铝颜料项目有2名博士,先导等离子项目有2

名博士，中和能源项目有2名博士，捷登数控机床项目有1名博士，科玲软件项目有1名博士后，新宇化工项目有2名博士，欧鹏科技项目有3名博士，博得科技项目有1名享受国务院特殊津贴专家，中醇科技项目有2名博士生导师（西南化工）。

2009年11月，中共宁乡县委常委、管工委书记刘永红在《坚持科学发展，实现弯道超车 做大做强金洲新区》讲话中，就人才引进工作提出：要推进人事制度改革，采用因事设岗、以岗定人、全员聘用的用人办法，选优配强金洲新区工作人员，畅通人员进出渠道。优化企业家创业环境，在引进和留住高层次人才上求新突破，以企业为载体，为留得住一流人才落户园区，营造良好的创业环境。

2010年，在园区工作的各类高素质人才超过500人，其中教授56人、博士51人、硕士247人。园区企业研发投入逐年加大，占企业产值比最高的企业达到7%。园区企业与清华大学、中南大学、湖南大学、国防科技大学、华中理工大学、长沙理工大学等高校建立合作关系，同高校合作或者自建企业研发中心40多家。



2011年，在园区创业和工作的博士、硕士等各类高素质人才超过1000人。族兴新材料、红宇耐磨、邦普循环科技等10家企业被省科技厅认定为高新技术企业。园区企业与国防科技大学、清华大学、中南大学等高校建立合作关系，建立企业研发中心40多家，其中国家级企业技术中心有31家，省级技术中心有圣得西、长高等5家。



2012年，园区企业拥有大专以上学历的人才4550人，其中教授、博士、硕士等高素质人才1500人。园区产业发展创新平台优势明显，与国防科技大学、清华大学、中南大学、湖南大学、华中理工大学、长沙理工大学等高校建立合作关系，同高校合作或者自建企业研发中心40多家，其中国家级企业技术中心2家、省级研发机构20家、博士后工作流动站3家。

2015年，园区出台新政策，支持人才引进。对用人单位引进“两院”院士、长江学者，且每年在企业工作超过半年的，分别奖励用人单位100万元和50万元，对引进的教授、博士生（副教授）、硕士生每人分别补助10万元、6万元、3万元；

对创新创业领军人才给予不低于50万元的安家补贴，享受不低于50万元的创业启动经费；同等条件下，企业研发中心优先引进的高端人才申报国家、省、市各类优秀人才奖项和津贴，并对其科技项目给予重点支持，优先推荐申报国家、省、市各项资金扶持。同时，对引进人才的户口迁移及子女入学提供具体服务和协助。

2017年，园区与中南大学、国防科技大学、湖南大学等23所高校和科研院所签订“产学研用”合作及人才培养协议，引进范景莲、王维、柴立元、李新海等30多名科技领军人才担任企业技术带头人，集聚创新人才5000余人。园区以出台《长沙市人才新政22条》为契机，组织园区企业人力资源经理参加人才新政培训会，引导企业以“人才新政”为杠杆，开展引才、用才、留才工作。积极引导园区企业开展人才服务工作，积极申请人才分类认定工作，为员工申请“人才待遇”。至2017年，有3人通过人才认定，其中2个C类、1个D类，3人均获得人才绿卡。园区企业中共有15人获得人才补贴。

## 专记：“一园一中心”建设

### 一、项目规划

2014年4月，湖南省人民政府在金洲新区工业集中区（以下简称“金洲新区”）召开“湖南省大学科技产业园、湖南省高校知识产权运营服务中心”项目现场办公会。湖南省人民政府认为金洲新区基础很实，发展势头很好，明确支持该项目落户。后经湖南省人民政府批准，设立湖南省大学科技产业园和湖南省高等院校知识产权运营服务中心（以下简称“一园一中心”）。项目总体规划面积约2000公顷，计划总投资50亿元，分3期建设，打造“三基地、一中心”，即湖南战略性新兴产业培育基地、科技创新孵化和加速基地、科技创新研发总部基地和知识产权运营服务中心。5 月 16 日，中共宁乡县委办公室、宁乡县人民政府办公室发文，成立宁乡县湖南省大学科技产业园、湖南科技成果转化和知识产权交易服务中心项目建设领导小组。黎春秋任组长，刘永红（常务）、刘亮、龚畅、陈永高、钟利仁、刘俊武任副组长。高新区、县发改局、县财政局、县教育局、县科技局、县城乡规划局、县招商局为成员单位。领导小组办公室设金洲新区工业集中区管委会，郑旗任办公室主任，负责基地建设日常工作。

2015 年 1 月 21 日，园区党工委书记刘永红召集工委、管委会班子成员和相关内设局室、驻园单位和下属国有公司负责人召开书记主任联席会，会议研究《加快发展湖南省大学科技园的若干政策规定（征求意见版）》。会议要求，要结合国家政策调整，力求湖南省大学科技园政策具有实在性、可操作性。以“一园一中心”平台建设为契机，力促园区被纳入长株潭自主创新示范区规划范围内；要着力于资金的外界支持，明确知识产权持有人（团队）持股比例，保护教授、科研团队的创业积极性，支持科技型企业上市，解除创业者后顾之忧，允许大学教授到企业兼职或直接担任法人；要争取省、市、县对“一园一中心”平台本身的支持，成立产业基金，返还土地报批和出让过程中的土地管理费、储备管理费、耕地占用税和出让过程中提出的“七金”等县级留成部分税费，用于“一园一中心”平台建设。6 月 18 日，湖南省科学技术厅、湖南省教育厅联合发文批复，同意在宁乡金洲新区工业集中区设立湖南省大学科技产业园。要求湖南省大学科技产业园的建设，要以长株潭国家自主创新示范区和湘江新区建设为契机，充分发挥湖南省高校科研资源和科技人才优势，创新机制体制，探索“一园多校”的大学科技园发展模式。严格按照规划组织实施，通过两年建设，达到省级大学科技园的认定要求。湖南省大学科技园将重点发展新材料、高端装备制造、信息与通信三大产业，采用开发、招商、运营服务标准化、一体化、集成化的经营管理模式，全力打造支持省内科技企业、大学研究机构可持续发展的科技创新服务、科技企业孵化、加速的总部办公基地。其中，科技创新服务区以建设湖南省科技成果转化和知识产权交易中心为主，配套建设 2000 套公租房作为人才公寓，医院、图书馆、会展酒店、商场、运动场馆、休闲娱乐等生活配套设施为中心及人才公寓提供教育、医疗、日常生活等方面的服务。科技企业孵化区、科技企业加速区分别按照新材料、高端装备制造、信息与通信三大产业定位进行建设。

## 二、项目建设

2015年,宁乡高新区下属国有公司与湖南兴旺建设集团采用PPP合作模式,共同成立SPV公司,建设湖南省大学科技产业园、湖南省高等院校知识产权运营服务中心。项目一期占地面积4537.5亩,总建筑面积32.9万平方米,其中知识产权运营服务中心4万平方米、后勤服务中心2.1万平方米、企业孵化楼2.4万平方米、公寓楼1.4万平方米、标准厂房23万平方米。同年4月,启动1#、2#栋标准厂房建设,总建筑面积约8.5万平方米,2#栋含地下室4914平方米。

2016年,新开工包括知识产权运营服务中心、后勤服务中心、企业孵化楼及公寓楼、3#、4#栋标准厂房。其中,3#、4#栋标准厂房总建筑面积60028平方米。后勤服务中心、企业孵化楼及公寓楼总建筑面积51719平方米,含地下室6675.36平方米,知识产权运营服务中心总建筑面积4.03万平方米,其中地下室5745平方米。1#、2#栋标准厂房2016年6月30日竣工交付使用;知识产权运营服务中心2017年5月15日竣工验收交付使用;后勤服务中心2017年6月30日竣工验收交付使用;3#标准厂房2017年3月15日竣工验收交付使用;4#标准厂房2017年4月25日竣工验收交付使用;5#、6#、7#栋标准厂房和企业孵化楼2016年10月动工兴建,2017年全部竣工验收交付使用。

至此,"一园一中心"一期800亩基本开发完毕,规划建筑面积约62万平方米,已建成面积53万平方米。同时企业按总体规划要求自建区全部竣工,红宇研发中心、锂顺新能源、宜家家居、德莱恩等项目实现投产。

2017年,国家级大学科技产业园申报工作有序推进。

## 三、项目运营

2016年,以购买厂房方式入驻企业2家,签约面积约2300平方米,分别是长沙灏峰科技(从事新能源业务,包括风能、太阳能、地热等)和环境检测平台(从事环境检测、环境治理、环境治理咨询服务等)。以租赁方式入驻企业4家,租赁厂房面积约4000平方米,分别是华越锂能(电池正极材料磷酸铁锂生产项目)、鲜源科技(速冻保鲜装备研发与生产项目)、科佳环保、赤龙科技(长沙理工大学智能交通平台研发与装备生产项目)。湖南省大学科技产业园与长沙航天管理局共同推进湖南省新材料检测平台项目,双方拟采用成立合资公司形式,共同建设、运营湖南省新材料检测平台。同时,与中国技术交易所、长沙技术交易所积极组织开展科技成果使用、处置和收益管理改革试点。湖南省大学科技产业园与中南大学、华南理工大学、湖南大学、西华大学、长沙理工大学等省内外高校进行交流与合作,利用高校的专业优势,进行科研成果的转化,从而推动园区产业升级与发展。

2017年,宁乡高新区"一园一中心"高速推进,成为服务全省双创的主力平台。构建了基础服务、中介服务、金融服务、信息服务、政策服务、运营服务六大创新服务支撑体系。由省科技厅专项经费支持的"湖南省科技成果转化融资与知识产权交易服务平台建设"完成政府采购,确定由上海新净信公司开发建设该平台,为省内科技成果转化和知识产权交易提供专业化的服务;由湖南航天管理局与宁乡高新区合作建立的新材料公共检测平台,为新材料企业提供检测分析服务、设备原位改造及原位检测技术的研发、技术咨询及人员培训,该平台已正式运营;园区同时搭建了如锂电达沃斯、粉末冶金学会、校企对接等面向国际国内的开放交流平台。

当年,"一园一中心"累计引进和签约项目41个,10个项目入驻大科园(3个项目入驻园区孵化器),其他项目在推进中。众创空间完成装饰装修。15家中介服务机构将集中入驻。市贸促会确定在园区设立分中心,为企业进行服务认证、商业配对、政策制定、通关运输、结算退税、融资担保、信用评估、法律商议等专业服务。

## 2017年“一园一中心”科技成果转化项目一览表

**表 8—1**

| 技术依托高校或科研院所 | 序号 | 名称 | 基本情况 | 入驻形式 | 进度 |
|---|---|---|---|---|---|
| 中南大学 | 1 | 赛恩斯环保 | 从事重金属污染防治。中南大学教授柴立元团队提供技术支持。项目总投资1.2亿元，用地面积约60亩，建设废水处理、环保装备和药剂总部、研发中心和生产基地，总建筑面积约3.8万平方米 | 购地自建 | 投产 |
| | 2 | 红宇新材 | 中南大学教授任立军提供技术支持，主导产品为铬锰钨系抗磨铸铁磨球和节能衬板，致力于帮助矿山、水泥、火电、冶金等高能耗行业实现节能、降耗和提产。公司于2012年8月1日登陆深交所创业板，成为国内“节能耐磨材料第一股” | 购地自建 | 投产 |
| | 3 | 东鑫环保 | 总投资1.5亿元，项目总用地面积约60亩，建设高效强化合金生产线。获批省级博士后工作流动站 | 购地自建 | 在建 |
| | 4 | 气凝胶玻璃 | 总投资1亿元，厂房面积5268平方米，建设全国首条气凝胶玻璃生产线 | 租赁红宇研发中心 | 投产 |
| | 5 | 灏峰新能源 | 公司推出太阳能光伏并网发电系统、汽车新能源充电桩系统、太阳能节能路灯系统、太阳能热水系统、太阳能垃圾集成处理系统、太阳能阳光房系统 | 购买标准厂房600平方米 | 签约 |

**续表 8—1**

| 技术依托高校或科研院所 | 序号 | 名称 | 基本情况 | 入驻形式 | 进度 |
|---|---|---|---|---|---|
| 湖南大学 | 6 | 德莱恩 | 总投资 5000 万元，项目总用地面积约 5 亩，建设表面处理技术的生产车间、科研楼、综合办公场所及相关配套设施 | 购地自建 | 在建 |
| | 7 | 陶瓷膜高温除尘及水处理设备 | 为湖南大学陶瓷研究所所长、教授肖汉宁的科技成果转化项目。项目产品是国际上重点发展的第三代陶瓷膜，支撑材料厚度仅 1～2 毫米 | 租赁标准厂房 1400 平方米 | 投产 |
| 长沙理工大学 | 8 | 智能立体公共交通系统 | 专门从事城市新型立体公共交通系统研发、销售、建设和运营管理的高新技术企业 | 租赁标准厂房 709.81 平方米 | 签约 |
| | 9 | 锂顺新能源 | 项目总投资 1.95 亿元，项目用地 82 亩，主要从事动力锂离子电池制造、锂电池陶瓷隔膜、锂电池正极材料磷酸亚铁锂的研发和制造，与长沙理工大学达成“产学研”合作，成立动力锂离子电池联合研究所，持续开发大功率动力锂离子电池技术并积极应用到新能源汽车上 | 购地自建 | 投产 |
| 西华大学 | 10 | PIP | 投资 1 亿元建设全球首条 PIP 示范生产线，以世界领先的技术将电镀铬污染难题成功破解。前期主要用于加工处理液压活塞杆、各类轴、螺栓、汽车零部件、机车零部件等产品，最终 6 条线年处理总量为 17000 吨，创造产值 3 亿元 | 租赁红宇研发中心 | 投产 |
| 中国工程物理研究院 | 11 | 中物泰沃 | 拟投资 5 亿元，厂房面积 5000 平方米，要从事与中物院优势学科相关的在激光、等离子、电子束、高真空等极端物理条件下新材料的研发、生产与销售 | 租赁红宇厂房 | 投产 |

**续表 8—1**

| 技术依托高校或科研院所 | 序号 | 名称 | 基本情况 | 入驻形式 | 进度 |
|---|---|---|---|---|---|
| 中国航天集团 | 12 | 新材料公共检测平台 | 从事新材料公共检测 | 园区与中国航天集团合作共建 | 投产 |
| 华南理工大学 | 13 | 磷酸铁锂正极材料制备 | 项目核心技术、团队支撑来源于华南理工大学，其董事长兼首席技术总监夏建伟为华南理工大学高级工程师。项目拥有全球独创的磷酸铁锂正极材料制备工艺 | 租赁标准厂房1800平方米 | 投产 |
| 湖南林科院、中南林业科技大学 | 14 | 生物质能源与资源综合利用项目 | 对生物质秸秆、竹木剩余物热解成炭、（竹木）醋液、焦油、生物气和秸杆饲料、碳肥料等多种低能耗无污染技术，形成生物质综合循环高效能经济 | 租赁标准厂房800平方米 | 签约 |
| 中国科学院等 | 15 | 储能技术创新与应用项目 | 拟引进中科院过程所等4个科研机构，同步建设储能技术创新与应用科技园总部、研发中心、先进装备制造基地等 | 一期购买2号栋标准厂房，4.3万平方米 | 签约 |
| | 16 | 石墨烯 | 公司拥有近1亿元订单，未来3年可以实现5亿元销售收入 | 租赁5000平方米厂房 | 签约 |

**续表 8—1**

| 技术依托高校或科研院所 | 序号 | 名称 | 基本情况 | 入驻形式 | 进度 |
|---|---|---|---|---|---|
| 湖南农业大学、湖南省蚕桑科学研究所 | 17 | 桑叶加农业科技 | 湖南省蚕桑科学研究所、湖南农业大学动物科学学院、湖南楚沩香农业有限公司发起组建的产学研科技企业，在大科园建设自动化蛋品保洁、桑叶紧压茶和蚕丝被生产线，企业获“一种无抗生物发酵饲料加工设备”等专利授权 3 项，初审通过“一种桑叶茯砖茶及其生产方法” | 购买 1 号栋 406 标准厂房 634.96 平方米 | 投产 |
| 国防科技大学 | 18 | 磁浮列车悬浮控制系统及若干关键装备制造项目 | 主要从事中低速磁浮列车悬浮控制系统，高速磁浮列车悬浮、导向和制动控制系统，磁浮列车测速定位系统等磁浮轨道交通核心电气设备研发与制造。公司以国防科大长沙磁浮快线技术团队为班底组建，有控制、机电和航空航天领域的硕士和博士 14 人，负责长沙磁浮快线 7 列车中 5 列车悬浮控制系统的研发、设计和调试，技术水平在国内领先 | 租赁标准厂房 1800 平方米 | 投产 |
| 长沙智能研究总院 | 19 | 三智汇鑫智能科技 | 是一家集科研、设计、生产、销售和系统集成于一体的高新技术企业，应用产品开发型的系统集成商。能够提供组织合理，管理有效，技术有保障的系统集成。成立于 2002 年，凭借在智能自动化领域的专业水平和成熟的技术，在智能自动化集成领域迅速崛起 | 租赁 3 号栋 1006 标准厂房 1162.24 平方米 | 在建 |
| 湖南中医药大学、湖南农业大学 | 20 | 湖南米珍宝生物高科技有限公司 | 米珍食品深加工技术研发项目 | 租赁 5 号栋标准厂房南侧 1～2 层 7500 平方米 | 签约 |

第九章

# 综合管理

# 第九章　综合管理

## 第一节　财政管理

### 一、机构

2006 年 3 月，宁乡县机构编制委员会下发《关于设立金洲新区管理机构的通知》，明确金洲新区管理委员会和金洲管理局合署办公，内设财务科，经费列入财政全额预算，实行收入分成体制，金洲新区财政收支由管委会财务科核算。

2008 年，宁乡县金洲新区管理委员会与宁乡县新城开发建设投资有限公司实行两块牌子、一套人马的体制。

2010 年 3 月，金洲新区机构改革，成立金洲新区管委会财政局，负责财政往来结算、财务收支监管；负责园区企业税收管理、服务工作。

2013 年 9 月，宁乡金洲新区管理委员会机构升格，设立宁乡县财政局金洲新区工业集中区财政分局，为宁乡县财政局的派出机构，属副科级单位。

2014 年，宁乡县财政局下发《金洲新区财政分局管理事项》，明确金洲分局的职责：负责新区预决算、财政收支及机关财务工作；负责企业税收协管；负责非税收入征管和财政专户以及管理政府性基金、财政票据；负责管理区内行政事业单位国有资产以及国有资产的转让、处置工作；负责对所属全资公司和控股公司财务“双控”管理。

2015 年，金洲新区财政分局更名为宁乡高新区财政分局，机构及职能至 2017 年无变化。

### 二、财政收支监管

2006 年，金洲新区财政经费列入财政全额预算，实行收入分成体制。2006—2008 年，金洲新区财政收入由管委会财务科核算。

2008—2009 年，宁乡县金洲新区管理委员会与宁乡县新城开发建设投资有限公司实行两块牌子、一套人马的体制，金洲新区的主要收入（如财政补助收入）由新城公司财务核算列报。

2010 年，宁乡县人民政府下发《关于印发宁乡县 2010—2012 年乡镇(园区)财政体制方案的通知》，明确指出园区收入范围是工商税收收入；国税、地税局补征园区当年及上一年度的稽查税征收入。结算办法实行园区收入单独结算方式，按实现的县级工商税收实行收入体制结算基数内县区三七分成，超基数部分县区二八分成。省下放税收(资源税、城镇土地使用税、土地增值税)以 2009 年实际完成数为基数，在体制结算时扣除。该财政体制一定 3 年，从 2010 年 1 月 1 日起施行。3 月，金洲新区机构改革，成立金洲新区管委会财政局，负责财政往来结算、财务收支监管和区企业税收管理、服务工作。6 月 20 日，金洲新区下发《关于加强园区税收征收管理的通知》，要求把金洲新区所属企业缴纳的税收作为对企业税收贡献考核依据，并以此与企业按合同进行地价结算。7 月，为规范园区税收征管秩序，堵塞税收征管漏洞，成立金洲新区综合治税工作领导小组。

2011 年 8 月 12 日，宁乡县人民政府办公室印发《宁乡县政府性资金监督管理暂行办法》(宁政发〔2011〕102 号)，对所有财政性资金和政府性投资项目资金加强管理，实行“区别对待、分类管理”的原则。每年 11 月，对园区下一年度的政府性资金编制收支预算，并报县财政局，由县财政局汇总后报县人大审议。园区严格按审议通过后的预算收支报表执行。

2012 年 9 月 24 日，宁乡县人民政府明确金洲新区预算收入范围：金洲新区内所有招商引资入园企业、服务业、基础设施及配套设施建设所产生的税收收入全额缴入金洲新区金库，实行中央、省、县、园区分成。金洲新区预算支出范围：园区内经济、事业发展支出及园区党工委、管委会机关运转支出。12 月，为理顺财政体制，拓展投融资渠道，缓解资金压力，中国人民银行长沙中心支行下达批复，同意设立中华人民共和国国家金库宁乡金洲新区国库(属乡镇国库)。

2013 年 3 月 20 日，宁乡县人民政府印发(宁政发〔2013〕12 号)《关于印发宁乡县 2013—2015 年乡镇(园区)财政体制实施方案的通知》，明确提出高新区收入结算办法调整为：园区结算按工商税收换算的县级收入进行，实行“园区基本留成、目标分成、超收分成、短收分担”的结算办法。完成体制结算基数按国税县级部分县区三七分成、地税县级部分县区五五分成；完成体制结算基数与目标任务之间的税收按国税县级部分县区二八分成、地税县级部分四六分成；完成目标任务以后的税收国税、地税县级部分均按县区一九分成。省下放税收(资源税、城镇土地使用税、土地增值税)以 2006 年实际完成数为基数在园区体制结算时扣除。

2014 年,金洲新区正式下发《金洲新区工业集中区管理委员会资金“双控”管理实施细则》。该《实施细则》明确“双控”管理单位系金洲新区管委会所属国有和国有控股公司。“双控”管理范围为所属国有和国有控股公司机构运行经费,项目资金、融资资金、征拆补安(补偿安置)资金、国土报批等前期开发费用以及往来资金等所有支付资金。

2014 年 5 月,金洲新区为进一步加强新区财政财务管理、强化预算约束、提高资金效益,制定《金洲新区工业集中区管理委员会财政财务管理制度》(金工管〔2014〕10 号),规范财政预算管理、国土收入管理、工程项目预算与结算工程、非税收入及保证金管理、政府采购和招投标、财政税收、管委会机关费用、管理管委会机关资产管理 8 个方面的制度和程序。

2016 年,园区完成财政收入 150061.18 万元,其中完成工商税收 87840.49 万元,园区实缴税收 69984.5 万元。出台了重大招商引资产业项目降低成本 9 条措施;落实供给侧“去库存”政策,制定补贴办法;出台《PPP 管理办法》《控股(参股)公司管理办法》《财政专项资金管理暂行办法》等。

2017 年,完成财政收入 131255.82 万元,其中工商税收 104324.62 万元,新区实缴税收净增 36436.9 万元。由财政牵头,出台了加快总部经济发展考核办法、财政资金管理办法、控股(参股)公司绩效考核办法、工商税收奖励办法、向上争资工作实施办法等政策,修改了财政财务管理制度、资金“双控”管理制度、国库管理制度等。把好“制度关、程序关、审核关”,做到“禁得了、控得住、查得清”,确保制度真正扎根落地。非生产性费用得到有效控制,当年,“四费”支出 210 万元,同比 2016 年减少 71 万元,减少 25.26%。把管委会各部门及下属公司所有收支全部纳入预算管理,充分发挥预算控制和调整的作用,做到收入一个“笼子”、预算一个“盘子”、支出一个“口子”,积极配合完成政府项目方案优化及预算变更,严格把关,规范工程款的支出。

**三、金库管理**

2011 年,金洲新区进入大投入、大发展的关键阶段,其经济总量和发展态势具备设立财政金库的基本条件。

2012年9月18日，为进一步理顺财政体制，拓展投融资渠道，缓解资金压力，加快新区发展步伐，金州新区管委会向国家金库宁乡支库上报设立宁乡金洲新区财政金库的请示。5月31日，宁乡县人民政府向县人大常委会提出《关于设立金洲新区财政金库的议案》。6月29日，宁乡县人民代表大会常务委员会发布《关于批准县人民政府关于设立金州新区财政金库的议案的决定》，批准在宁乡县金洲新区设立金库。12月25日，中国人民银行长沙中心支行下达《关于同意设立宁乡金洲新区国库的批复》，同意设立中华人民共和国国家金库宁乡金洲新区国库(属乡镇国库)。

2013年1月1日，宁乡金洲新区国库正式营业，金州新区财政职能得到质的飞跃，财政分局能充分、合理地调度资金，财政资金的使用效率得到提高。

2014年，为适应财政国库管理制度改革需要，满足金洲新区工业集中区管理委员会国库会计的核算需求，进一步加强和规范财政总预算会计基础管理，保障新区财政资金安全，金洲新区制定《金洲新区工业集中区管理委员会国库财务管理制度》。



2017年，制定《宁乡高新技术产业园区管理委员会关于印发〈宁乡高新技术产业园区管理委员会国库财务管理制度〉的通知》，对金库原有制度进行补充和完善。

**2010—2019年园区财政收入、税收一览表**

**表9—1**

| 年份(年) | 财政收入(万元) | 税收(万元) |
|---|---|---|
| 2010 | 31273.30 | 21715.00 |
| 2011 | 54390.00 | 32386.26 |
| 2012 | 94192.00 | 44801.00 |
| 2013 | 97258.00 | 53967.00 |
| 2014 | 107141.00 | 69343.00 |
| 2015 | 141679.00 | 80050.00 |
| 2016 | 140000.00 | 87808.49 |
| 2017 | 131255.82 | 104324.62 |

## 第二节　项目管理

### 一、机构

园区引进项目由管委会直接管理，园区其他部门密切配合，分工协作，责任明确，通过定期召开项目调度会议，对项目进展进行全程监管。针对重点项目还专门成立项目建设领导小组，定期召开项目调度有关席会议。

### 二、项目情况

2006 年，总调度项目 9 个，分别为锦峰钢结构、中和能源、金洲产业园、纳米新材料、银泓纺织、金洲快速公路、省消防总队培训基地、金洲大道、碧桂园。启动建设 2 个，分别为锦峰钢结构、中和能源。

2007 年，引进各类项目 50 个，建成投产工业项目 3 个、在建项目 13 个、8 个项目启动建设，项目建设投入 16.45 亿元。锦峰钢结构、星港家居、中和能源 3 家规模企业项目建成投产。碧桂园宁乡项目投入 3.6 亿元。基础设施项目建设投入达 2.31 亿元，全年动工基础设施项目 12 个，新修园区干道 15 千米，高标准建设高新安置区、全民安置区、玉泉街安置区 3 个大型征拆安置小区。

2008 年，招商项目建设投入 20 亿元以上，新开工项目 40 个，新竣工项目有族兴、锦峰、星港、鑫烨、磐龙、铭鑫、中和能源、碧桂园一期 8 个，在建工业项目有三一重起、长高、邦普、圣得西等 27 个。

2009 年，新区新增竣工项目 36 个，完成投资 25.12 亿元。其中，有神塑科技塑胶胶管生产项目一期、赛瑞新材料一期、红宇耐磨基地等 8 个投资亿元以上项目，有金腾机械生产基地、鑫洲职能敷球机和数控软件生产线、红门职能环保栅栏生产等 6 个投资 5000 万～1 亿元项目。

2010 年，项目工程投入 45 亿元，调度项目 81 个，有 71 个产业项目，其中精量重工、瀚麒光电等 13 个项目竣工投产；有三一重起二期、长高高压开关、碧桂园酒店等 10 个续建项目，有鸿扬家装、宇浩机器等 33 个新工业项目，有深圳志海等 15 个计划新开工项目;有 10 个政投项目,包括美洲南路、银州南路、关山互通、2.3 千米排污主管网、6 万平方米安置房、2 万平方米标准厂房、4 万平方米绿化提质改造、水电配套工程等。

2011 年,总调度产业项目 54 个,其中新增竣工投产项目有中基路桥、三仁包装、艾森工业清洗剂、碧桂园酒店等 17 个;在建项目 24 个,包括博深、康荣、鸿扬、菲尔姆太阳能等 13 个新开工项目,续建项目有三一重起三期、长高等 12 个;计划新开工项目有族兴太阳能浆料、赛沃戒毒药品、华科特种陶瓷等 13 个。调度政投项目 15 个,完成投资 8 亿元,其中关山互通于 7 月 1 日竣工通车,完成玉天线 22 万伏线路改造、绿化提质等工程,启动总建筑面积约 9 万平方米的安置房建设,可安置 1500 名拆迁群众。新启动欧洲北路(关山互通连接线)、亚洲北路等 5 个重点路网工程。这些基础和配套设施项目为园区扩容提质打下坚实基础。

2012 年,全年总调度项目 75 个,其中产业项目 54 个、基础设施项目 21 个。全年实现新开工项目 31 个,其中产业项目 18 个,有融和家具、先导电陶、天和钻具、金洲存储、星邦重工等;基础设施项目 13 个,有欧洲北路(关山互通连接线)、亚洲北路、金沙西路等 6 条园区主干道的建设。这些道路的建设将拓展新区东部开发片区近 4 平方千米,5 条 BT 道路路面路基完工;启动 15 栋安置房建设,总建筑面积约 8 万平方米,已竣工验收;完成规划项目 71 个,其中完成1000 万～5000 万元项目 28 个;5000 万～1 亿元项目 13 个;1 亿元以上项目 30 个,入库建安综合税约 5200 万元。计划新开工项目有三一帕尔菲格、中崛供水设备、红宇国家级工程技术中心、宜家家居等 23 个产业项目,金林路、金园路、龙桥小区二期等 25 个基础设施项目。

2013 年,项目工程建设实现“三个第一”。根据长沙市工业园区通报,全年新区新开工项目个数、新引进项目个数等 3 项指标在全市“四区十园”排名第一,园区固定资产投入等指标名列第三。总调度项目 81 个,其中产业项目 50 个、基础设施项目 31 个。全年竣工项目 27 个,其中产业项目 21 个,有触控屏生产线、星邦重工、融和家具、微晶石墨、湘邵电力等;基础设施项目 6 个,有亚洲北路、金水东路、金沙东路、金沙西路等。

2014 年,总调度项目 101 个,其中产业项目 52 个(新开工项目 24 个、新竣工项目28个),政府投资项目49个。产业项目方面,杉杉新材、红宇耐磨工程技术研究中心、中崛供水设备、赛恩斯环保、然润堂、吉永盛汽车零部件等24个项目启动建设;普洛斯物流中心、先导电子陶瓷、金洲存储技术、鸿扬家装、欧乐家科技、华科高新等28个项目竣工。

2015年,总调度产业项目43个,续建项目23个、拟调度新开工项目20个。新开工项目有杉杉新材、美国新视野、红宇耐磨工程技术研究中心、赛恩斯环保、戴斯光电、中崛供水设备等11个,新竣工项目有普洛斯物流中心、先导电子陶瓷、金洲存储技术、鸿扬家装等18个。新区新开工、新竣工项目数量均为全市第一。

"十二五"规划期间,完成建设社会投资项目65个,完成1000万元以上政府投资项目30个。园区共建设标准厂房154.3万平方米(含企业自建),建设园区路网50千米,核心区范围内路、水、电等"八通"基本完善。高新区湖南省大学科技产业园和污水处理厂项目两个PPP项目被评定为湖南省第二批PPP示范项目。

2016年,调度项目75个,实现新开工项目31个,新竣工项目17个,新投产项目14个。园区3个政府投资项目被评为"长沙市建筑工程绿色施工工地""长沙市主体结构优良工程"等。全年完成政府投资11亿元。

2017年,总调度项目137个(其中产业项目52个、租赁项目51个、政投项目34个),在建项目92个,新开工项目50个,新竣工项目72个,新投产项目49个。金水西路标准厂房项目获"湖南省质量标准化工地"奖和"长沙市绿色工地"奖;全民安置区等2个项目获"湖南省安全标准化工地"奖;金水东路标准厂房及配套设施等5个项目获2017年度"长沙市优良结构工程"奖。

**三、项目管理**

2006年起,新区实行项目代办制度,帮助企业在宁乡县国土局、规划局、建设局办理相关手续,对项目开工条件进行严格审核,保证项目合法建设。2007年7月19日,随着新区的不断发展,工程项目的类别不断增多。为规范新城区内零星工程实施的管理,在操作中有章可循,制定《零星工程管理办法》。《办法》规定:将工程费用在80万元以内,最终结算造价在100万元以内的工程项目,确定为零星项目工程。

2008年,园区项目建设从源头选准施工队伍,在施工中实行精细管理,有效保证工程质量。对于政府投资项目,抓好投资控制,园区制定《工程计量管理办法》《征拆工作管理办法》,成立专门结算组,使工程建设和计量结算既互相协调又互相监督。

2012年起,为加快推进新区重大项目建设、帮促重点企业发展,促进园区经济又好又快发展,成立"两帮两促"工作领导小组。刘永红任顾问,廖非平任组长,班子成员为欧立新、曾辉、张阳生、刘颖、朱文祥、张学秋任副组长,管委会、新城公司内设局(部)室负责人为领导小组成员。领导小组下设办公室,朱文祥兼办公室主任,姚有明负责办公室日常工作。"两帮两促"工作领导小组根据项目建设情况进行调度,对收集的问题进行筛选,对帮促项目情况进行总结,对解决问题的情况进行通报。园区制定《金洲新区施工单位考核办法 》,针对高新区范围内开展的施工招投标项目的施工单位,按照"实事求是、客观公正、科学合理、重在激励"的原则,采取自查与检查相结合,定量考核与定性考核相结合,全程考核与年终考核相结合的办法,开展园区施工单位考核工作。凡年度考核评定为优秀的企业,由管委会通报表扬,为得分在前三名的企业颁发荣誉证书和奖金(不足三名按实奖励)。免费在新区网站或各种展会上对优秀企业进行宣传,并推荐参与有利于企业发展的各类活动。对年度考核不合格的企业,视具体情况,给予通报批评,并限期整改。



2013年,园区对项目建设中遇到的困难和问题,实行限时办结制度。承办单位限时办结,不能办结的必须说明原因,办结结果由新区监察室督查,并纳入新区考核。新区根据合同约定的项目建设时间要求,与各项目签订项目建设责任状。超过1个月未启动建设的为黄色预警,超过3个月的为橙色预警,超过6个月的为红色预警。根据不同预警,采取约谈、限期整改、重新确定供地政策、解除合同、收回用地等办法,督促项目启动建设。同年,新区结合《"四优四强"评比暨绩效管理考核实施办法》,实施《在建产业项目考核办法》《施工企业考核办法》《监理企业考核办法》。园区对项目进行过程化、系统化的考核管理,对优秀的队伍进行宣传推介,将评价差的单位列入黑名单,以此提升项目建设水平。针对新区工程建设、财务、征拆等廉政风险点较为集中的岗位,园区制定《宁乡金洲新区建设项目工程结算及内审管理办法》《宁乡县新城开发建设投资有限公司财务管理制度》等,实行"三公开、三公示"的公开制度。通过制度建立和完善预防体系,确保事前管理、事先预防。

2014 年 8 月 1 日起,根据中共宁县委、宁乡县人民政府印发的《关于明确金洲新区工业集中区管理体制及职能权限的意见》(宁发〔2014〕11 号),新区项目招投标管理工作由区招商局负责管理和执行,县公共资源交易中心加强业务指导和监管。区招商合作局下设的高新区招标投标领导小组办公室负责该区内的招标投标监督管理工作,具体实施建设工程招标投标的日常工作,制定和执行《金洲新区工业集中区招标投标管理实施细则》。在此之前,金洲新区工业集中区工程招投标管理工作由宁乡县公共资源交易中心负责管理工作。政府投资项目、企业单位招投标必须通过公共资源交易中心统一进行招投标。

2016 年,园区项目监督监管向日常化发展。第一时间组织召开新落户项目任务交办会,通过责任清单制、问题销号制,对产业项目的建设部门、责任主体、交办时限等一一进行明确,确保项目按既定目标推进;纪检监察室主导出台《督察督办暂行办法》《作风建设和效能问责暂行办法》,制定《在建产业项目考核办法》《施工企业考核办法》《监理企业考核办法》,编制 28 期《工作铺排》和《完成情况表》,全年办结事项 560 多项,出台督查通报 54 期,谈话提醒干部职工 26 人次。园区坚持项目工程定期调度,每一个新引进项目按照企业投产时间,制定一个工作倒计时铺排表,纪检监察室每天通报一次进度,每周进行一次汇总。当年召开项目现场会、调度会 50 余次,解决九龙仓燃气管道迁移、沃特玛落户等项目问题 200 多个,出台督查通报 54 期。深化行政审批制度改革,清理规范涉企行政职权,编制权力清单 204 项,编制责任清单 195 项,编制流程清单 51 项。通过归并取消审批事项、技术与行政审批分离,提供全程服务等举措,园区最快行政审批流程仅 15 天。宁乡高新区《关于优化建设项目审批流程的实施意见》成为全省审批标杆。

2017 年,为突出品质园区建设,狠抓品质管理,园区定期召开建没单位、施工单位、监理单位、设计单位、地勘单位五方责任主体的讲评会。园区出台新的黑名单制度和施工监理勘察设计单位考核办法加强考核,定期召开项目责任主体单位评比会。园区建立光荣榜、黑名单，对做得好的给予奖励，对做得不好的给予惩罚，帮助业主选择项目管理机构，在源头上把关项目质量。对现场不文明、施工不安全、质量不达标准的问题，特别是未批先建、未按设计施工等问题，园区组织人员加强巡查、严格执法、依法处罚。一方面，对五方责任主体进行定期考核，加强痕迹化管理，进一步优化园区建设环境；另一方面，继续抓好文明施工监管，尤其是对渣土运输沿线不清理、不净车出场、不设围挡、建筑垃圾乱堆放、占用绿化带等情况严加管理，对情况严重的项目，园区对其依法处罚。

同年，园区对在建项目按“天、周、旬、月”建立四级调度体系，采取专人负责、跟踪落实的方式，全面实行手续全程代办“一条龙”服务，优化流程，应简尽简。园区制定《宁乡高新区政务服务事项全程代办工作实施细则(试行)》，筹备成立管委会全程代办服务中心，明确各部门代办员，各部门联动高效推动全程代办服务。园区编制新区项目服务指南，所有审批做到有法可依、有制度可循，切实为园区企业提供最优质的服务。



## 第三节　安全管理

### 一、机构

2007 年 8 月 30 日，为加强金洲新区安全生产管理，经管委会主任会议研究决定，成立金洲新区安全生产领导小组。领导小组下设办公室，负责园区内建设项目和入园企业安全生产日常管理、督查和与有关部门联系、协调等工作。

2013 年 6 月 7 日，金洲新区安全生产监督管理站(以下简称“安监站”)成立。8 月 14 日，经新区管委会研究决定成立安全生产委员会，廖非平任主任；安监站、产业发展局、规划住建局、工程建设部、惠民物业公司、城管分局、金洲镇派出所、历经铺乡派出所、夏铎铺派出所为成员单位；安委会下设办公室，为安委会的日常工作机构。

2014 年 8 月，管委会主任郑旗任安委会主任，其他班子成员任副主任，下设各局、室、国有公司为成员单位；安委会下设安委会办公室，作为安委会的工作机构。安委会办公室设在安监站，办公室主任由经济发展局局长兼任。2015 年 3 月，管委会副主任田奇晖分管安全生产工作。12 月，由副主任苏继桃分管。

2015 年 9 月，园区制定《宁乡高新技术产业园区安全生产职能职责规定》，成立安全生产委员会，由经济发展局内设安全生产监督管理站牵头负责安委办日常工作。2016 年 2 月，刘颖分管安全生产工作；10 月，副主任苏继桃分管安全工作，潘剑灵兼任安委办主任，喻伟兼任安监站站长、张喜红任副站长。

2017 年 9 月，按照“管行业必须管安全”的要求，主任郑旗负责安全生产工作，副主任苏继桃协管，副主任喻晓、刘颖负责分管领域安全生产工作。10 月，宁乡市安全生产监督管理局派驻案件执法大队（2 人）协助园区开展工贸行业安全监督工作。

**二、安全生产监督**

2006—2010 年，金洲新区建立健全《安全生产例会制度》《安全生产日常检查制度》《安全生产“一票否决”制度》《安全生产目标管理与奖惩制度》《安全生产培训教育制度》《事故隐患排查管理制度》等相关制度。

2009 年 1 月，宁乡县金洲新区管理委员会制定《金洲新区安全生产领导小组工作规则》，明确安委会的职责是在园区管委会领导下，研究、部署和指导园区安全生产工作；定期分析园区安全生产形势，研究协调和解决安全生产中的重大问题；督促各村、各部门、各企事业单位安全生产职责的落实；协调安全生产领导小组各成员单位的安全生产工作，并对各有关部门的安全生产工作进行督促检查；必要时，协调园区各部门、各村、各企事业单位迅速调集人员参加重大事故应急救援工作。

2011 年，园区制定《园区工业企业安全生产隐患排查整治行动实施方案》，协助宁乡县安监局开办非高危行业企业主要负责人和安全员培训班，组织开展“安全生产年”“安康杯”等安全宣传教育活动。

2012 年，金洲新区全面推进安全生产标准化建设。是年，达标企业 8 家。2013 年，园区督促企业加快安全生产标准化创建、安全生产自查自纠等工作，动态监测园区企业安全生产情况。红宇新材、天和钻具、龙丰铝业、星城微晶石墨等39家企业达到安全生产标准化三级以上标准,族兴取得二级安全生产标准化证书。

2014年3月29日,园区修订完善《金洲新区工业集中区管理委员会处置安全生产事故应急预案》。3月中旬至12月底,开展为期10个月的"打非治违"集中行动。全年召开两次安全生产大会,向入园企业和项目下发安全生产目标管理责任书。8月,县安监局授权委托园区开展行政执法,完成执法检查企业18家,排查隐患91条;配合县安监局和粉尘防爆专家对园区12家存在粉尘的企业进行全面排查,确认存在粉尘爆炸可能的企业5家,并下达整改文书和专家意见书。同年,新增三级安全生产标准化企业11家。

2015年5月19日,园区组织入园企业和企业在建项目、政投项目召开安全生产大会,管委会和新区企业、项目方业主签订安全生产目标管理责任书,发放《安全生产文件汇编》和《企业安全生产重点工作清单》。强力推进企业安全生产标准化创建,12家企业完成安全生产标准化达标创建。安监站制定《金洲新区安全生产执法检查计划》,对65家企业进行安全生产执法检查,发现安全隐患152条;聘请安全专家针对15家涉危、存在粉尘爆炸危险的企业进行专项检查,发现并整改问题65项。安监站组织消防大队、派出所等部门开展联合检查,共检查门店257家,发现安全隐患105条,均下达限期整改文书。邀请县消防大队专家进行消防知识讲座,组织企业相关人员参加安全生产培训和职业卫生培训。

2016年,园区制定《宁乡高新技术产业园区安全生产职能职责规定》。建立健全"党政同责""一岗双责"等安全生产责任制度,明确从工委书记到一般干部的安全生产职责;对各投产企业、在建项目、内部局室、驻区机构、委属公司实现安全生产目标管理考核全覆盖;执行安全生产例会制度和"一月一通报"制度。重点开展"厂中厂"、消防安全、建设项目安全生产和文明施工、道路交通安全、特种设备、有限空间作业及职业病危害等专项整治行动60余次。6月,在鸿扬家居组织大型火灾事故应急救援演练,14家企业代表观摩;指导三一起重机、邦普循环、特种金属材料、金锦桥等公司开展危化品、有限空间作业等预案演练。10—12月,开展"一打三整"(打击刑事犯罪、整治交通乱源、整治治安盲区,整治安全隐患)专项行动。

2016年,安监站共检查企业102家,督促整改安全隐患400多处,立案处罚

3起，责令暂时停产整改企业6家，督促16家企业安全生产标准化达标；安监站对36个建设项目工地每月进行一次检查；派出所检查企业80余次、建筑工地10次、学校和幼儿园十余次，对安置区、住宅小区、银太商业街的消防安全进行全覆盖检查，共下发消防责令改正通知书40多份，办理消防行政案件13起，消防行政处罚13人次；市监所对管辖范围内45家、222台电梯进行全面检查，并会同县市监局对80多家特种设备单位进行专项检查。结合"安全生产月""职业病防治宣传周"，组织企业参加"考法学法"、安全知识竞赛等活动；组织相关人员参加粉尘防爆、有限空间作业等专题业务培训，提高安全管理能力。

同年，园区制定《2017年"落实企业安全生产主体责任年"活动实施方案》《宁乡高新区领导安全生产工作责任清单》《企业入园须知》《企业厂房租赁安全生产管理规定》，全面摸清园区企业租赁情况，规范厂房出租行为；开展"厂中厂"专项整治、有限空间作业专项整治、职业病危害排查治理、企业违建专项整治、道路交通安全、安置区、棚户区、学校消防安全、安全生产大检查等专项整治行动，开展联合执法行动。

同年，安监站共检查企业128家次，复查127家次，下达责改文书112份，责令暂时停产9家次，立案处罚7起，罚金12万元；同时，督促企业开展职业病因素检测和员工职业健康检查，督促落实职业病防护设施"三同时"制度；组织湖南展通安全科技有限公司人员对园区进行全面检查，对发现的问题逐一下达整改文书，并由安监站组织复查；要求东鑫环保、博海节能、裕丰、沃特玛、中车同力等13家企业进行安全设施"三同时"手续办理。规建局对18个在建项目每周进行一次安全生产检查，下达限期安全整改通知50余份，提出安全隐患约400条，全年下达停工通知16次，下达不良行为告知与认定各两次；派出所共检查200余家次，办理消防行政案件34起，消防拘留5人；市监所开展特种设备专项整治两次，对辖区内222台电梯全部监管到位，对问题电梯和未按期检测的14台特种设备进行查封或立案处罚。新创建安全标准化企业11家，复评6家，创建职业危害尘毒治理示范企业1家；组织企业参加安全培训7次。

# 第四节　城市管理

## 一、机构

2006年12月，宁乡县城市管理局开始组建金洲城管中队，以县城管局派遣4人、金洲乡政府派出3人、夏铎铺镇派出3人、金洲新区管委会派出1人的形式组成。

2008年3月17日，宁乡县控违拆违执法大队金洲中队成立。组成人员17人，其中城管局15人、金洲镇1人、夏铎铺镇1人。

2013年3月12日，根据宁乡县城市管理和行政执法局机构改革方案，设置区域城管分局。金洲中队更名为金洲分局，配置人员10人，全部由县城管局派出人员组成。2016年3月，金洲分局更名为高新区分局。

2016年11月，高新区城管分局更名为高新区城管中队。至2017年无变化。

## 二、城管执法

2011年，为加强创新管理，推进城管精细化工程，加强控违拆违工作，金洲分局以金洲南北线为界线，将辖区划分为东、西两个片区，分别由2名副局长任片区负责人。每组配执法车辆1辆、人员4名。

分片管理机制实施后，各片区对区域内的规划建设、环境卫生、经营秩序、市政公用、园林绿化、治安交通、便民服务等城市管理项目实行全方位管理。分局制定的巡查制度、巡查签到制度、拆控违制度等各项制度在分片管理中得到落实。东、西两片区坚持对所辖管控区每日一巡查，在每个村(社区)设立1名信息员，队员每天巡查时均要求与信息员交流并签名，对拆控户的季度回访也按时落实，及时了解拆控户的思想状况和诉求。这些创新举措较好地达到"和谐管理、文明执法、精细服务"的目标，做到"管理零差错、执法零投诉"。

2012年，城管中队依据"更新城市治理理念，完善城市治理体制、创新城市治理方法"的工作思路，以"提升城市品位，优化人居环境"为目标，实现城市管理精细和谐，城管金洲分局在辖区内实行网格化管理。以园区核心区域为板块，以全民、龙桥、高新、同兴4个自然村为单位，将4个自然村分为4个块状网格，每个网格内安排2名执法队员挂牌管理，将每个网格内的企业、中小学校、建筑工地等整合在一起划分为单位型网格，每个网格内整合城管队员、高新区惠民物业公司卫生员、志愿者等服务力量。由此，组成一张覆盖广、涉面全的城管网。至此，“大城管”格局形成。

2013年3月，根据宁乡县城市管理和行政执行局机构改革方案，设立城市管理监督指挥中心。指挥中心负责数字化城市管理系统的日常维护与管理，对城市管理问题实现快速发现、精确定责、及时处置、有效监管，解决信息传递滞后、管理粗放、效率不高等问题。金洲分局5名队员被确定为现场信息采集员。信息化成为城市管理大跨越的“加速器”。与城管执法队员巡查同步，辖区内出现的各种违法、违章行为第一时间被信息员采集、汇总到数字中心。随后，数字中心发出指令，执法人员迅速到位，及时处理违法、违章行为。中心随时监督问题处理过程，及时发布处理结果。城市管理的信息化支撑、协同化服务成为高新区城管综合体系中的重要发力点，及时高效地解决了诸多管理问题。



2014年，分局(中队)先后6次组织11台次宣传车在辖区范围内全方位宣传《中华人民共和国城乡规划法》及控拆违相关政策。组织队员将县人民政府控制违章建筑相关政策以喷涂形式宣传到所辖两镇一乡控制范围内的每个村组。是年，金洲城管分局共查处园区各类违法案件800余起，立案48起。其中，处罚车辆带泥污染道路案14件，处罚运输散装货物未经覆盖案18件，处罚擅自处置渣土案3件，处罚水泥罐车运输混凝土沿途撒漏案3件，处罚焚烧垃圾案5件，处罚擅自设置户外广告案8件，处罚店外经营案10件，处罚违法停车案88件。其中，罚款8万余元人民币，拆除各类违法设置广告牌3000余平方米、招牌200余块、横幅300余条。取缔、劝离擅自占道摆摊设点38户，劝离流动摊贩48户。共派出80余人次维护职业中专学校高考、中考等考场秩序及学校放月假秩序，对学校周边环境进行20多次专项整治，取缔流动摊点15户，劝离流动摊点20余个。截至10月，城管金洲分局共对各种违法建设工程依法立案524起。



2016年，分局(中队)共拆除148户违法建设工程，拆除面积29256.28平方米;控违 92 户,控违面积 6800 平方米。其中,协助光普五期征拆,拆除 85 户违法建设工程,协助龙桥、同兴分别拆除 11 户、91 户共 102 户违法建设工程,3 处拆违面积共 18700 平方米。5 月 11 日,高新区城管分局在高新区管委会、金洲镇政府、夏铎铺镇政府等多个部门的配合下,组织拆违队伍,对历时 3 年未能拆除的金洲镇同兴村退休职工文某某违建棚屋予以拆除。是年,对市区主次干道及五大安置区集中整治 136 次。纠正违规店外、占道经营 183 起,处罚 27 起;清理沿街晾晒、堆物共 312 次;清理"牛皮癣"小广告 40 余处、2100 余张;拆除落地灯箱 47 个;拆除破损及非法设置广告牌 112 块,处罚擅自设置户外广告 8 起,拆除横幅 185 块;劝离、清理流动摊贩 75 次;纠正夜宵摊点、油烟排放及噪声超标 15 处;清除岩石坡 27 处。拆除全民安置区、同兴安置区破损广告牌 20 余处。发放"门前三包"责任书 586 张。共发现查处渣土污染路面 113 次,处罚渣土污染路面案 17 起,如欧洲北路九龙仓工地污染、沃特玛工地污染等。

2017 年,分局(中队)对五大安置区进行市容市貌整治,分别拆除五大安置区内的破损广告牌 100 多处、招牌 60 余处、横幅 120 余处、"牛皮癣"小广告 300 余处等,对乱堆乱放的 12 处地方予以清理,收缴灯箱 7 个,拆除龙桥遮阳遮雨棚 22 处,清理美洲路门店遮阳布十余处。

对全民安置区有帐篷的 12 处夜宵店和饭店进行摸底,拆除 14 处帐篷,并对全民安置区某饮食店油烟净化设施,包括其在内的共 11 家夜宵店的店外经营下达责令整改通知书。每天多次对各大安置区门店进行纠违,上门做工作,要求各店主进店经营。整治劝离泉洲路口航空学校招聘搭棚、沃特玛工地流动摊贩、金洲大道碧桂园段西瓜流动摊贩、澳洲路流动摊贩、金洲明珠流动摊贩、同兴一卖窗帘的流动摊贩、金洲大道长高段的流动摊贩等 140 余次。对金洲大道碧桂园段一摆摊设点流动摊贩暂扣物品,到办公室立案处理;对金洲北路大科园辅道上堆放铁件的情况,找到当事人陈某某立案处理并处罚。劝导店外经营 200 余次。对龙桥安置区天润购物超市前人行道上推销汽车的情况立案处罚。

同年,制定运输与清洗分离的渣土清洗体制,形成违规工地先行清洗,后在工程款支付时扣抵清洗费用及罚款的快速处理机制。对邦普五期、沃特玛、鸿捷、中锂二期、金洲新城、碧桂园等未净车出场的工地立案 20 起,罚款 4 万元。

同年，分局（中队）协助新城公司征拆200余户，参加沩桥区域违建的拆违行动。对有违法建设工程的长沙烨海机械科技有限公司、湖南金城人防有限公司、长沙超峰印刷有限公司、长沙三仁包装有限公司、湖南磐龙安全系统股份有限公司、湖南蓝盾消防有限公司6家企业启动法定强制拆除程序，下达行政处罚决定书，要求其拆除。并对违建户三仁、超峰上门催拆。对长沙锦峰重工科技有限公司的违建进行查处，并下达行政处罚决定书。对碧桂园20余起违建进行查处、立案并拆除。

同年5月、6月，中央环保督查到湖南省，涉及高新区城市管理方面的投诉有4件。在管委会的领导下，分局人员加晚班137人次，下达责令整改通知书30多份，对全民安置区夜宵查处，严厉处罚渣土污染。对中基路桥、同兴小学焚烧垃圾立案查处，协助封查歌厅1个。

## 第五节　人力资源和社会保障管理

### 一、机构

2007年，宁乡县人力资源和社会保障局金洲新区分局成立。2015年，更名为宁乡县人力资源和社会保障局高新区分局。2017年，更名为宁乡市人力资源和社会保障局高新区分局（以下简称“人社分局”）。人社分局主要负责宣传政策法规、协助企业招聘、指导员工培训、建设人力资源队伍、落实人才新政、调解劳资纠纷、建设和谐劳动关系等方面的工作，助推企业发展。

### 二、服务企业

2011年年初，与县人社局联合组织“魅力宁乡，相约金洲”大型人才交流会。参与该次招聘会的共有三一重起、碧桂园、圣得西等80家用人单位，招聘会提供近6000个就业岗位，招聘规模和规格均属近年来园区县之最。有35000多人参加该次招聘会，最终有4000多人达成就业意向。

2016 年，人社分局组织企业参加“春风送岗”“逢五逢十”“校企招聘”“扶贫送岗”“专场招聘”等招聘活动。全年，园区共有 86 家企业参加招聘，累计提供 8000 余个工作岗位。

2017 年，人社分局组织园区企业参加县人力资源市场“逢五逢十”招聘会 24 场次。组织园区企业参加新化县、安化县、怀化市人才市场招聘，共达成就业意向 446 人。为解决湖南沃特玛新能源有限公司缺工难题，带领沃特玛公司人员到 29 个乡镇进行专场招聘，现场面试，共达成就业意向 949 人。10 月初，配合人社局、总工会开展“送培训到园区企业”活动，为三一重起、长高成套、邦普汽车、华力通、戴斯光电、耐特、博得科技、沃特玛培训电工 80 人；为三一、长高成套、金锦桥、沃特玛、博得科技、东屋电力、华力通、精量重工培训焊工 70 人。12 月 8 日，召集园区企业代表和宁乡县职业中专校企合作工作会，三一汽车起重机械有限公司、东方时装分别与职业中专签订定向委托招聘培训合作协议，职业中专共输送学员 136 名。积极对接长沙、冷水江、怀化等地院校，招纳专业技术人才。12 月 26 日，组织园区企业代表、湖南商学院、圆梦众创空间负责人召开校企合作洽谈会，湖南商学院与圆梦众创空间签署合作协议。长沙博朗思达新材料科技有限公司、湖南立达高新材料有限公司、湖南德莱恩新材料科技有限公司、湖南众源电子科技有限公司被评为长沙市创新创业带动就业示范基地。



**三、处理劳资纠纷**

2016 年，人社分局共调处 82 起劳资纠纷，解决拖欠工资 335 万余元。特别是针对伟特家居大规模欠薪问题，及时协助劳动监察大队立案，充分做好耐心细致的解释工作。同时，重点加强在建项目工地日常监管巡查工作，特别以农民工工资支付、工程项目违法分包转包情况为重点。通过日常监管，有效防止“以包代管、违法分包”及“包工头携款潜逃”事件发生，维护农民工的合法权益。如对碧桂园山湖城项目、欧乐家科技公司拖欠大额工程款问题提前做好应对预案，及时化解三方矛盾，有效维护园区社会和谐稳定。



2017 年，人社分局共受理举报投诉 63 例，发放工作督办函 10 件，协商处理 60 例，劳动保障监察大队立案事项 1 例（伟特家居）。以培训、座谈走访等形式宣传政策，让企业守住法纪的底线，规范用工行为，规避用工风险。

## 第六节　社会事务管理

### 一、机构

2005 年 9 月，根据宁乡县委、县政府指示，成立全城线指挥部。指挥部设立征拆科，又称综合管理部，负责园区拆迁及综治维稳工作。2010 年成立社会事务局，负责园区综治维稳、平安园区建设、信访、征拆补安、环境维护（企业周边和项目施工环境）、民生等工作。

2011 年，金洲新区成立以廖非平任组长、曾辉任副组长，社会事务局，金洲、夏托铺、历经铺派出所相关负责人为成员的社会治安综合治理工作领导小组。2012 年，根据工作需要，将社会事务局人员分为 2 个组，由 2 名副局长带队，一组负责拆迁、安置；一组负责征地、零星补偿、综治维稳、企业服务及其他社会事务。

### 二、综治维稳工作

2010 年，配合当地派出所打击涉及影响金洲新区经济发展环境的行为，劳教 49 人，治安拘留 106 人。

2011 年 5 月，三一重起职工接送车发生交通事故，造成当地群众 2 人死亡。这原本是一起单纯的交通事故，但由于双方缺少沟通，导致当地群众情绪比较激动。管委会领导得知情况后，亲自带领社会事务局相关人员出面做工作，积极与当地群众沟通，最终该问题得到妥善处理。针对园区内发生的恶性阻工和偷盗现象，园区联合派出所、城管、县征地办等部门加大打击力度。同时，成立金洲治安巡逻队，保证 24 小时不间断巡防，为人民群众和园区内企业的正常工作、生活及财产安全提供有力保障。

2012 年，打击强揽工程、强接业务、敲诈勒索等行为。配合公安部门在新区范围内共治安拘留 54 人、刑事拘留 18 人，做到出警及时、打击有力，切实增强企业和群众的安全感，为新区的发展创造良好的环境。

2015 年，全年组织和协调镇村、3 个派出所处理各类施工环境问题 150 多次，治安拘留 16 人，训诫、带离施工现场 24 人次。

2016 年，加大力度打击恶意阻工、无理取闹等违法行为。全年治安拘留 11 人，训诫、带离施工现场 32 人次。督促公安机关加大对各类违法行为的打击处理力度，依法对挟持九龙仓项目部员工索要工程款的包工头进行刑事拘留，对挑头围堵金洲大道的 3 人进行治安拘留。

2017 年，为使综治维稳、平安创建工作的各项措施真正落到实处，把综治维稳、平安创建工作作为各部门、各企业绩效考核的重要指标，与各单位、各企业签订综治维稳目标责任书，分解任务，量化指标，使维稳工作人人头上有压力、有目标责任。

**三、接访工作**

2011 年，制定《金洲新区群众来信来访接待制度》。明确接待人员、接待时间和接待地点，每天上午 8 点 30 分至 11 点 30 分安排专人定点接待，主要领导每周接访 1 天。规定涉及征拆的问题必须在星期一跟主管领导汇报后，由接访人员在 5 个工作日内电话答复或当面答复信访人。涉及其他局、部、室的问题，提请其他局、部、室领导共同研究，必须在 10 个工作日内答复信访人。全年共接待来访人群 41 批次，涉及 140 人。



2012 年，全年共接待群众来信来访 119 人次，涉及信访问题 49 个，全部进行答复处理，其中 24 个问题当场解释、解决，集中研究解决 18 个，协调处理 7 个，真正做到把问题调处在一线。针对群众上访反映的问题，承办人在一个星期之内反馈调查处理结果，如反映的情况是复杂的、一时难以解决的，须在每周的碰头会议上提出并集体协商，拿出处理意见，15 天内必须将处理意见告知来访群众。全年共接待来访群众 500 多人，处理信访问题 20 多起。



2016 年，全年共接待来信来访 74 次，均按照相关信访要求进行答复和解释。

2017 年，坚持领导定期接访和社会事务局日常接访相结合，拓宽群众诉求渠道，对群众反映的问题进行分类处理、限期办理、办结销号，做到有访必复、有件必办，事事有回音、件件有结果。全年共接待来访人员 58 人次，均按照相关信访要求进行答复和解释。

# 第十章

# 党政群团

红宇新材
推动未来
红宇新材院士专家工作站
中南大学研究生工作站
中南大学博士生工作站
中南大学抗磨材料研究所

# 第十章　党政群团

## 第一节　中共组织

### 一、组织机构

1. 中共宁乡高新技术产业园区工作委员会(以下简称“党工委”)

2006 年 12 月 27 日，中共宁乡金洲新区管理委员会党组成立，刘永红任党组书记。2007 年年初，金洲新区成立党建工作领导小组(以下简称“党组”)，刘永红任组长。党组下设办公室，负责管委会党的组织建设的日常事务。

2009 年 1 月，经中共宁乡县委批准，中共宁乡金洲新区委员会成立。设书记 1 人、副书记 1 人、党组成员 3 人。2011 年，金洲新区党委下辖 18 个支部，其中“两新”支部 17 个、机关支部 1 个，直管党员 266 人。新设立党群办，实行专人专管。

2012 年，中共宁乡金洲新区委员会由 8 人组成，其中书记 1 人、副书记 2 人、党委委员 5 人。园区党委下辖支部 35 个，其中机关支部 1 个、联合支部 1 个、企业支部 33 个，党员 286 人。

2013 年 5 月 14 日，湖南省机构编制委员会办公室下发《关于中共金洲新区工业集中区工作委员会金洲新区工业集中区管理委员会机构规格的批复》(湘编办复字〔2013〕31 号)，明确中共金洲新区工业集中区工作委员会、金洲新区工业集中区管理委员会为副处级机构，合署办公。核定金洲新区党工委、管委会机关开发区专项编制 35 名。其中，党工委书记 1 名(根据金洲新区工业集中区实际情况，经请示省编委办同意，管委会书记由宁乡县 1 名县级领导兼任，不占领导职数)，工委副书记(管委会主任)1 名(副处职)，党工委副书记兼纪工委书记 1 名，工委委员(副主任)3 名(正科职)。

2014 年 4 月 3 日，因园区机构升格、班子调整和工作需要，园区党工委、管委会决定调整领导班子成员分工：

刘永红任党工委书记，主持园区全面工作。负责党务、党风廉政建设工作，联系招商引资工作。

郑旗任党工委副书记、管委会主任。主持管委会日常工作，负责规划编制及管理、项目调度、征拆补安、用地报批挂牌、拆违控违、计划生育、综治、信访、部门和相关乡镇及上级部门协调工作，联系社会事务局、规划建设局、城管分局、国土分局、人社分局。

欧立新任党工委副书记、纪委书记。分管党务、人事、宣传、纪检监察、作风建设、内部审计、预决算以及县委、县政府布置的中心工作；联系办公室、纪检监察室。

曾辉任党工委委员、管委会常务副主任。分管财政税收、融资、财政资金双控、资金调度、国资管理、非生产性经费管理、物业管理，联系财政局、工商分局、新城公司、物业公司、测绘公司。

刘颖任党工委委员、管委会副主任。负责产业发展战略研究和项目建设工作，分管招商引资、政府采购和招投标工作，联系招商合作局、联合工会。

田奇晖任党工委委员、管委会副主任。分管产业项目调度、产业发展、安全生产、“双百”服务、项目申报、“两型建设”、向上争资、创业富民、基地建设、科技、环境保护、统计等工作，协助招商引资工作，联系经济发展局。

2015 年 12 月 7 日，党工委、管委会经集体研究，对领导班子成员分工再次调整。苏继桃任党工委委员、管委会主任，负责科技、教育、环保、人社、统计、“135”工程和“一园一中心”建设，分管安全生产、产业发展、项目建设申报、“双百”服务、基金设立和运营；联系经济发展局、环保分局、人社分局、大学科技园资产管理公司、恩吉实业公司。12 月 31 日，中共金洲新区工业集中区工作委员会更名为中共宁乡高新技术产业园区工作委员会。

2016 年 2 月 15 日，党工委、管委会经集体研究，对领导班子成员分工进行第三次调整。刘永红、郑旗分工无变化。欧立新负责纪检监察，分管党建、群团、综合协调、宣传、绩效管理、内部审计、督查督办、文明创建、法治建设、工会联合会以及县委、县政府布置的中心工作;联系办公室、纪检监察室、工会联合会。曾辉负责财政财务、公司运营、财源建设和税务金融等工作,分管国土、国资管理(含政府采后监管)、安全生产等工作,统筹向上争资工作;联系财政分局、国土分局、高新控股集团。苏继桃负责社会管理、科技创新、创业服务、国家级高新区申报、“一园一中心”运营管理、政法综治、城市管理、科教文卫、安全生产、信访和计划生育等工作,协管高新控股集团;联系社会事务局、城管分局、湖南省大学科技产业园、湖南省知识产权运营服务中心。刘颖负责招商引资、产业经济,分管改革发展、行政审批、政府采购和招投标、统计、基金运营管理、安全生产、“135”工程、外经外贸外资等工作,协管园区规划、项目建设和项目申报工作;联系经济发展局、招商合作局、规划建设局、人社分局。

2017 年,党工委职责分工及编制无变化。

2.园区机关党委和企业党委

2007 年 5 月 28 日,中共宁乡县直属机关工作委员会批准成立中共宁乡金洲新区管理委员会机关支部委员会。支部委员会由 5 人组成,设书记 1 人、副书记 1 人。7 月 12 日,贺立权为机关支部书记,李合平为机关支部副书记。

2011 年 11 月 8 日,中共宁乡县金洲新区新经济新社会组织联合支部委员会成立。周海鹏任书记,颜石任副书记,喻伟、陈顺龙、黄爱勤任委员。年底,新区党委下辖支部 18 个,包括 17 个“两新”支部、1 个机关支部,266 名直管党员。金洲新区党委成立由管委会书记刘永红任顾问,管委会主任廖非平任组长的党建工作领导小组,加强对企业党的建设的领导;成立中共金洲新区新经济新社会组织联合支部委员会,主动加强与业主的沟通、联系,就相关工作征求意见,确保“两新”组织内党组织工作开展。金洲新区管委会新设立党群工作办,把党、工、青、妇等工作从办公室分离出来,实行专人专管,职责更加明确,从机制上保障工作落到实处。

2012 年 1 月 9 日,金洲新区机关支部党员大会选举产生欧立新、彭波、廖立方、颜石、黄智明、马建新、姚有明等,他们组成的新一届中共宁乡县金洲新区管理委员会机关支部委员。欧立新任机关支部书记,彭波、廖立方任机关支部副书记,颜石任纪检委员,马建新任组织委员,黄智明任统战委员,姚有明任宣传委员。下设 5 个党小组:第一党小组为综合线(欧立新、办公室 7 人、党群办 2 人);第二党小组为财政线(廖非平、张阳生、财政局 4 人、投融资部 2 人);第三党小组为社会事务线(曾辉、社会事务局 4 人、综合管理部 1 人、物业公司 1 人);第四党小组为产业招商线(刘颖、张学秋、产业发展局 3 人、招商局 2 人);第五党小组为工程线(朱文祥、总工室 4 人、工程部 2 人)。

2013 年 5 月,中共金洲新区工业集中区工作委员会成立。在县委、县政府的领导下,在县委组织部和县"两新"组织党工委的具体指导下,园区党委坚持以党的建设促进企业健康发展,着力抓组织覆盖、抓巩固提升、抓作用发挥,切实加强"两新"组织党的建设工作,有效促进园区经济社会又好又快发展。园区共组建"两新"组织党支部 35 个,党员 286 人,实现党工共建一体化、园区企业全覆盖。

2014 年 8 月 1 日,中共宁乡县委、宁乡县人民政府出台《关于明确金洲新区工业集中区管理体制及职能权限的意见》。《意见》规定金洲新区工业集中区党工委、管委会是市委、市政府的派出机构,委托县委、县人民政府管理。同时,批准成立金洲新区工业集中区纪检监察机构,按照干部管理权限,负责园区纪检监察工作。

2015 年 12 月 31 日后,根据湘编办复字〔2015〕67 号文件,新区正式更名为中共宁乡高新技术产业园区工作委员会(以下简称"党工委"),并设立纪检监察室。

2016 年 12 月 14 日,中共宁乡高新技术产业园区工作委员会下发〔2016〕79 号文件,批复成立中共宁乡高新技术产业园区非公有制企业委员会。欧立新任书记,任永霞、邵宝胜任副书记,成湘南、刘辉、刘惠林担任专干。

2017 年,企业党委组织机构无变化。

**二、基层组织建设**

2007 年,园区第一家企业支部湖南东方时装有限公司支部成立。

2009 年,碧桂园、神塑、合丰、族兴、银太、金洲物流、邦普、鑫烨、博得 9 家企业支部成立。

2010 年,三一集团宁乡分公司支部成立。

2011年,园区指导符合条件的星城石墨、星港家居等8企业成立党支部。是年,圣得西、红宇、族兴、碧桂园等16家企业建立党支部。针对企业党员流动性大的特点,园区对不适宜单独建支部的,如恩吉创业、东鑫环保等小型企业,通过组建联合支部加强党组织建设。将"两新"联合支部建立在特耐金属材料公司,将支部建立在基层、建立在企业。确定"两新"联合支部和圣得西支部为示范点,着力完善"六个一"阵地建设。完成长沙市党建系统的微机录入,对基层党组织和党员实行动态管理。长沙市湘桥风机制造有限公司支部、湖南红宇耐磨新材料股份有限公司支部、湖南固力工程新材料有限责任公司支部、湖南龙丰铝业有限公司支部、湖南锦峰钢结构工程有限公司支部、湖南星港家居发展有限公司支部、湖南精量重工科技有限公司支部、湖南中基路桥产业科技有限责任公司支部和宁乡县宁乡高新技术产业园区新经济新社会组织联合支部9家"两新"支部相继成立。

2012年,按县委组织部和"两新"工委要求,凡是正式党员达到3名以上的企业均成立支部。新建微晶石墨、东鑫环保等企业支部15个。园区党委下辖支部达35个,其中机关支部1个、联合支部1个、企业支部33个。是年,长沙市康荣特种陶瓷有限公司、湖南省五季风生物科技有限责任公司、长沙东鑫环保材料有限责任公司、湖南华力通线缆股份有限公司、长沙磐龙安全系统设备有限公司、湖南鼎盛钢结构有限公司、长沙星城微晶石墨有限公司、宁乡中宇塑业有限公司、宁乡碧桂园凤凰酒店有限公司、长沙市裕盛厨房设备有限责任公司、长沙超峰印刷有限公司、宁乡县惠民物业服务有限责任公司、湖南长高开关电气有限公司、湖南融和家具有限公司、长沙金锦桥机械有限公司15家企业支部相继成立。2012年年底,新区"两新"(新经济组织,指各类非国有集体独资的经济组织;新社会组织,指民办非企业单位)组织入党积极分子132名,党员203人。当年,发展预备党员18名。2012—2014年,园区"两新"组织中,员工入党热情高涨,新区党工委报送入党积极分子培训120人,每年发展预备党员20人。分两批,共培训入党积极分子102人,其中有不少企业总经理、高中层骨干和优秀一线工人。

2014年,园区单独的企业支部31家,另有“两新”联合支部和惠民物业公司支部。

2017年,园区设立企业党委,构建“园区党工委—园区企业党委—企业党组织”和“园区党工委—机关和国有公司党支部”的党建格局,发展党员32人,预备党员转正12人,全国党员信息清理录入212人,转入党员50余人,新建支部6家,下拨党建经费50万元。建成1000平方米的党群活动服务中心,会议室、图书室、健身中心一应俱全,为园区党员群众提供开放式综合服务平台;打造“领导班子联机关支部、领导班子和机关支部联企业党支部”的“双联双促”模式。

### 三、党主题活动

2006年,园区管委会党组在县直机关工委领导下开展活动。

2008年,为认真落实建设扶贫工作,管委会为乡村建设和扶助困难户提供资金42.68万元,其中支持夏铎铺关协2万元、县老年活动中心0.5万元;支持东湖塘、老粮仓、巷子口等5个乡镇基础设施建设17万元;支持花明楼、金洲乡、喻家坳乡、青山桥太和村公路建设22.5万元;支持困难户0.68万元。结合工作实际,做好“讲党性、重品行、作表率”活动;结合金洲新区用人机制改革,着手开展“推进效能建设、创建‘五型’的活动”;通过加强机关支部建设,完善工作流程,着力推进争先创优活动;在民主评议党员活动中,园区评选出5名优秀党员出“七一”表彰活动,激发党员学先进的热情。另外,在汶川特大地震发生后,积极组织党员交纳“特殊党费”5800元,组织干部职工和园区建设单位捐款25万元,组织党员捐款两次。

2009年2月中旬至3月下旬,开展为期一个月的春训。民主评议党员和严肃处置不合格党员,在保证时间、人员、质量的基础上,完成春训各项任务。3—8月,组织全体党员开展为期5个多月的深入学习实践科学发展观活动。活动过程分为3个阶段,即学习调研阶段、分析检查阶段、整改落实阶段。3个阶段循序渐进,环环相扣。在学习调研阶段,用45天时间学习、调研、讨论。学习科学发展观重要论述,学习中央领导讲话精神,学习省委、市委文件。向社会、向单位职工书面征求意见,到社区、企业调研,组织职工、党员开展讨论,从发展理念、发展环境、工作作风、工作效能等方面反思探讨。分析检查阶段,用时2个月。召开领导班子专题民主生活会,对照科学发展观的要求,查找改革发展工作中的突出问题,查找群众不满意的突出问题,深刻分析,开展批评与自我批评。在调研、征求意见基础上结合民主生活会内容,形成领导班子分析检查报告,再组织群众对报告评议,进行充实完善。前两阶段工作经上级验收合格,进入整改落实阶段。整改落实阶段用时一个半月,解决突出问题,完善体制机制。学习实践活动在全体党员中进行,以领导班子为重点,吸收非党员职工参与。

2010年5月,机关支部成立创先争优活动领导小组。机关支部书记刘颖任组长,周海鹏、陈福泉等人为成员,领导小组下设办公室,周海鹏任办公室主任。活动的主要内容:先进基层党组织努力做到"五好"(领导班子好、党员队伍好、工作机制好、工作业绩好、群众反映好),优秀共产党员努力做到"五带头"(带头学习提高、带头争创佳绩、带头服务群众、带头遵纪守法、带头弘扬正气)。到2012年"七一"前总结,历时3年多,分3个阶段。第一阶段从2010年4月开始,着重围绕迎接中国共产党成立90周年开展活动;第二阶段从2011年7月开始,着重围绕迎接中共十八大开展创先争优;第三阶段为2012年"七一"前,组织专项表彰。活动开始后,园区党组成立领导机构和工作机构,制定具体的实施方案。书记刘永红牵头抓总,分管领导管委会副主任刘颖具体落实,管委会办公室为活动办公室,形成"一级抓一级、一级带一级、层层抓落实"的工作格局。全区派出科学发展指导员10人,联点指导10家企业支部开展活动,当好创先争优活动的"宣传员""服务员"和"督导员"。管委会机关支部和支部29名共产党员作出公开承诺。管委会机关支部将创先争优活动与开展"讲党性、重品行、作表率、树形象""五型"(学习型、创新型、服务型、和谐型、廉政型)机关创建活动相结合,通过党员示范岗、党员示范窗口、结对共建等形式发挥党员作用,促进作风转变,提高机关效能。企业党组织将创先争优活动与深入开展"百企联百村、共建新农村"活动、"三有三带"(关键岗位有党员、困难面前有党员、突击攻关有党员,党员带头技改创新、带头攻坚克难、带头创业富民)活动结合起来,发挥党员作用。

2011年,组织开展"学党史,怀党恩"主题活动。上半年,园区借助《中国共产党宁乡历史》《中国共产党宁乡简史》出版发行的契机，聘请县五老人员讲课十余场次。园区深入开展党史教育活动，运用观看视频、好书推荐、集中学习等多种方式，增强党史知识学习，进一步了解中国共产党90年来的不平凡征程，继承党在革命、建设、改革阶段的艰苦奋斗与创新发展精神。6月，在机关党支部的组织下，机关35名党员前往韶山、花明楼、湘乡等地寻访伟人足迹，感受红色经典。8月，园区分两批组织机关党员和入党积极分子赴湘乡水府庙开展拓展训练。组织35岁以下的青年干部开展“创先争优作表率，‘两型社会’当先锋”演讲比赛，机关干部王茜代表园区参加县委组织的演讲并勇夺桂冠。这些活动的开展，进一步增强团队的凝聚力和活力。根据园区特点，按照深入学习实践科学发展观、党员民主评议、创先争优等活动的要求，抓好企业党组织活动。园区党委将活动开展情况广泛征求园区企业和群众的意见，企业和群众的满意度达98%以上。族兴支部开展“敬业报国，追求卓越，为民族工业的振兴而努力奋斗”的主题活动；红宇、邦普等支部围绕建党90周年组织党员开展“红歌大家唱”等活动；圣得西、碧桂园等支部开展“星城杯”岗位劳动竞赛活动。同时，对三一总支、特种金属等隶属关系不在园区的支部，加强指导和协调，指导其开展活动。在创先争优活动中深入开展“三好”推荐和评选工作，推荐好党员20名、好书记2名、好支部2个，其中出席县级表彰的优秀党员3名、先进支部2个。自2010年以来，着力将企业中的优秀员工和岗位骨干发展为党员，园区各支部发展党员10名，选送45名入党积极分子参加县委组织部和“两新”工委举办的两新组织入党积极分子培训班。活动开展的过程中，各企业根据园区特点，积极利用现代化的通信设备，采用视频、电话、网络、广播站等工具，以灵活多样的方式传达上级精神，组织党员开展学习、交流、征求意见活动，加强党员教育，强化对流动党员的管理。

2013年3月，园区为贯彻落实中共十八大精神，认真开展党员春训工作。进一步加强“两新”组织党建，在宁乡县职业中专召开园区“两新”组织党建工作暨党员春训动员会议，园区党委下辖35家企业党支部的支部书记、企业负责人以及2013年拟新组建支部的企业负责人参加会议。书记刘永红参加会议，并结合作风建设的相关内容作题为《改进工作作风，加强区企共建，着力打造“改革新区、经济大区、科技强区”》的发言。下半年，按上级要求，开展“忠诚履职”主题教育活动。根据县委要求，密切结合园区实际，组织开展一系列实践活动。在指导思想上，紧扣宁乡“争当先行者，勇做排头兵”的全新定位，紧贴县委“比作风、抓实干，做优做能党员干部队伍”的要求，紧密结合园区“四优四强”活动的深入推进，突出党员干部忠诚履职教育，教育和引导广大党员干部忠诚于党、于事业、于人民，促进新一轮宗旨观念大增强、能力素质大提升、工作作风大转变、工作业绩大提高，切实做到忠诚履职、勤奋敬业、完善园区、提升能力、争创一流，为宁乡高新技术产业园区打造“两型工业新城、千亿产业园区”做出新的更大的贡献。在组织保障上，成立宁乡高新技术产业园区“忠诚履职”主题教育活动领导小组。该领导小组与园区“四优四强”活动领导小组一套人马，总体协调、指导、督查和考核。开展忠诚履职大讨论，做出忠诚履职承诺书，实施“四五”素质能力提升工程，以“中国梦、宁乡梦、金洲梦”为主题举办主题演讲比赛，借全县推选“宁乡百杰”之机倡树曾辉、刘颖、张学秋等一批好典型。

2014 年 3 月，根据中央和省、市、县委的要求和部署，园区进行专题研究和周密安排，讨论制定《高新区开展党的群众路线教育实践活动实施方案》。园区在企业中开展党的群众路线教育实践活动，党工委书记刘永红在全体动员会上作主题报告。2014 年“七一”期间，宁乡高新技术产业园区召开首届“四优四强”活动暨“七一”总结表彰大会，表彰圣得西等 7 家企业支部、汤婕等 7 名优秀党务工作者、杨若丹等 18 名优秀共产党员、惠民物业等 2 个共产党员示范岗，为做好党建工作、开展好群众路线活动营造氛围。园区组织首届企业家沙龙和首届“四优四强”考核评比，对支持党建的企业予以更多的政策倾斜和资金扶持。“四优四强”总结表彰共发放各类奖金 135 万元，争取园区企业对支部活动的重视和支持；各企业支部和工会产生良性互动，工会关心困难职工与支部帮助困难党员相结合，工会将开展文体活动（如送电影大片 30 多场）与支部开展群众路线（如看教育片）相结合，发挥“党工共建”的作用；“两新”组织党员在无偿献血、义务植树、关注留守儿童和孤寡老人等社会公益活动中发挥越来越重要的作用，233 人参加无偿献血。

2015 年，园区党建工作涌现一批品牌，主要是“三个十佳”和“两个狮子”。在全县党建工作会议上，新区党工委被评为全县十佳党组织并进行典型发言推介，谢启文被评为全县十佳共产党员，精量重工党总支书记陈基量被评为全县十佳基层党组织书记。“两个狮子”分别指：主任曾辉被评为全县“狮子型”干部，招商局团队被评为全县“狮子型”团队。全年完成 20 个党员发展的任务和党内统计等工作。凤凰社区结对共建通过市、县检查验收。全年改选增设 5 个机关支部、国有公司支部和 2 个非公经济支部，园区基层党组织架构进一步得到完善。按照上级要求，开展“三严三实”主题教育、党员冬春训、群众路线教育实践活动整改落实、七一表彰、困难党员走访、精准扶贫等。

2017 年，党工委召开全区全面从严治党工作推进会议，整体部署全面从严治党工作。2 月，组织召开 2017 年度党建工作会议。在连续 3 年施行“四优四强”绩效考核和适岗性评价基础上，制定党建工作考核细则。加大日常检查指导力度，每季度进行一次评比通报，通报结果与年底绩效挂钩。同时，安排党建专项经费 28 万元（县委组织部增拨 22.3 万元），确保党建工作的开展。管委会入驻大科园以后，打造了一个 1000 平方米的党群活动服务中心，会议室、图书室、健身中心一应俱全，为园区党员群众提供开放式综合服务平台；新成立万鑫精工、中谷科技等 6 家党支部；新完善族兴新材料、星邦重工等 10 家党支部阵地建设。2017 年，园区就党建工作接待来自山东滨州、永州江华、株洲攸县等多个地区单位的人员参观学习。





**四、党风廉政建设**

2007 年，为打造一支廉洁高效的建设队伍，高新区以预防为主、保护干部出发，重点做好规范管理，增强工作透明度，制定《工程计量管理办法》《零星工程管理办法》《征拆工作管理办法》；成立专门结算组，使工程建设和计量结算既相互协调又互相监督；与检察院联合成立高新区预防联络办公室，研究和落实预防措施，主动接受监督。园区做到建设集体决策、多头监管、严格审批，同时工作更加规范、简洁，以制度管人、依程序办事，堵塞漏洞。建立财务管理、工程管理、征拆工作管理等 20 余项管理制度，实行精细化管理，规范工作行为，加强党风廉政监督，强化合同管理，不从事背后交易。2007年退出的10个项目中，没有发生一起合同纠纷和对工作人员不满的情况，在为企业落户办理各项手续时，从未发生过客商投诉的情况；在工程建设的两年多来，投入6亿元，管委会从领导到一线工作人员注重依制度办事，没有发生利用工程建设牟取私利的行为；在征拆过程中，支付5亿多元，全部实行阳光操作，做到公开、公平、公正。认真执行《宁乡县公务接待管理暂行规定》，根据高新区开发当中客商接待多、上级领导接待多、工作协调多的特点，年初管委会经集体研究，制定接待管理方案，实行经费包干，重点控制接待标准和陪客人数，尽量减少接待开支。

2008年，成立管委会党建工作和党风廉政建设领导小组，刘永红任组长，刘建斌任常务副组长，刘颖、张阳生、朱文祥、曾辉任副组长。领导小组下设办公室，李合平任办公室主任，办公室成员为陈福泉、周海鹏、刘湘晖。领导小组主要工作职责：根据县委统一部署，切实抓好金洲新区党组织建设，建立健全各项制度，以党建工作为抓手，促进新区开发建设；开展反腐治本宣传教育，做到警钟长鸣，筑牢防腐城墙；健全信访制度，明确陈福泉为兼职信访专干，认真查处违纪案件；实行政务公开，规范财务管理、工程建设管理、征拆补安工作管理。5月15日，宁乡县金洲新区管理委员会党组决定，廖非平担任管委会党建工作和党风廉政建设领导小组常务副组长，负责管委会党风廉政建设的日常工作。

2009年制定的《金洲管委会党组班子成员党风廉政建设工作职责》对党组成员分工、职责作出明确规定。明确具体抓落实党风廉政建设和宁纪发〔2009〕1号文件精神的机构，由主管管委会纪检监察工作的副主任刘颖牵头，机关支部人员和各科室负责人及办公室具体负责抓日常工作，做好工作安排，加强检查指导。没有发现违反廉洁自律的现象，没有擅自提高现有津贴、补贴、奖金标准和水平等现象；没有发现利用公款大吃大喝、游山玩水和进行高消费娱乐活动，没有发现用公款请客送礼、赠送现金、有价证券、支付凭证等现象。

2012年，成立以党工委书记刘永红任组长、主任廖非平为副组长的廉政风险防控机制建设领导小组。组长全面负责廉政风险防控机制建设工作，副组长负责对各项措施的督导和落实情况进行监督。领导小组下设办公室，纪委书记欧立新任办公室主任，具体负责开展廉政风险防控管理工作的日常办公。按照《金洲新区2012年廉政风险防控机制建设工作方案》，全面启动廉政风险防控机制建设工作。评定风险等级，针对查找出的廉政风险点，按照危害程度和发生频率等进行分析评估，确定不同的风险等级。对已自查出的各类风险，经廉政风险防控机制建设领导小组开会审核把关后，在公示栏进行公示，并审核备案。共排查出廉政风险点104个，其中一级风险点3个、二级风险点22个、三级风险点79个。

2013年，金洲新区印发《2013年领导班子成员党风廉政建设工作职责》，形成一把手负总责、亲自抓，领导班子成员分工负责，各局、部、室主要负责人具体负责，一级抓一级的廉政建设责任机制。结合新区工作实际，在2012年收集、整理和汇编各项制度规定的基础上，针对公务接待、公车使用以及政府采购等重点领域和重点环节，按照务实、管用的原则，增订细化13项内部管理制度，限制自由裁量权，加强对权力运行环节的防范控制，促进廉政风险预防的关口前移，有效堵塞体制机制和制度上存在的漏洞。严控三公消费，进行“四费”公开。实行大额支出集体联审制度，严控非生产性开支，取消费用包干，实行事前审批，按实结算，每月公布。是年，各项费用较2012年同期都减少50%。中共宁乡高新区委员会制定《关于改进工作作风、密切联系群众的规定》，并围绕全县深入开展“为民务实转作风，勤廉办事树形象”作风建设主体活动，将新区作风建设与“两帮两促”活动、“一推行四公开”活动有机结合。

2014年3月25日，成立园区落实党风廉政建设责任制工作领导小组，组长刘永红，副组长郑旗、欧立新、曾辉、刘颖、田奇晖，成员由各局室、驻区分局、国有公司负责人组成。领导小组下设办公室，办公室设在纪检监察室，负责领导小组的日常工作。研究制定《2014年反腐倡廉建设和作风建设重点任务组织领导及责任分解》，对重点任务和工作责任实行责任到人，形成覆盖完整、责任落实的责任体系。开展领导干部兼任社会团体领导职务和在企业兼职清理规范工作，管委会领导全部从新城公司退出，实现“政企分开”，促进领导干部廉洁从政。在群众路线教育实践活动中查摆问题，重塑形象。设立意见箱，开展民主评议、走访座谈和自查，敞开大门听意见。征集到对班子的意见、建议33条，对个人的意见、建议283条。意见主要集中在公车使用和公款吃喝上。园区党工委、管委会决定从办公用房、用车、用餐整改起，率先改、彻底改。所有领导干部都取消公车。办公用房布置俭朴，面积不超标。接待用餐控制标准、规模，用餐地点在机关食堂。结合“会所中的歪风”专项整治，作出会员卡“零持有”承诺，在节假日进行廉政风险提示，杜绝节假日公款送礼。

2015年，纪检监察室协助党工委履行党风廉政主体责任，协助纪工委履行纪工委监督责任，全年无一例腐败案例和作风建设典型案例，高新区干部队伍风清气正，得到县内外领导的认可。园区推介的网上政府采购工作得到市预防腐败局领导的好评。围绕“监督、执纪、问责”3个重点，园区按照上级要求开展廉洁教育、收受红包礼金专项整治、国土用地案件办理等工作。全年审结政府投资项目122个，配合县审计局完成2013—2014年度财政支出审计，完成2个公司的财务内部审计工作。围绕党工委、管委会重大决策，书记主任会议定事项，月度调度工作会议，项目建设开展工作督查；围绕干部职工上班纪律开展作风建设督查工作。

2016年制定的《宁乡高新区党风廉政建设主体责任和监督责任清单》，明确廉政建设责任主体、责任人、主要责任、共性责任。

2017年，园区召开9次党工委会议，专题研究部署党风廉政工作。出台党风廉政文件12份，党工委主要负责人主动按照“四个亲自”要求，履行“第一责任人”职责，班子其他成员认真落实“一岗双责”，深入推进全面从严治党工作。党工委领导班子责任清单由2016年的16条增加至35条，主要负责人责任清单由2016年的6条增加至7条。领导班子与各支部(部门)签订党风廉政责任状，使党风廉政主体责任落实看得见、摸得着、抓得起。构建“党工委主抓—纪工委监督—人人有责”的党风廉政格局，将党风廉政建设责任压力传导至每一个党员、每一名干部，实现管理无盲点、监督无遗漏、责任全覆盖。党工委紧盯招商引资、项目建设、征地拆迁、财务管理等重点领域、重点部门、重点事项和重点对象，加强廉政风险点的收集、分析和研判，梳理廉政风险点374个，其中个人256个、部门 118 个，制定廉政风险防控措施 425 项。党工委主要负责人每年听取纪工委和党工委其他班子成员汇报两次以上。加大约谈提醒力度，党工委书记带头开展廉政谈话、约谈、听取汇报等共 53 人次，其余党工委班子成员开展廉政谈话、约谈、听取汇报等共 86 人次，将发现问题和整改情况纳入主体责任清单、个人述责述廉报告内容，通过严格的检查、约谈、整改，推动党风廉政的责任落到实处。在审计中发现线索，立案 1 起，并给予湖南金玉融资担保有限公司总经理龚某某党内严重警告处分。围绕日常考勤、工作效率等问题，全年发出《作风建设通报》7 期。对违反作风建设规定的 13 人予以通报，对 1 人启动问责，并在年底党风廉政考核和绩效考核中扣分。

**2016 年 6 月园区非公有制经济组织党组织一览表**

**表 10—1** 单位：人

| 序号 | 名　　称 | 职工总数 | 党员人数 | 建立时间 |
|---|---|---|---|---|
| 1 | 湖南精量重工科技有限公司党总支 | 120 | 52 | 2011.9 |
| 2 | 湖南东方时装有限公司党支部 | 1565 | 38 | 2007 |
| 3 | 湖南红宇耐磨材料股份有限公司党支部 | 278 | 23 | 2011.5 |
| 4 | 宁乡银太纺织有限公司党支部 | 121 | 24 | 2009 |
| 5 | 神塑科技有限公司党支部 | 297 | 14 | 2009 |
| 6 | 湖南华力通线缆有限公司党支部 | 138 | 12 | 2012.8 |
| 7 | 湖南锦峰钢结构工程有限公司党支部 | 158 | 10 | 2011.9 |
| 8 | 长沙东鑫环保材料有限责任公司党支部 | 57 | 10 | 2012.8 |
| 9 | 湖南邦普循环科技有限公司党支部 | 390 | 8 | 2009 |
| 10 | 湖南长高开关电气有限公司党支部 | 200 | 12 | 2012.8 |
| 11 | 湖南博得科技有限公司党支部 | 160 | 14 | 2009 |
| 12 | 长沙族兴新材料股份有限公司党支部 | 203 | 7 | 2009 |

续表 10－1

| 序号 | 名　　称 | 职工总数 | 党员人数 | 建立时间 |
|---|---|---|---|---|
| 13 | 湖南星城石墨科技股份有限公司党支部 | 95 | 7 | 2012.8 |
| 14 | 长沙市康荣特种陶瓷有限公司党支部 | 178 | 7 | 2012.5 |
| 15 | 湖南龙丰铝业有限公司党支部 | 200 | 7 | 2011.10 |
| 16 | 长沙超峰印刷有限公司党支部 | 75 | 5 | 2012.8 |
| 17 | 湖南中好实业(集团)有限公司党支部 | 120 | 5 | 2011.9 |
| 18 | 长沙磐龙安全系统设备有限公司党支部 | 40 | 4 | 2012.8 |
| 19 | 湖南鑫烨钢结构彩板有限公司党支部 | 48 | 6 | 2009 |
| 20 | 宁乡县辰龙物流有限公司党支部 | 22 | 3 | — |
| 21 | 湖南省五季风生物科技有限责任公司党支部 | 20 | 2 | 2012.8 |
| 22 | 长沙金锦桥机械有限公司党支部 | 110 | 2 | 2012.8 |
| 23 | 长沙三仁包装有限公司党支部 | 80 | 2 | — |
| 24 | 湖南固力工程新材料有限责任公司党支部 | 30 | 1 | 2011.9 |
| 25 | 湖南合丰数控机床有限公司党支部 | 218 | 1 | 2009 |
| 26 | 长沙市湘桥风机制造有限公司党支部 | 45 | 6 | 2011.8 |
| 27 | 湖南融和家具有限公司支部 | 550 | 1 | 2012.8 |
| 28 | 长沙市裕盛厨房设备有限公司党支部 | 55 | 1 | 2012.8 |
| 29 | 宁乡碧桂园凤凰酒店有限公司党支部 | 110 | 2 | 2012.8 |
| 30 | 长沙碧桂园房地产开发有限公司党支部 | 20 | 1 | 2009 |
| 31 | 宁乡高新技术产业园区新经济新社会组织联合支部委员会 | — | 3 | — |

# 第二节 行政机构

## 一、宁乡高新技术产业园区管理委员会(以下简称“管委会”)

2005 年 8 月，县委、县政府成立全城线指挥部，建设从全民乡(现金洲镇)到县城的城市快速干道，即金洲大道前身。10 月，县委、县政府决定成立宁乡县新城开发建设投资有限公司，负责宁乡县新城区建设。10 月 13 日，依据中共宁乡县委、宁乡县人民政府《关于大力推进宁乡新城开发建设的决定》，组建有独立法人资格的宁乡县新城投资开发有限公司，注册资本 5000 万元，其中县国有资产公司注资 3000 万元、县交通局注资 1000 万元、向社会募股 1000 万元，代表政府经营公司和园区各类资产，多元筹措城市建设资金，承担基础设施及配套设施建设任务，兴办各项事业，加快园区开发建设。成立宁乡新城开发建设领导小组，虢正贵、刘秋成、贺应辉任顾问，黎石秋任组长，吴石平任常务副组长，胡明先、刘永红、袁朝晖、陈朝晖、黄仕军、吴利民任副组长，县经开区、县交通局、县财政局、县招商局、县国土资源局、县建设局、县规划局、县发改局、县公安局、县城管局、县电力局、县电信局、县广电局、县项目办、县监察局、县林业局、县水利局、县环保局、全民乡、城郊乡、历经铺乡、夏铎铺镇为成员单位，负责园区开发建设重大事项和重大项目建设的决策。

领导小组下设办公室，陈亮任办公室主任，办公室代表领导小组开展日常工作，行使以下职权：编制新城总体规划和经济社会发展计划，制定新城行政管理规章制度，审核工业投资项目，并按规定审批或报批；负责新城土地开发管理，管理新城区内各项基础设施及公共设施，兴办和管理新城区的科学、文化、教育、卫生、体育等社会事业；根据县人民政府授权管理新城的财政、建设、规划、劳动、统计、房产、国有资产、社会保障、环境保护、社会治安、计划生育和精神文明建设等工作；对新城内企业进行服务、监督、协调、管理，协调有关部门在新城区设立的机构或派出的工作人员的工作；行使县委、县政府和新城区开发建设领导小组授予的其他职权。

同时，成立新城开发建设指挥部，吴石平任指挥长，刘永红任常务副指挥长，胡明先、袁朝晖、陈朝晖、吴利民、陈亮任副指挥长，负责新城基础设施项目建设的协调和调度。

2006年3月17日，宁乡县机构编制委员会下发《关于设立金洲新区管理机构的通知》（宁编〔2006〕3号）。县委、县人民政府决定开发建设金洲新区，并设立宁乡县金洲新区管理委员会（以下简称“金洲管委会”）和湖南宁乡经济技术开发区管理委员会金洲新区管理局（以下简称“金洲管理局”）。

金洲管委会和金洲管理局合署办公，实行两块牌子、一套人马的体制，为县政府直属事业单位。经费列入财政全额预算，实行收入分成体制。金洲管委会事业编制21名，其中领导职数5名。

主要职责：负责组织编制金洲新区开发建设总体规划，经批准后组织实施。负责编制和组织实施金洲新区产业发展规划，制订和实施金洲新区年度工作计划。负责金洲新区规划范围内项目建设的组织、指导、协调和服务。负责对金洲新区内的企业提供服务和指导，并依法进行监督管理。负责金洲新区规划范围内征地拆迁的组织和协调。负责金洲新区规划范围内的招商引资和融资工作。负责金洲新区的党群、人事、编制、劳动保障、社会治安综合治理、计划生育和精神文明建设等工作，协调金洲新区各企业、各单位与周边乡（镇）、村、组的关系，负责金洲新区的综合统计和信息工作。完成县委、县政府交办的其他工作任务。

金洲管委会设5个科（室），分别为办公室、规划建设科、招商合作科、征地拆迁科、财务科。金洲管委会事业编制21名，其中领导职数5名。

2007年1月30日，为加强管委会规范化管理，促进各项工作高效运行，更好地推进金洲新区开发建设，经管委会书记、主任办公会议集体研究，明确管委会领导班子成员分工。领导分工情况如下：

刘永红主持管委会全面工作，重点负责招商引资、融资工作。

刘建斌主持管委会日常事务,重点负责规划建设、征地拆迁、财务支出审批工作。

贺立权分管征地拆迁、安置补偿、控违、融资,负责党务、组织、纪检监察、社会治安综合治理、计划生育等工作。

刘颖分管招商引资、办公室,负责人事、新区市场运作等工作。

张阳生分管财政、后勤工作,负责年度预算、收入组织、资金调度。

朱文祥分管新区规划、工程建设工作。

是年4月,管委会经县编办批准为事业编制21名,其中领导职数5名。管委会下设6个职能科室,分别为办公室、征地拆迁科、规划建设科、招商合作科、企业服务科、财务科。中层骨干6人,科室成员22人。办公室(4人)设主任1名,成员3名(文秘1名,日常事务、接待、档案、文件处理1人,政工、人事、考勤考核1人)。征地拆迁科(7人)设科长1名,科室成员6人(负责征地2人、拆迁2人、安置1人、补偿1人)。规划建设科(5人)设科长1名,科室成员4名(规划设计1名、工程预决算1名、路桥工程师1名、房建工程师1名)。招商科(5人)设科长1名,科室成员4名(对外联络2名,项目开发1名,日常接待、统计报表1名)。企业服务科(2人)设科长1名、成员1名。财务科(5人)设科长1名,副科长兼工程结算科科长1名,科室成员3名(主办会计1名、助理会计1名、出纳1名)。

2010年1月26日,依据宁乡县机构编制委员会《关于调整县金洲新区管理委员会机构编制事项的通知》(宁编〔2010〕1号),调整县金洲新区管理委员会的内设机构和人员编制。保留办公室,撤销规划建设科、招商合作科、征地拆迁科、财务科;设立招商合作局、产业发展局、社会事务局、财政局。增加事业编制10名。增编后,金洲新区管理委员会事业编制共31名。同年3月,明确了内设机构职责及人员分工。

2011年12月,管委会各局室分别为办公室、财政局、招商合作局、产业发展局、社会事务局、党群办公室。

2013年1月,经县委、县政府批准,宁乡县金洲新区管理委员会更名为宁乡金洲新区管理委员会。5 月 14 日，湖南省机构编制委员会办公室发布《关于中共金洲新区工业集中区工作委员会金洲新区工业集中区管理委员会机构规格的批复》(湘编办复字〔2013〕31 号)，同意明确中共金洲新区工业集中区工作委员会、金洲新区工业集中区管理委员会为副处级机构，合署办公。核定党工委书记兼管委会主任 1 名(副处级)。同年 12 月，经县编制批准的编制数 31 个，实际登记在册的 10 人，通过组织部招聘的人员 6 名，人社局招聘专业技术人员 1 人，另从其他行政事业单位借调人员 24 人。同时，为适应新区在规划建设和财务等方面专业要求较高的特性，下属的新城公司从社会聘用各类高素质的专业技术人员 16 人。2013 年 8 月底，搬迁至碧桂园办公。9 月 5 日，长沙市机构编制委员会印发《中共金洲新区工业集中区工作委员会金洲新区工业集中区管理委员会主要职责内设机构和人员编制规定》的通知(长编委发〔2013〕45 号)，设立中共金洲新区工业集中区工作委员会(以下简称“金洲新区工业集中区党工委”)、金洲新区工业集中区管理委员会(以下简称“金洲新区工业集中区管委会”)，分别为中共长沙市委、长沙市人民政府派出机构，合署办公，为副处级机构，委托中共宁乡县委、宁乡县人民政府管理。主要职责：负责国家和省、市有关工业集中区发展的法律、法规和政策的贯彻实施；负责编制金洲新区工业集中区长期发展规划和年度工作计划并组织实施；依据长沙市城市总体规划，负责金洲新区工业集中区规划实施和建设工程管理工作；负责指导金洲新区工业集中区内各类企业落实经营自主权，建立现代企业制度，保障企业依法自主经营；负责组织金洲新区工业集中区招商引资工作，按权限审批、审核投资项目，指导和协调对外经济技术合作与交流等有关涉外事务；负责金洲新区工业集中区征地、拆迁和安置等社会事务管理工作；负责金洲新区工业集中区制度、综合、信息、审计、统计、财政收支及国有资产管理；负责金洲新区工业集中区党群、组织、纪检监察、机构编制、人力资源和社会保障等工作；承办中共宁乡县委、县人民政府及上级有关部门交办的其他事项。金洲新区党工委、管委会机关开发区专项编制 35 名。其中，党工委书记 1 名(根据金洲新区工业集中区实际情况，经请示省编委办领导同意，党工委书记由宁乡县 1 名县级领导兼任，不占领导职数)，管委会主任 1 名

(副处职),党工委副书记兼纪工委书记1名、副主任3名(正科职)。内设机构和派驻机构副科级领导职数6名。

2014年8月1日,中共宁乡县委、宁乡县人民政府《关于明确金洲新区工业集中区管理体制及职能权限的意见》(宁发〔2014〕11号)对金洲新区工业集中区管理体制及职能权限有关事项加以明确,其中就机构设置和权限作出说明和规定。金洲新区工业集中区党工委、管委会是市委、市政府的派出机构,委托县委、县人民政府管理。金洲新区工业集中区在县城总体规划指导下发展,经济管理事务由金洲新区工业集中区负责,社会管理事务由县负责。金洲新区工业集中区控制性详细规划、房地产规划、跨区基础建设和其他重大规划的制定与调整须呈报县规划委员会审定。土地审批、财政收入与分配、环保审批按现有体制和管理权限不变。金洲新区工业集中区范围内原由县住建局等18个县直有关职能部门实施的行政许可审批事项、非行政许可及内部审批事项充分授权于金洲新区工业集中区交由金洲新区工业集中区相关内设机构直接负责。同意使用金洲新区工业集中区内设机构公章;经与省市及相关部门对接,确需使用县直部门编号公章的,使用县直部门编号公章,由此产生的法律后果由具体行使职能的实施机构承担。金洲新区工业集中区范围内的投资评审、政务服务、人才交流服务、创业服务、征地拆迁管理等相关职能由金洲新区工业集中区相关部门依法依规执行;金洲新区工业集中区招商合作局负责园区内政府采购和项目招投标工作,其监管权由县负责。金洲新区工业集中区在管理范围内依法履行职责,遵守法定程序,严格按照相关职能部门设定的技术标准、指标和规定政策实施各类审批事项并集中办理、限时办结。县内相关部门要确保授权到位,主动协助金洲新区工业集中区,争取上级主管部门支持。成立金洲新区工业集中区纪检监察机构,按干部管理权限,负责新区纪检监察工作。县国土资源局、县环保局、县城管局、县人社局、县工商局5个单位分别设立相应机构派驻金洲新区工作,分别承担新区范围内相应职责,收费及分配参照经开区模式。金洲新区工业集中区范围内的项目申报、商务招标、工业发展、知识产权、科技扶持、外事侨务等方面工作实行双重管理与统计。金洲新区工业集中区可直接向省、市所对应的发改、商务、工信、科技等部门上报，再送县级相关部门备案，继续享受县内相应的考核奖励和扶持等方面待遇。金洲新区工业集中区范围内的教育、民政、文化、卫生、体育、社会保障等社会事务由县负责，人口和计划生育、社会治安综合治理、征地、拆迁和安置等社会事务按属地管理原则以所涉及乡镇管理为主，金洲新区工业集中区协助。金洲新区工业集中区与县的财税分成体制及比例按 2013 年县政府有关文件保持不变，新增的重大战略项目可实行“一事一议”政策。金洲新区工业集中区企业和项目所涉非税收入入缴金洲新区工业集中区财政分局，再由集中区财政分局按县委、县政府关于收入分配的实施意见予以划解。金洲新区工业集中区所辖企业和项目的行政性、事业性及服务性收费，除体制调整及收费政策调整外，原则上县直部门实际收取总额不低于 2011—2013 年的平均额。金洲新区工业集中区职能权限交接工作于 2014 年 8 月底前交接完毕。交接完成后，在集中区内实施的各项审批具备与县内审批同等地位和法律效力。交接前已受理的尚未办结的事项，由金洲新区与原管理部门协调解决。



2014 年 10 月，长沙市编制委员会办公室对《中共宁乡县委宁乡县人民政府关于明确金洲新区工业集中区管理体制及职能权限的意见》进行政策和合法性审查，提出：“金洲新区工业集中区范围内原由县住建局等 18 个县直有关职能部门的行政审批事项及内部管理事项委托金洲新区工业集中区实施，由金洲新区管委会与县相关职能部门签订委托协议，明确委托职权的范围和责任。”“县国土资源局、县环保局、县城管局、县人社局、县工商局 5 个单位分别设立相应机构派驻金洲新区工作，分别承担新区范围内相应职责，收费及分配参照经开区模式。”



2015 年 12 月 31 日，湖南省机构编制委员会办公室发布《关于中共金洲新区工业集中区工作委员会、金洲新区工业集中区管理委员会更名的批复》(湘编办复字〔2015〕67 号)，同意将中共金洲新区工业集中区工作委员会、金洲新区工业集中区管理委员会分别更名为中共宁乡高新技术产业园区工作委员会、宁乡高新技术产业园区管理委员会。

中共宁乡高新技术产业园区工作委员会、宁乡高新技术产业园区管理委员会是长沙市委、市人民政府的派出机构,副处级单位,委托宁乡县政府管理,属于全额拨款事业单位。

核定编制 35 人,在编人员 27 人。管委会管理人员 27 人,其中单位领导正职 2 人(实职副处 2 人)、副职 4 人(实职正科 4 人),内设机构领导正职 6 人、副职 10 人,其他管理人员 5 人。

至 2017 年,机构设置和编制无变化。

**二、内设局室**

1. 办公室

2006 年 3 月 17 日,管委会内设办公室,负责日常行政事务。

2007 年 4 月,办公室(4 人)设主任 1 人、成员 3 人。成员包括文秘 1 人,日常事务、接待、档案、文件处理人员 1 人,政工、人事、考勤考核人员 1 人。

2017 年,办公室人员 8 人,赵曦芝任办公室主任。



2. 经济发展局

2007 年,金洲新区设企业服务科(2 人),设科长 1 名、成员 1 名。2010 年 3 月,成立金洲新区管委会产业局。

2013 年 9 月,金洲新区管委员会机构升格后,设立金洲新区工业集中区经济发展局。

2017 年,机构人员 7 名,其中局长为潘剑灵,副局长为杨鹏可、彭典文,科技局副局长为陈铭,统计站站长为易汉中。



3. 招商合作局

2005—2006 年,招商引资工作人员从县招商局、乡镇临时借调,日常工作由领导统筹安排。2006 年 3 月 17 日,设招商合作科,有工作人员 2 人,后发展到 6 人。金洲新区管委会党工委书记刘永红联系招商引资工作,管委会副主任刘颖主管招商引资工作。

2007 年 4 月,招商合作科设科长 1 名,科室成员 4 名(对外联络人员 2 名,项目开发人员 1 名,日常接待、统计报表人员 1 名)。

2010 年 1 月,招商科升级为招商局,下设招商一分局、二分局、三分局,郭郁姿任招商局局长兼一分局局长，杨鹏可任招商局副局长兼一分局副局长，王茜任二分局局长，姚有名任三分局局长，另设招商专干 2 名。

2013 年 1 月，副局长马建新暂时负责招商局日常事务。2014 年 3 月，向成承任高新区招商局局长(副科职)。同年 9 月，金洲新区工业集中区管委会对招商局进行人员调整，工作人员 8 名，内设 2 个科、1 个政府采购办公室。

2017 年，招商局人员为 6 人，向成承任局长。

4. 规划建设局

2006 年 3 月 17 日，设规划建设科。

2007 年 4 月，规划建设科(5 人)设科长 1 名、成员 4 名。成员包括规划设计人员 1 名，工程预决算人员 1 名，路桥工程师 1 名，房建工程师 1 名。

2010 年 1 月 26 日，撤销规划建设局。同年，新区设立总工室。2014 年，高新区机构升格。8 月 1 日，中共宁乡县委、宁乡县人民政府发出宁发〔2014〕11 号文件《关于明确金洲新区工业集中区管理体制及职能权限的意见》，将规划、住建、人防、住保、联验、消防职能授权新区，成立规划建设局，设局长 1 名、副局长 1 名、专干 3 名。

2016 年 10 月 10 日起，原由招商合作局负责的立项审批、政府采购和招投标职能改由规划建设局承接。

2017 年，规划建设局有人员 6 名，姚有明任局长，郭向宇任副局长，王宇亮任总工程师。

5. 社会事务局

2005 年 9 月，根据宁乡县委、县政府指示，成立全城线指挥部，设立征拆科，科室负责领导为王泽良。

2006 年 3 月 17 日，金洲新区成立后，征地拆迁科为管委会内设机构。2007 年 4 月，征地拆迁科(7 人)，设科长 1 名、科室成员 6 名。成员包括负责征地人员 2 人、拆迁人员 2 人、安置人员 1 人、补偿人员 1 人。

2010 年 1 月 26 日，设立社会事务局。主管领导为曾辉，陶建平任局长，黄智明任副局长。

2014—2017 年，机构设置及职能无变化。2017 年，谢启文任局长，黄智明、周立东任副局长。

6. 财政分局

2006 年 3 月，金洲新区管理委员会内设财务科，财政收支由财务科核算。2008—2009 年，金洲新区管理委员会与宁乡县新城开发建设投资有限公司实行两块牌子、一套人马的体制，主要收入(如财政补助收入)由新城公司财务核算列报。

2010 年 3 月，金洲新区机构改革，正式成立金洲新区管委会财政局。2013 年 9 月，金洲新区管理委员会机构升格，设立宁乡县财政局金洲新区工业集中区财政分局，为宁乡县财政局的派出机构，副科级单位，人员编制 6 名，其中局长 1 名、副局长 1 名。

2014 年 6 月，为理顺财政职能职责、服务园区，宁乡县财政局制订《金洲新区财政分局管理事项》，明确金洲分局职责。2015 年 5 月，更名为高新区财政分局。

2017 年，机构人员 5 人，彭波任局长(2010 年 1 月起)，刘辉(2011 年 11 月起)、刘婷(2013 年 8 月起)任副局长。

7. 纪检监察室

2011 年 12 月 1 日，设党群办公室。负责党务工作，包括园区企业党建，机关党建工作；党风廉政建设；计划生育；工、青、妇等群团工作；干部职工学习、培训；网站建设等工作。2013 年 9 月，长沙市机构编志委员会发文同意“按有关规定设置纪检监察机构”。2014 年 9 月 5 日，决定撤销党群办，原党群办的相关职责并入纪检监察室。

2015 年 12 月，改称监察审计室(5 人)，设主任 1 名、副主任 2 名、成员 2 名。负责党务工作，包括企业党建、机关党建工作；党风廉政建设；作风建设；干部职工学习、培训；负责内部审计、园区建设工程结算、并参与工程验收、变更和隐蔽工程现场计量等工作。

2017 年，人员编制 6 名，其中主任 1 名、副主任 1 名。邵宝胜任主任，刘婷、刘辉任副主任。

### 三、驻园机构

1. 宁乡市国土资源局高新区分局

2007 年 3 月前,县国土资源局征拆事务所派专人联系指导金洲新区征地拆迁工作。

2007 年 3 月至 2011 年 9 月,县国土资源局从宁乡经开区国土分局派 1 名副局长和 1 名专干联系金洲新区国土管理工作。

2011 年 10 月,设立宁乡县国土资源局金洲新区分局,负责金洲新区国土管理工作。

2015 年,更名为国土资源局高新区分局,有人员 5 名。2016 年,人员增加到 6 人。至 2017 年,机构及人员无变化,局长为朱新辉。

2. 宁乡县城管局高新区分局

2006 年 12 月,宁乡县城市管理局组建金洲城管中队,由城管局 4 人、金洲乡政府 3 人、夏铎铺镇 3 人、高新区管委会 1 人组成。

2008 年 3 月,宁乡县成立控制违法建设发生、拆除违法建设的"控违拆违"执法大队,金洲中队隶属执法大队,人员 17 人,其中城管局 15 人、金洲镇 1 人、夏铎铺镇 1 人。

2013 年 3 月,根据宁乡县城市管理行政执法局机构改革方案,设置区域城管分局。金洲中队升格为金洲分局,配置人员 10 名,全部由城管局派出人员组成。

2015 年 12 月,改称高新区分局。至 2017 年,机构性质和编制无变化,局长(中队长)为杨勇。

3. 宁乡县人社局高新区分局

2007 年,成立宁乡县人力资源和社会保障局金洲新区分局,由宁乡县人力资源和社会保障局经开区分局局长罗卫华兼任分局局长。

2015 年,更名为宁乡县人力资源和社会保障局高新区分局,周华伟任局长。2017 年 2 月,刘旭明任局长。

2017 年,更名为宁乡市人力资源和社会保障局高新区分局,刘旭明任局长。

4. 宁乡县环保局高新区分局

2014 年 11 月,设立宁乡县金洲新区环保分局,人员 3 人,首任局长为邓国良。2015 年 5 月,更名为高新区环保分局。2016 年 5 月,饶健任局长。2017 年,人员增加为 5 人。

5. 宁乡县金洲食品药品工商质量监督管理所

2015 年前,金洲新区工商管理事务由宁乡县夏铎铺工商所管理。2016 年 1 月,设立宁乡金洲食药工质所,人员 8 人,负责人为叶伟强。

## 第三节 工会 共青团



### 一、工会

#### (一)工会组织

1. 宁乡高新技术产业园区工会联合会

2010 年 8 月 18 日,宁乡金洲新区工会联合会第一次代表大会召开。会议选举产生由刘颖、陈福泉、谭金安、彭波、赵曦芝、颜石、喻伟、廖立方、郑志刚、李一勤、陈益智 11 人组成的宁乡金洲新区工会联合会第一届委员会;选举产生由彭波、曾孟金、李玉洋、吴华武、汪立新 5 人组成的金洲新区工会联合会第一届经费审查委员会;会议还协商产生由赵曦芝、周香平、王德建、罗丹、孙俊 5 人组成的金洲新区工会联合会第一届女职工委员会。



宁乡金洲新区工会联合会在宁乡金洲新区党委和宁乡县总工会的领导下开展工作,向宁乡金洲新区工会会员代表大会负责并报告工作,切实履行维权、建设、参与、教育 4 项职能,代表和维护职工的合法权益,团结和带领广大职工,促进企业生产经营,加快园区经济发展,维护社会和谐稳定。

2011 年 8 月 23 日,宁乡县总工会批复同意。刘颖任工会主席,陈福泉、谭金安任工会副主席,彭波任经费审查委员会主任,赵曦芝任女职工委员会主任。12

月 29 日，宁乡金洲新区工会联合会第一届委员会第二次全体委员会议召开。会议选举工会联合会委员廖立方为宁乡金洲新区工会联合会副主席，增补选举卢为平为经费审查委员会委员，协商增补周香平为女职工委员会委员。

2015 年 9 月，宁乡金洲新区工会联合会更名为宁乡高新技术产业园区工会联合会。召开宁乡高新技术产业园区工会联合会第一次会员（代表）大会召开。会议选举产生宁乡高新技术产业园区工会联合会第一届委员会、经费审查委员会，协商产生女职工委员会。设主席 1 名、副主席 3 名；经费审查委员会设委员 5 名，其中设主任 1 名；女职工委员会设委员 5 名，其中设主任 1 名。设立组织委员、文体委员、劳动保护委员、劳动调解委员、宣传委员各 1 名。12 月 18 日，宁乡县总工会同意，由欧立新、赵曦之、彭波、廖立方、周香萍、文明、曾孟金、郑志刚、喻伟、周华伟、刘剑 11 人组成宁乡高新技术产业园区工会第一届委员会。欧立新任工会主席，赵曦之、彭波、廖立方任工会副主席。同意由周香萍、欧浪、刘金生、陈跃文、庞建英 5 人组成宁乡高新技术产业园区工会第一届经费审查委员会，周香萍任经费审查委员会主任。同意由文明、陈颖雯、贺莉、张平、张慧玲 5 人组成宁乡高新技术产业园区工会第一届女职工委员会，文明任女职工委员会主任。

2. 企业工会

2011 年，星城石墨、神塑科技、精量重工、大华新能源，博得科技、红宇耐磨、族兴颜料、碧桂园房地产等园区企业建立 21 家工会组织。2012 年增加至 45 家，2013 年增加至 54 家。

2014 年，工会联合会对新投产的 20 家企业均下发组建工会的通知，东湘源服饰、伟特家居、鸿扬家居等均按要求开展成立工会的工作。

2015 年，工会组织增加至 57 家。

2016 年，工会组织增加至 59 家。

2017 年，园区新建工会组织 3 个，企业工会组织增加至 62 家。湖南红宇耐磨新材料股份有限公司铸造二车间一班、湖南精量重工科技有限公司铸造泥芯组、湖南东方时装有限公司 IE 技术组、湖南华力通线缆股份有限公司挤塑班获县级“工人先锋号”优秀班组称号。

**2017 年宁乡高新技术产业园区工会联合会委员会成员一览表**

**表 10—2**

| 单 位 | 姓 名 | 职 务 | 任职时间 |
|---|---|---|---|
| 工会联合会 | 欧立新 | 主席 | 2015.12 至今 |
| | 赵曦芝 | 副主席 | 2015.12 至今 |
| | 彭波 | 副主席 | 2015.12 至今 |
| | 廖立方 | 副主席 | 2015.12 至今 |
| | 曾孟金 | 组织委员 | 2015.12 至今 |
| | 周华伟 | 劳动调解委员 | 2015.12—2017.2 |
| | 郑志刚 | 文体委员 | 2015.12 至今 |
| | 喻伟 | 劳动保护委员 | 2015.12—2017.10 |
| | 刘剑 | 宣传委员 | 2015.12 至今 |
| 经费审查委员会 | 周香萍 | 主任 | 2015.12 至今 |
| | 欧浪 | 委员 | 2015.12 至今 |
| | 刘金生 | 委员 | 2015.12 至今 |
| | 陈跃文 | 委员 | 2015.12 至今 |
| | 庞建英 | 委员 | 2015.12 至今 |
| 女职工委员会 | 文明 | 主任 | 2015.12 至今 |
| | 陈颖雯 | 委员 | 2015.12 至今 |
| | 贺莉 | 委员 | 2015.12 至今 |
| | 张平 | 委员 | 2015.12 至今 |
| | 张慧玲 | 委员 | 2015.12 至今 |

### （二）工会活动

2010 年，工会联合会致力于促进企业工会组建、规范化建设，开展“争创模范职工之家，争当优秀职工之友”活动。指导园区企业工会工作，服务企业职工群众，促进园区发展。开展“春送岗位、夏送清凉、秋送助学、冬送温暖”的工会“四送”活动。工会联合会多次与县总工会、宁乡经开区工会联合会、县教育局工会等单位联合举办相亲活动。

2011 年 5 月，在全县五一劳动者表彰大会上，新区优秀工人代表新区近 15000 名员工向全县工人发起“安康杯、星城杯”劳动竞赛的挑战书。工会联合会向园区广大工人发出构建和谐劳动关系示范园区的倡议书。9 月，新区组织 10 家骨干企业参加长沙市构建和谐劳动关系工作推进会。不定期举行管企之间、企企之间篮球赛。

2012 年 5 月，“携手同行——缘来有你”未婚青年拓展联谊活动在望城区黑麋峰拓展基地进行，活动吸引 100 多名单身男女。工会联合会每年从专项经费中拨付 5000 元，再争取县总工会支持，帮扶新考取大学本科的园区企业困难职工子女共 16 人。工会联合会每年底慰问企业困难职工 10 名。2012 年 5 月，工会联合会主办“高新区・碧桂园杯”男子篮球赛，管委会机关、企业、武警消防和宁乡地税等 12 支队伍进行 34 场次比赛。送电影、送戏到企业。全年送电影 20 场，2013 年送戏、送电影共 40 场。

2014 年 6 月，结合园区“四优四强”考核和七一总结表彰，工会联合会对企业工会工作表现突出的 7 名工会主席予以表彰。工会联合会和县总工会、宁乡经开区工会联合会在七夕节主办“工会情・七夕爱——蓝月谷之夏相约碧桂园相亲活动”，园区企业职工 131 人报名参加。9 月，工会联合经济发展局举行首届“企业家沙龙”，充分体现园区活动自己组织、业主支持、职工参与的特色。此外，工会争取各种资源，组织或参与大型讲座 6 场次，举行送文艺演出(送电影)进企业 10 场次，活跃和丰富职工群众的精神文化生活，营造“文化兴区”的浓厚氛围。

2015 年“五一”期间，在首届“职工之星”表彰评选中，园区 19 名职工当选。工会承担社会贤达、功勋荣誉市民、“狮子型”团队、十大功勋企业家 4 项表彰评选推荐申报工作。精量重工董事长陈基良、康荣陶瓷董事长何江被评为首届宁乡县社会贤达，管委会副主任曾辉被评为“狮子型”干部，招商局被评为“狮子型”团队。根据县委的指示和县总工会的具体安排，在工人中寻找“宁乡老师傅”活动顺利进行，万鑫精工、博得科技等企业推荐一批手艺精湛的老员工。5 月 15

日,“奔跑吧——金洲”首届园区职工趣味运动会在职业中专体育馆举办。这是园区首次举办趣味运动会,活动吸引管委会、企业干部职工300人参与。9月3日抗日战争胜利70周年纪念日前夕,工会联合会指导红宇新材举行红歌大合唱活动,10支队伍、200多人参加。10月24日,高新区管委会全体领导班子成员和机关局室、驻区机构、国有公司100多名干部职工参加在县文体中心举办的金秋职工趣味运动会。

是年,工会联合会及圣得西工会承办全县的“中秋月宁乡情”活动。工会联合会指导碧桂园开展单身职工“敢爱”相亲活动。年底,工会慰问万鑫、特耐、族兴3家企业的困难职工。

2016年,组织园区企业技能能手参加7月市总工会、市人社局和共青团组织的职工职业技能竞赛和11月县总工会组织的宁乡县首届职工职业技能大赛,选手在各项赛事中取得优异成绩。推进非公企业工会与企业法人的平等协商机制以及职工与企业签订集体合同工作,园区内精量重工、特耐金属、升华微电子、龙丰铝业均签订集体合同。园区工会联合会与夏铎铺镇在凤桥社区联合举办一场以“精准就业,相约高新,助力扶贫”为主题的招聘会,将杉杉、星城石墨等8家企业的就业岗位送到群众家门口,共有80多名应聘者当场与企业达成就业意向。园区工会联合会组织开展丰富多彩的活动。3月,组织参加县总组织的“三八”妇女节活动;4月,组织县第27届春季马路赛;5月,组织“传承‘五四’薪火,争做高新先锋”的青年节活动;7月,组织为园区企业送清凉活动;8月,组织“在一起更青春”相亲活动;9月,协办“园区一起过中秋”(星邦重工)慰问演出活动”。

2017年1月,组织“蓄势出发,领跑2017”定向越野活动;2月,组织“势在高新”新春佳节微信猜图活动;3月,与园区妇联一同举办“巾帼建功先进个人”评选活动;4月,组织全县春季马路赛暨全民健身展示活动;5月,组织“咱们工人有力量”文艺展演园区分会场;6月,组织“大灾大爱,大干大上”灾后重建系列活动;7月,组织“心系职工,夏送清凉”活动;8月,组织园区双职工家庭子女“走进多彩园区,感受快乐暑假”活动;9月,与县总工会携手在园区红太东方机电举办

“园区一起过中秋”晚会；10—11 月，组织“百场电影进高新，文化盛宴播不停”露天电影放映月活动。另外，组织园区三一重工、圣得西、族兴新材、红太东方机电等企业参加县总“十行百优”职工职业技能大赛；在园区企业三一重起、沃特玛、华力通开设“一户一产业工人”技能提升培训班。

**2006—2017 年宁乡高新区获得主要荣誉一览表**

**表 10—3**

| 姓名（单位名称） | 荣誉名称 | 授予单位 | 授予时间 |
|---|---|---|---|
| 红宇新材 | 全国职工书屋 | 中华全国总工会 | 2012 年 |
| 金洲明珠董事长谭铁强 | 优秀建设者 | 中国海员建设工会 | 2013 年 |
| 金洲明珠董事长谭铁强 | 湖南省五一劳动奖章 | 湖南省总工会 | 2013 年 |
| 红宇新材董事长朱红玉 | 长沙市劳动模范 | 长沙市委、市政府 | 2014 年 |
| 圣得西工会 | 长沙市模范职工之家 | 长沙市总工会 | 2011 年 |
| 圣得西熊灿 | 长沙市优秀技术工人 | 长沙市总工会 | 2011 年 5 月 |
| 族兴新材 401 车间 | 长沙市工人先锋号 | 长沙市总工会 | 2011 年 |
| 高新区工会联合会 | 宁乡县模范职工之家 | 宁乡县总工会 | 2013 年 |
| 新城公司投融资部 | 宁乡县“芙蓉标兵岗” | 宁乡县总工会 | 2012 年 |
| 高新区党工委书记刘永红 | 长沙市最佳工会工作支持者 | 长沙市总工会 | 2013 年 4 月 |
| 高新区工会主席刘颖 | 长沙市优秀工会工作者 | 长沙市总工会 | 2013 年 4 月 |
| 高新区工会专干颜石 | 长沙市优秀工会积极分子 | 长沙市总工会 | 2013 年 4 月 |
| 高新区工会联合会 | 长沙市先进基层工会 | 长沙市总工会 | 2013 年 4 月 |
| 红宇新材工会 | 长沙市先进基层工会 | 长沙市总工会 | 2013 年 4 月 |
| 高新区工会主席欧立新 | 长沙市“优秀职工娘家人” | 长沙市总工会 | 2017 年 3 月 |
| 高新区机关工会 | 长沙市模范职工之家 | 长沙市总工会 | 2018 年 |

## 2017 年宁乡高新区企业工会情况表

**表 10—4**

| 企业工会名称 | 企业地址 | 经济类型 | 实有会员(人) | 主席 |
| --- | --- | --- | --- | --- |
| 湖南东方时装有限公司工会委员会 | 高新区金洲大道西 16 号 | 私营企业 | 1746 | 卢光凤 |
| 三一汽车起重机械有限公司工会委员会 | 高新区金洲大道 168 号 | 私营企业 | 6400 | 刘　艳 |
| 神塑科技有限公司工会委员会 | 高新区金洲大道西 208 号 | 私营企业 | 230 | 姜志坚 |
| 宁乡银太纺织有限公司工会委员会 | 高新区美洲北路 | 私营企业 | 300 | 王德建 |
| 湖南邦普废旧物资回收有限公司工会委员会 | 高新区金沙东路 18 号 | 私营企业 | 222 | 汤　婕 |
| 湖南邦普循环科技有限公司工会委员会 | 高新区金沙东路 19 号 | 私营企业 | 222 | 汤　婕 |
| 湖南红宇耐磨新材料股份有限公司工会委员会 | 高新区金沙西路 68 号 | 私营企业 | 345 | 黄爱波 |
| 湖南星港家居发展有限公司工会委员会 | 高新区金洲北路 | 私营企业 | 220 | 刘金南 |
| 长沙族兴金属颜料有限公司工会委员会 | 高新区金水东路 68 号 | 私营企业 | 222 | 邓飚 |
| 湖南精量重工科技有限公司工会委员会 | 高新区金沙东路 068 号 | 私营企业 | 200 | 黄新建 |
| 湖南锦峰钢结构工程有限公司工会委员会 | 高新区金水东路 8 号 | 私营企业 | 180 | 贺利琼 |
| 湖南龙丰铝业有限公司工会委员会 | 高新区金水东路 18 号 | 私营企业 | 160 | 张惠玲 |
| 长沙天和钻具机械有限公司工会委员会 | 高新区姚家坡路 18 号 | 私营企业 | 280 | 闵彩霞 |
| 湖南星邦重工有限公司工会委员会 | 高新区金洲大道东 128 号 | 私营企业 | 200 | 何萍 |
| 湖南鸿扬家居木制品有限公司工会委员会 | 高新区金洲北路 108 号 | 私营企业 | 200 | 贺秋群 |

续表 10—4

| 企业工会名称 | 企业地址 | 经济类型 | 实有会员(人) | 主席 |
| --- | --- | --- | --- | --- |
| 长沙康荣特种陶瓷有限公司工会委员会 | 高新区姚家坡路66号 | 私营企业 | 150 | 刘钧 |
| 宁乡职业中专学校工会委员会 | 高新区金洲大道西188号 | 事业单位 | 150 | 郑志刚 |
| 湖南合丰数控机床有限公司工会委员会 | 高新区金洲大道西 | 私营企业 | 111 | 邓　妹 |
| 长沙市宁乡碧桂园房地产开发有限公司工会委员会 | 高新区金洲大道东288号 | 外商投资 | 110 | 石仁元 |
| 湖南合得利橡胶科技有限公司工会委员会 | 高新区金园东路58号 | 私营企业 | 22 | 胡金莲 |
| 湖南红门机电设备有限公司工会委员会 | 高新区金水西路 | 私营企业 | 100 | 贺爱平 |
| 湖南特种金属材料厂宁乡分厂工会委员会 | 高新区龙灯坡路38号 | 国有企业 | 100 | 江　权 |
| 湖南星沙机床设备有限公司工会委员会 | 高新区澳洲北路18号 | 私营企业 | 165 | 李朝辉 |
| 湖南鑫烨钢结构彩板有限公司工会委员会 | 高新区金水东路 | 私营企业 | 60 | 姜　林 |
| 长沙市裕盛厨房设备有限责任公司 | 高新区姚家坡路46号 | 私营企业 | 60 | 邓　巨 |
| 湖南博得科技开发有限公司工会委员会 | 高新区金沙东路28号 | 私营企业 | 180 | 龚有为 |
| 长沙特耐金属材料科技有限公司工会委员会 | 高新区银洲北路86号 | 私营企业 | 50 | 孟军谊 |
| 长沙同翔机械设备制造有限公司工会委员会 | 高新区澳洲路68号恩吉创业园 | 私营企业 | 50 | 舒东海 |
| 湖南中科星城石墨有限公司工会委员会 | 高新区金水东路55号 | 私营企业 | 107 | 贺莉 |

续表 10—4

| 企业工会名称 | 企业地址 | 经济类型 | 实有会员(人) | 主席 |
|---|---|---|---|---|
| 广东碧桂园物业宁乡分公司工会委员会 | 高新区金洲大道东 288 号 | 外商投资 | 50 | 石人元 |
| 湖南大华新能源有限公司工会委员会 | 高新区金沙东路 | 私营企业 | 50 | 谢爱文 |
| 湖南金城人防工程有限公司工会委员会 | 高新区金水路 | 私营企业 | 50 | 廖新华 |
| 湖南长高高压开关集团股份公司工会委员会 | 高新区金洲大道东 18 号 | 私营企业 | 100 | 林　林 |
| 湖南长高矿山机电设备有限公司工会委员会 | 高新区金洲大道东 19 号 | 私营企业 | 100 | 林　林 |
| 湖南长高智能电气有限公司工会委员会 | 高新区金洲大道东 20 号 | 私营企业 | 100 | 林　林 |
| 长沙磐龙安全系统设备有限公司工会委员会 | 高新区蓼叶坡路 | 私营企业 | 100 | 戴艳霞 |
| 长沙东鑫环保材料有限责任公司工会工会委员会 | 高新区澳洲路 68 号恩吉创业园 | 私营企业 | 20 | 黄爱勤 |
| 长沙金锦桥机械有限公司工会委员会 | 高新区金水东路 177 号 | 私营企业 | 100 | 梅米娜 |
| 宁乡碧桂园凤凰酒店有限公司工会委员会 | 高新区金洲大道东 | 外商投资 | 110 | 黄珊珊 |
| 湖南飞洋机电科技有限公司工会委员会 | 高新区澳洲路 68 号恩吉创业园 | 私营企业 | 25 | 孙利民 |
| 湖南振明电器有限公司工会委员会 | 高新区金水东路 78 号 | 私营企业 | 50 | 张　玲 |
| 湖南固力工程新材料有限责任公司工会委员会 | 高新区金园东路 57 号 | 私营企业 | 30 | 曹庆楼 |
| 长沙瑞捷机械科技股份有限公司工会委员会 | 高新区金洲大道 48 号 | 私营企业 | 120 | 姚科为 |

**续表 10－4**

| 企业工会名称 | 企业地址 | 经济类型 | 实有会员(人) | 主席 |
| --- | --- | --- | --- | --- |
| 长沙三仁包装有限公司工会委员会 | 高新区泉洲北路98号 | 私营企业 | 30 | 谢静 |
| 长沙市华美雕塑有限公司工会委员会 | 高新区金水东路88号 | 私营企业 | 28 | 雷玄 |
| 长沙壹纳光电材料有限公司工会委员会 | 高新区澳洲路068号 | 私营企业 | 65 | — |
| 湖南华力通线缆有限公司工会委员会 | 高新区银洲北路98号 | 私营企业 | 100 | 刘志 |
| 湖南红基包装有限公司工会委员会 | 高新区金水东路118号 | 私营企业 | 10 | 张进 |
| 湖南优美嘉新材料科技有限公司工会委员会 | 高新区龙灯坡路 | 私营企业 | 15 | 刘兴 |
| 湖南中谷科技股份有限公司工会委员会 | 高新区银洲北路58号 | 私营企业 | 400 | 胡震 |
| 湖南然润堂中药有限公司工会委员会 | 高新区金水东路158号 | 私营企业 | 100 | 欧阳灿 |
| 湖南菲尔姆光能有限公司工会委员会 | 高新区金洲北路098号 | 私营企业 | 120 | 刘天明 |
| 宁乡高新技术产业园区管理委员会机关工会 | 高新区金洲北路1号 | 事业单位 | 80 | 赵曦芝 |
| 宁乡铭鑫不锈钢气动油缸制造有限公司工会委员会 | 高新区金水东路028号 | 私营企业 | 20 | 周其光 |
| 湖南立达高新材料有限公司工会委员会 | 高新区澳洲北路68号恩吉创业园 | 私营企业 | 80 | 夏绵光 |
| 长沙广厦投资有限公司工会委员会 | 高新区澳洲北路88号 | 私营企业 | 60 | 谭喜强 |

续表 10—4

| 企业工会名称 | 企业地址 | 经济类型 | 实有会员(人) | 主席 |
| --- | --- | --- | --- | --- |
| 万鑫精工(湖南)有限公司工会委员会 | 高新区金沙东路 | 私营企业 | 400 | 尚静 |
| 长沙金洲新城开发建设投资有限公司工会委员会 | 高新区金洲北路1号 | 国有企业 | 40 | 卢为平 |
| 湖南金玉融资担保有限公司工会委员会 | 高新区金洲北路1号 | 国有企业 | 15 | 黎辉 |
| 湖南诺诚光伏科技有限公司工会委员会 | 高新区金洲北路1号 | 私营企业 | 130 | 喻小山 |
| 宁乡博海节能服务有限公司工会委员会 | 高新区澳洲北路98号 | 私营企业 | 30 | 舒海峰 |
| 湖南裕丰紧固件有限公司工会委员会 | 高新区金沙西路186号 | 私营企业 | 100 | 周尚久 |



## 二、共青团

2012 年,中国共产主义青年团宁乡县金洲新区委员会成立,刘令军为团委负责人。2013 年,共青团荣获长沙市“五四红旗团委”称号。2013—2015 年,经团县委考核,共青团历年被评为一类单位、优秀团组织。2014 年,惠民物业支部创建被评为长沙市“五四青年文明号支部”。2015 年,大科园资产管理公司团支部被评为“宁乡县五四青年文明号”。

2016 年 3 月,中国共产主义青年团宁乡县金洲新区委员会更名为中国共产主义青年团宁乡高新技术产业园区团委,刘令军任团委书记。

至 2017 年无变化。

# 第十一章

# 园区企业

# 第十一章　园区企业

## 第一节　直属企业

### 一、长沙金洲新城开发建设投资有限公司

2005年年初，宁乡县委、县政府为推进宁乡新城开发建设，决定成立宁乡县新城开发建设投资有限公司。公司代表政府经营新区各类资产，筹措城市建设资金，承担基础设施建设任务，按“政企合一”运作。同年10月9日，根据宁乡县人民政府《关于成立宁乡县新城开发建设投资有限公司的通知》，宁乡县新城开发建设投资有限公司正式成立，公司注册资本5000万元。宁乡县常务副县长吴石平兼任董事长，陈亮任总经理、法定代表人。公司行使宁乡新城规划区域内的投资主体职能，承担该区域的基础设施及配套设施建设任务，兴办各项事业，开发和管理新城区的物业，公司实行市场运作，自主经营，自负盈亏。

2006年3月，宁乡县金洲新区管委会成立后，与新城开发建设投资有限公司实行两块牌子、一套人马，行政管理职能由管委会负责，经营活动由公司负责。

2010年12月15日，宁乡县人民政府发布《关于进一步明确宁乡县新城开发建设投资有限公司相关事项的批复》，决定原有控股的有限责任公司变更为国有独资有限责任公司。由宁乡县金洲新区管理委员会出资，公司注册资本5000万元，独立承担民事责任。刘永红任董事长，廖非平任总经理、法定代表人。授权公司作为金洲新区65平方千米规划区内土地建设开发的投融资主体。垄断经营规划区内土地一级市场，土地收入用于金洲新区建设，公司负责金洲新区规划范围内的土地储备、土地整治和拆迁、安置等工作，行使金洲新区规划范围内的各项基础设施、公共设施、标准厂房、保障性住房、农民集中安置区等建设项目建

设和运营职能，负责兴办金洲新区规划范围内科学、文化、卫生等事业，管理金洲新区物业。

2011 年，公司完成营业收入 44197.4 万元，实现净利润 13472 万元。2012 年，完成营业收入 51182.6 万元，实现净利润 14836.82 万元。2013 年，完成营业收入 53546.56 万元，实现净利润 14900.79 万元。

2014 年 4 月 11 日，宁乡县人民政府发布《关于宁乡县新城开发建设投资有限公司变更事项的批复》，同意将公司名称变更为长沙金洲新城开发建设投资有限公司，公司注册资本由 5000 万元增加至 30000 万元，由金洲新区工业集中区管理委员会（原名为“宁乡县金洲新区管理委员会”）出资，性质为国有独资公司。公司地址为长沙市金洲新区金洲大道东 288 号，董事会由周海鹏、刘辉、马建新、黄智明、刘婷组成，周海鹏任公司董事长、总经理、法人代表。监事会成员为陶建平、刘令军、彭湘艳，陶建平任监事会主席，公司共有干部职工 17 人。公司作为金洲新区规划范围内的投融资主体，承担县人民政府授权给宁乡新城开发建设投资有限公司城镇基础设施建设投资；土地储备、整理、开发；新型城镇投资建设；新农村投资建设的职能，并增加新型城镇投资建设、新农村投资建设职能。当年，公司累计完成自有投入 50 亿元，建设“七纵四横”路网 50 千米，建立金洲、关山两个互通。完善核心区 19.1 平方千米范围内的路、水、电等“七通”建设，建设安置保障住房 50 多万平方米。当年 12 月，公司资产总额 50 亿元，负债总额 34 亿元，资产负债率 68%。全年完成营业收入 53947.18 万元，实现净利润 15013.56 万元。

2015 年 3 月 24 日，为适应金洲新区开发建设新形势，对接市场要求，转变公司职能，公司对人员进行优化调整。免去原公司所有任职人员，重新委派周海鹏、马建新、周香萍为公司董事会成员，周香萍为职工董事，其中周海鹏担任董事长、总经理兼法定代表人。委派陶建平、邓成、姜婵娟为监事会成员，彭湘艳、卢为平为职工监事，其中陶建平担任监事会主席。同时，确认所派人员符合法定的任职要求，具备任职资格。

2017年，长沙金洲新城开发建设投资有限公司升格为集团公司。集团公司包括湖南省长沙金洲大学科技产业园资产管理有限公司、长沙金洲惠民物业服务有限公司和宁乡同创建设开发有限公司3家全资子公司和控股公司。集团目标是在“十三五”规划末，将公司打造成为经营资产超过200亿元的企业集团。

**二、长沙金洲惠民物业服务有限责任公司**

2010年5月11日，宁乡县惠民物业服务有限责任公司成立。为宁乡县新城开发建设投资有限公司的全资子公司，注册资本300万元人民币，公司法定代表人由金洲新区管委会副主任曾辉兼任。公司经营范围：物业管理服务、物业中介服务、家政服务、园林绿化服务。做好园区内道路卫生保洁工作，按区域划为5个班组，共64名道路一线保洁员。对园区各企业的垃圾清运、“门前三包”、卫生评比三方面工作进行管理。开展园林绿化养护监管工作。公司为各安置住宅小区配备包括督查、保洁、保安、水电工等在内的物业服务人员共99名。公司负责新区内中小企业孵化园“恩吉创业园”的卫生保洁、垃圾清运、厂房租金代收等各项物业服务。

2013年10月，物业公司从新城公司分离，变更为新区管委会直属公司，注册资本增加至2000万元人民币。公司机构设置为“两处一中心”：即综合处，下辖事务室；财务处；物业服务中心，下辖园区服务科、小区服务科、工程科。

2014年6月，公司名称变更为长沙金洲惠民物业服务有限公司(国有独资)。法定代表人为魏清明。公司经营范围扩展为物业管理服务、物业中介服务、家政服务、园林绿化养护服务；市政维修，小区物业维修。

2016年2月，物业公司并入集团公司，为集团公司旗下全资子公司。机构设置为综合管理部、后勤服务部、工程安保部3个部门。

2017年，公司管理人员17名。

**三、长沙恩吉创业服务公司**

2014年4月9日，长沙恩吉创业服务有限公司成立。注册资本300万元人民币，是金洲新区工业集中区管理委员会出资成立的全资子公司。经营范围为：

创业服务、融资咨询服务、人才培训中介服务,各类申报代理服务、企业投资与咨询服务、房屋租赁服务。公司设董事长1人,董事会成员3人,由金洲新区工业集中区管理委员会委派。董事会成员任期3年,任期届满,可连选连任。公司设监事会,成员5人,其中职工代表2人、非职工代表3人。职工代表监事由公司职工代表大会民主选举产生。非职工代表监事由金洲新区工业集中区管理委员会委派。监事会设主席1名,由金洲新区工业集中区管理委员会从监事会成员中指定。监事会成员任期3年。总经理由公司董事长兼任。

2017年,公司完成创收1863.5万元,超额完成全年创收1500万元的任务。其中,恩吉创业园厂房租金865万元,物业费物621.3万元,垃圾清运费61万元,其他费用(道路保洁养护、绿化养护)316.2万元。

**四、长沙金洲工程咨询服务有限公司**

长沙金洲工程咨询服务有限公司(以下简称"咨询公司")是经宁乡县人民政府批准成立,归金洲新区领导和管理的国有独资有限责任公司。咨询公司成立于2014年4月,注册资本500万元。公司实行独立核算、自主经营、自负盈亏。主营业务接受政府部门委托,对政府投资项目和重大建设项目进行工程咨询,同时接受其他业主委托为社会投资决策服务。公司经营范围:编制项目建议书,编制可行性研究报告、项目申请报告和资金申请报告,评估咨询;工程设计、工程项目管理;测量。

2007年1月,因金洲新区的开发建设需要,成立测量组,隶属全城线工程建设指挥部工程科。

2010年1月,宁乡县新城开发建设投资有限公司(以下简称"新城公司")设总工室和工程建设部,划入测量职能,新城公司成立全资子公司——宁乡县金洲测绘有限公司(以下简称"测绘公司")。

2014年4月,金洲新区机构升格,金洲新区撤销新城公司总工室,将总工室的测量和设计管理职能并入测绘公司,测绘公司更名为咨询公司,出资方变更为金洲新区工业集中区管理委员会。公司业务范围拓展为编制项目建议书,编制可行性研究报告、项目申请报告和资金申请报告，评估咨询；工程设计、工程项目管理；测量。

## 五、湖南金玉融资担保有限公司

2014年1月，湖南金玉融资担保有限公司经湖南省人民政府金融工作办公室批准成立，宁乡高新区控股，公司注册资本1亿元人民币。公司主要经营范围：在湖南省范围内办理贷款担保、票据承兑担保、贸易融资担保、项目融资担保、信用证担保，以自有资金进行投资。

公司系湖南省中小企业信用与担保协会、长沙市中小企业融资担保协会会员单位。公司被湖南省担保协会评为“优秀融资担保机构”，多次被宁乡高新区经开区管委会和宁乡市政府评为“工业经济工作先进单位”。公司与各类金融机构开展合作，先后与宁乡农商银行、邮政储蓄银行、长沙银行、中国银行等单位建立合作关系，累计获得银行授信额度20亿余元。

公司以搭建中小企业融资平台为导向，以解决中小企业“融资难、融资贵”为目的，致力于服务园区企业，先后为中瓷新材料、瑞捷机械、精量重工、星邦重工、然润堂等优秀园区企业提供担保贷款。高新区管委会为支持企业发展，对园区企业担保费用实行减免政策，为园区企业搭建高效、便捷的担保服务平台。

## 六、长沙金洲大学科技园资产管理有限公司

2014年4月16日，湖南省副省长李友志莅临金洲新区工业集中区（以下简称“金洲新区”），召开“湖南省大学科技产业园、湖南省高校知识产权运营服务中心”项目现场办公会。李志友认为金洲新区基础实，来势很好，明确支持该项目落户金洲新区。同年，设立湖南省大学科技产业园、湖南省高等院校知识产权运营服务中心；注册成立湖南省长沙金洲大学科技园资产管理有限公司；引进兴旺集团，采用PPP模式建设和运营大学科技产业园，注资1亿元成立合资公司。

2017年，“一园一中心”累计引进和签约项目41个，其中10个项目入驻大科园（另外3个项目入驻园区孵化器），其他项目在推进中。

## 七、宁乡高新投资控股有限公司

为更好地顺应发展需求，进一步增强园区国有经济的活力与竞争力，统筹宁乡高新区的开发、建设、资产经营等工作，2016 年，宁乡高新区管委会开始组建宁乡高新投资控股有限公司，以此作为集团公司，统领高新区管委会委属国有公司。

2017 年 1 月 22 日，宁乡高新区管委会副主任曾辉在县长办公会上发起关于设立宁乡高新投资控股有限公司的议题，经会议审议通过。2017 年 2 月 23 日，宁乡县人民政府县长办公会议同意成立宁乡高新投资控股有限公司。3 月 22 日，宁乡县国有资产管理局下发《关于成立宁乡高新投资控股有限公司的批复》(宁国资发〔2017〕48 号)，同意成立宁乡高新投资控股有限公司。公司注册资本 2 亿元，由宁乡县人民政府出资，委托宁乡高新技术产业园区管理委员会履行出资人职责。公司为国有独资公司。3 月 24 日，宁乡高新投资控股有限公司注册成立，董事会成员为周海鹏、马建新、彭湘艳。周海鹏担任董事长、总经理兼法定代表人，彭湘艳任职工董事；监事会由刘婷、颜石、陈江、谢海波、邓成组成，其中刘婷任监事会主席，谢海波、邓成任职工监事。4 月，增加魏清明、李劲夫为董事会成员。





# 第二节 重点企业

## 一、三一汽车起重机械有限公司

三一汽车起重机械有限公司(以下简称“三一重起”)系三一集团核心事业部。2009 年，迁至宁乡金洲新区，注册资本 1.36 亿元，总资产 95 亿元，员工总数 3300 余人。三一重起是宁乡市首家产值过百亿元的企业，入选“2019 全球起重机制造商10强榜单”。公司主要从事汽车起重机、全地面起重机、越野起重机、特种起重机及塔式起重机产品的研发、生产及销售，是全球最大的轮式起重机制造基地。

公司坚持“品质改变世界”的核心愿景，围绕“一切源于创新”的发展思路，不断加大自主创新力度，2009—2017年，每年将年收入的5%～7%投入技术创新当中。公司掌握油气悬挂、单缸插销等超大吨位起重机关键制造技术，累计独立申请专利1000余件，其中发明专利468件。其中“大吨位系列履带式起重机关键技术与应用”获2013年度“国家科技进步二等奖”；SAC2200机型获“湖南省科学技术进步二等奖”；SRC865机型获“美国工程设备TOP100产品”；SAC12000机型、SSC1020机型获“中国工程机械TOP50金奖”。

**二、湖南杉杉新能源有限公司**

湖南杉杉新能源有限公司成立于2014年3月，位于宁乡高新区金洲大道东166号，主营锂电池正极材料业务，是国家高新技术企业、湖南省智能制造示范企业。产品主要供应苹果、三星、LGC、ATL、比亚迪等企业，广泛应用于手机、笔记本电脑等便携式资讯设备领域，新能源汽车等交通工具领域，以及其他大型动力电源、二次充电、储能领域。

企业拥有国家级企业技术中心、湖南省工程技术研究中心、博士后科研工作站、院士工作站等多个科研创新平台。公司陆续获“国家技术创新示范企业”“制造业单项冠军示范企业”“国家发改委产业振兴与技术改造专项”“工信部智能制造新模式应用项目”“工信部绿色制造系统集成项目”等国家级项目与称号，是中国锂电产业链重要的民族工业品牌。公司自2014年起，连续6年排名行业竞争力品牌榜第一位。

**三、湖南星邦智能装备股份有限公司**

湖南星邦智能装备股份有限公司位于湖南省长沙市宁乡高新技术产业园区金洲大道东128号，2011年1月入园。公司有占地面积100亩，总建筑面积约4.1万平方米。是集创新研发、智能制造、智慧服务于一体的大型产业园。公司自成立以来，始终专注高端高空作业设备的研发、制造、销售及服务。公司2017年六大系列、近50个品种的智能型高端高空作业装备，基本覆盖高空作业装备产品的全领域，产品远销南美洲、欧洲等海外市场。公司生产的GTZZ46J高空作业平台一举打破最大工作高度、最大水平延伸、最大平台载荷3项世界纪录。

### 四、万鑫精工（湖南）股份有限公司

万鑫精工（湖南）股份有限公司（以下简称“公司”）成立于2014年9月，注册资本7500万元，设有10家分子公司，拥有员工600余人。是湖南地区减速机生产规模较大，集研发、生产、销售、服务于一体的国家高新技术企业。公司主要生产高精密减速机、减速电机、伺服电机、驱动器、控制器等，产品横跨轻工、重工两大领域，广泛应用于智能机床、工业机器人、工程机械等。

公司高度重视核心技术研发，2015年12月，由核心技术人员周清泉带队组建专门团队，成立企业技术中心，每年将销售收入5%以上的资金投入研发。



### 五、长沙天和钻具机械有限公司

长沙天和钻具机械有限公司成立于2002年，注册资本4286万元。公司产品应用于露天矿山、农田水利、桥梁建筑、地质勘探、石油天然气等领域。产品包括3～28寸的高中风压冲击器及配套孔径φ64～1100毫米的钻头、深孔大口径潜孔钻具、跟管钻具、反循环钻具、凿岩机用钎具等，是潜孔钻具凿岩破碎产品专业生产企业。公司是中国钎钢钎具协会会员、湖南省小巨人企业、长沙市小巨人企业、湖南省高新技术企业、长沙市智能制造示范企业、长沙市岩土钻孔装备工程技术研究中心、长沙市企业技术中心、长沙市工程技术中心等。

公司拥有中级以上技术骨干100余人、20年以上潜孔钻具研发经验的专家50余人。公司拥有自主知识产权专利40多项，其中发明专利10项，深孔大口径潜孔锤及配套钻头系列产品获湖南省科技厅科学技术成果鉴定。2017年，公司生产设备和检测分析仪器齐全，所有产品都自主研发、生产。



### 六、湖南星沙机床设备有限公司

湖南星沙机床设备有限公司是星沙机床在宁乡建立的生产基地。公司注册

成立于2010年,2012年下半年正式投产,注册资本5358.52万元,实际总投入超过2亿元。公司自有土地约90亩,建筑面积约4.5万平方米。2017年,有员工650余人,产品主要为三一重工、中联重科、星邦重工等行业龙头企业配套。

公司有完整的产业链生产线,涵盖自动下料、机加、焊接、自动冲砂、油漆房、全自动静电喷塑、QPQ表面处理等全工序制造设备300余台。主要产品包括工程机械大型结构件,如汽车起重机副臂、塔式起重机吊臂、工程机械配重、工程机械液压油箱等。工程机械专用钢丝绳产品获得中国工程机械协会认证公司。

### 七、湖南长高电气有限公司

湖南长高电气有限公司是长高集团的全资子公司,位于长沙宁乡金洲高压电器产业园。2007年入园,2011年投产。总投资3.2亿元,占地面积600亩,总建筑面积超过12万平方米,市场占有率行业内排名前五。公司是国内电网一次设备制造的骨干企业,产品质量和服务赢得国家电网、南方电网及广大用户的一致肯定和好评。公司主营电网设备35～220千伏高压及超高压组合电气产品。



### 八、长沙瑞捷机械科技股份有限公司

长沙瑞捷机械科技股份有限公司成立于2008年,注册资金3500万元,是集研发、生产、销售工程机械、军工设备于一体的高新技术企业。公司于2015年挂牌新三板,股票代码832867。

公司为三一汽车起重机械有限公司、中联重科股份有限公司、博世汽车部件(长沙)有限公司、湖南晟通汽车有限公司等大型工程机械企业生产配套设备。公司多次获得战略合作伙伴的“优秀供应商”称号。

2017年,有员工398人,其中管理人员42人、技术人员43人。2014年起,近3年共投入研发费用1846.93万元,自主开发项目22项,其中“新型环保垃圾箱关键技术研究及产业化”立项宁乡市科技计划并验收成功。公司申请专利36项,已授权发明专利3项,实用新型新专利23项;另有3项发明专利、7项实用新型专利正在审查中。



### 九、湖南天威电气股份有限公司

湖南天威电气股份有限公司前身为湖南第二开关厂,创办于1958年,是专

业的高低压电器设备、漏电保护器制造商。2011年通过改制，湖南天威电气股份有限公司成立。注册资本1.08亿元，公司主要生产环网箱、箱式变电站、10千伏电力变压器、高压开关柜、高低压电缆分支箱、低压综合配电箱、低压开关柜、电能计量箱等，业务涉及湖南、湖北、山东、山西等17个省。

2017年，有员工300余人，专业技术人员50余人、高级工程师15人，高级管理人员中有10人有20年以上的行业管理工作经验。公司是湖南省最早开始生产高低压电器设备及家用漏电保护器的厂家之一，是湖南省一家A级优质供应商，获国家高新技术企业、湖南名牌、长沙市两型产品认证、安全生产标准化企业、科技创新小巨人企业、省级清洁生产审核、长沙市第四批智能制造试点企业等认证和荣誉。

**十、长沙烨海机械科技有限公司**

长沙烨海机械科技有限公司成立于2016年10月。2017年3月，从长沙搬迁至宁乡高新区，是一家专业承揽机械制作和生产专业化公司。2017年，有生产场地2.1万平方米，有员工300余人。公司拥有各类卷板机、剪板机、折弯机、铣床、钻床、数控机床、梅塞尔等离子切割机、3000W激光切割机、1600T油压机、罐体焊接专机、软轨式自动焊机、喷砂机等先进制作生产设备200多台(套)。公司拥有大气等离子喷涂设备、超音速火焰喷涂设备，以及涂层性能评价设备。公司主要承接各类金属钢结构、罐体、箱体工程，与中联重科和三一重工建立合作关系。

**十一、湖南邦普循环科技有限公司**

湖南邦普循环科技有限公司(以下简称“邦普”)成立于2008年，是宁德时代(简称“CATL”)的控股子公司。是国内最大废旧动力电池回收处理及高端电池材料生产的国家级高新技术企业，回收处理规模和资源循环产能居亚洲前列。公司主要经营范围:废旧电池的回收及其再生利用，制备三元前驱体、碳酸锂等电池材料。

邦普建立了国家级企业技术中心、国地联合国家工程研究中心、湖南省工程研究中心等多个科研平台，成为工信部首批认定的《新能源汽车废旧动力蓄电池综合利用行业规范条件》企业，获工信部国家绿色工厂称号。邦普利用独创的“废旧电池定向循环关键技术”，实现“废旧电池—电池材料—电池”的闭路循环，破解了从废旧电池到电池材料的行业难题，形成封闭式的循环产业链条。为提高新能源汽车动力蓄电池的电池能量密度及续航能力，邦普研发开发了高镍单晶型高性能三元前驱体，产品性能处于行业领先地位。邦普围绕废旧动力电池循环利用，累计主导(参与制定)国家、行业、地方标准108项。

邦普重视智能化生产，首次自主设计本领域可联用的自控系统和制造执行系统，弥补废电池再生行业的技术空白。购置HOLLiAS通用控制系统软件、液晶显示器等设施设备，建设各车间智能化控制系统，完成对废电池循环利用整个生产流程实施智能化生产控制。实现生产设备智能化改造升级，缩短产品周期30%以上，产品不良品率降低20%，单位产值能耗降低10%，提高生产效率30%。

## 十二、长沙东鑫环保材料有限责任公司

公司是由中南大学、北京科技大学、钢铁研究总院等共同组建的高新技术企业。成立于2009年8月，注册资金2850万元。公司拥有近4万平方米的厂房、研发、中试及检测试验中心。2017年，有员工68人，拥有在钢铁企业和其他企业10年以上工作经验的高级工程师9人、博士学位以上的高级研发人员6人。公司拥有20多项发明专利。公司是“湖南省高新技术企业”“湖南省博士后科研流动站协作中心”“长沙市企业技术中心”“长沙市氮化物工程研究中心”等研发平台，是国家战略性新兴产业重点项目企业。2011年起，多次获“湖南省高新技术企业”称号。2015年，公司购买地建设了年产值超8亿元的生产基地，资产总额超3.5亿元。公司属于“新技术”“新装备”“新工艺”“新产品”的四新公司。

公司主要从事节能环保新技术研究开发与技术服务；节能环保新材料及其设备的制造与销售；冶金新技术、新材料及新工艺的研究及开发与技术服务；高效合金与功能材料及其设备的制造与销售；节能材料(金属与非金属)及其设备的制造与销售。

## 十三、湖南中谷科技股份有限公司

湖南中谷科技股份有限公司前身为2003年成立的湖南中吉科技有限责任公司。2014年年底，在宁乡高新区落户注册，注册资本1亿元，固定资产超过3亿元，占地面积135亩。是一家集自动售货机研发制造、人工智能、物联网、云服务、大数据、移动支付、售货机软硬件开发定制等技术于一体的国家高新技术企业。公司是国内O2O自助零售系统解决方案的领导者，是云战略环境下“互联网＋自助售货＋传统渠道”商业连锁模式的领先者。公司是中百协自助售货行业分会副会长单位、亚太自助售货行业联合会副会长单位、美国NAMA售货机协会会员、欧洲EVA售货机协会会员。

中谷科技建有全自动环保喷涂流水线、总装流水线、钣金生产线、注塑生产线和自动化车间等。公司主要产品有蛇形饮料机、综合机、冰淇淋机、弹夹式售货机、无人商店、现磨咖啡机等。公司为客户提供涉及自助售卖、自助加工、自助服务等全行业智能售卖解决方案。公司涉足饮料食品业、生鲜果蔬业、餐饮外卖业、咖啡热饮业、鲜榨果汁业、美妆售卖业、成人用品业等多种品类、多种细分领域。

公司为湖南省、长沙市拟IPO上市企业，先后获“湖南省小巨人企业”“长沙市小巨人企业”“湖南省智能制造示范企业”“长沙市企业技术中心”“长沙市智能制造试点示范企业”“宁乡先进制造企业”“宁乡市发展十快企业”“宁乡高新区四优四强先进企业”“行业最具潜力企业奖”等多项荣誉。公司受中国标准化研究院邀请，参与《制冷自动收获近能效标识实施规则》的制定。

公司生产的自动售货机产品在国内的市场占比达35%。公司推出的“中吉”系列产品，以其创新性设计、超前的技术应用和卓越的性能，应用于全球50多个国家和地区。同时，公司利用产品的自身优势，拓展国外市场，产品出口至柬埔寨、墨西哥、比利时、西班牙、菲律宾等国家及地区。

## 十四、长沙金锦桥机械有限公司

长沙金锦桥机械有限公司是对工程机械涂装有着深厚技术基础的民营企业。公司秉着“关注细节，精益求精”的质量方针，以“爱护环境、关爱员工、回报社会”为己任，以“发展创新、追求卓越、迅速改善、永续经营”为发展方向，通过不断完善与跨越式发展，管理体系与工艺技术日臻完善与成熟，自 2011 年起成为中联重工定点涂装工厂。2012 年 6 月起，通过 GB/T 19001—2016 / ISO 900：2015 质量管理体系认证及复审，并取得安全生产标准化三级证书、排污许可证等。公司在中联供应商中表现出色，多次获验收成绩铜质奖、优秀供应商奖、质量优秀奖、管理提升奖、最佳交付奖等。

公司自 2010 年起，成为中联重科定点战略涂装外协厂。公司相继开发了混凝土机械、泵车、车载泵、环卫车辆、三一塔机部件及消防车等特种车辆的涂装与精饰工艺。同时，还承接机械加工等结构件项目，如汽车油箱、车箱体等。公司员工近 300 人，有高级技术职称人员 30 人，建成 5 座大型独立的现代化喷涂加工车间，占地面积近 10 万平方米。

## 十五、湖南红门金属建材有限公司

湖南红门金属建材有限公司创建于 2005 年，注册资金 5000 万元。是集研发、销售、生产、施工于一体的新材料智能制造产业公司。旗下拥有 6 家全资子公司，拥有业内领先的三大生产基地——宁乡生产基地、天津静海生产基地及湖北监利新材料智能智造产业园。先后获高新技术企业、科技创新小巨人企业等荣誉。产品覆盖护栏、门窗、围栏、百叶窗、幕墙、电动伸缩门、庭院门、消防门等，从售前咨询、项目设计、投标配合，到售中的现场勘察、施工指导、调试安装，再到售后免保、终生服务保障，提供全程服务。在防护栏杆领域，公司依托在高品质建筑整体防护类积累的生产技术优势和品牌影响力，与国内多家房地产企业建立长期合作关系，并成为国内 TOP50 开发商核心战略集采商，业务范围覆盖全国 21 个省。

## 十六、湖南东方时装有限公司（圣得西集团）

湖南东方时装有限公司（圣得西集团）创始于 1989 年，是高新技术企业。总部位于宁乡高新区，占地面积 300 亩。2017 年，有员工近 1200 人，主营“圣得西”时尚轻装品牌、“圣澳威斯”时尚职业装品牌、“自命题 & Label it”私人定制品牌和“柯尚”电子商务品牌。全国开设专卖店 300 余家，是集设计、开发、生产、销售于一体的湖南省规模较大的服装企业，是中国服装行业百强企业、全国纺织工业先进集体。

公司先后被认定为“国家级工业设计中心”“中国时尚商务男装色彩研发基地”“中国纺织服装人才培养基地”“湖南省企业技术中心”“湖南省服装设计与加工工程技术研发中心”。公司承担国家科技支撑计划项目1项，认定国家专利102项。

**十七、湖南爽洁卫生用品有限公司**

湖南爽洁卫生用品有限公司是集研发、设计、生产、销售、服务于一体的专业化婴幼儿用品企业。产品涵盖婴儿纸尿片、纸尿裤、拉拉裤，拥有“爽然”“爱心妈妈”“珍柔”“恩诺一”“丛林小树”五大系列产品、200多个规格品种，拥有发明专利1项，实用新型专利13项，外观设计专利10项，注册商标180个。

公司自创建以来，不断引进国内外一流的设备与工艺技术，通过导入国际先进的管理理念和标准规范的认证体系，先后通过ISO 9001质量体系认证、知识产权体系认证、3A认证和SGS国际认证。公司获“湖南省著名商标”“湖南名牌”“湖南省质量信用AA企业”“湖南省电子商务示范企业”“国家高新技术企业”“长沙市工信小巨人”“全国重质量守信用企业”等称号。



至2017年，公司有三条纸尿片生产线、三条纸尿裤生产线，两条拉拉裤生产线，其中纸尿裤和拉拉裤生产线年产能8亿片。

公司采用线上、线下、直营、OEM的形式，构建多层次、全方位的市场营销模式。公司多次派人参加北京、上海、成都、武汉等地的婴童行业展会。

**十八、长沙锦峰重工科技有限公司**

长沙锦峰重工科技有限公司是湖南锦峰建设集团下属全资子公司，2011年成立。作为中南地区特大型专业钢结构制造安装高新技术企业，公司拥有建筑工程施工总承包壹级、钢结构工程专业承包壹级、钢结构制造壹级等资质，是湖南省装配式建筑产业基地。公司总占地面积21万平方米，建筑面积11.8万平方米，其中车间面积8万多平方米。经营范围：钢结构高层及住宅、钢结构厂房、钢结构桥梁、网架、管桁架、风电塔筒等，以及建筑工程总承包，钢结构设计、制造、安装及加工各种金属构件和经销各种钢结构材料及建材。公司拥有焊接H型钢生产线、网架生产线，管桁架生产线、箱型柱生产线、开平纵剪等8条轻重钢生产线，4条风电塔筒生产线，4条钢结构桥梁生产线以及多条彩板、C型钢生产线。公司的各种构件全部采用工厂化制造，年产钢箱桥梁可达8万吨、重钢3万吨、轻钢3万吨、风电塔筒400套。

2017年，公司拥有高素质的管理人员80多人，各类专业技术职称人员330人(其中包含高级工程师、工程师、经济师、一二级建造师等)。公司拥有经验丰富的专业施工、安装队伍。采用先进的钢结构设计及详图分析软件，从方案设计、优化，到施工图、工艺图、详图、安装图的绘制均通过专业的数字化处理完成；并严格按照ISO 9001：2015标准进行设计、制作、运输、安装、售后。公司在专业技术领域不断进行创新，拥有18项发明专利。

### 十九、湖南精量重工科技有限公司

湖南精量重工科技有限公司位于长沙市宁乡市高新区，成立于2009年4月(前身为成立于2006年的湖南省精密量具工业有限公司)，注册资本5968万元，公司占地面积53亩，实际投资超过1.5亿元。公司主要业务范围：铸铁平台系列、机床床身系列、烧结台车、汽车模具、风电设备、工程机械部件。主要客户包括上海电气集团、中冶长天、铁建重工、三一集团、中车集团、武重、广汽、湘电、长江等国际机床制造企业和国内各大钢铁厂。

公司拥有先进的铸造工艺设备，单件铸造达到60吨，年铸造产量达到3万吨，其产能跻身国家前50强。公司是全国平直量具龙头企业、湖南省铸造行业骨干企业、湖南省工程技术研究中心、湖南省铸造十强企业、湖南省新材料企业和高新技术企业、长沙地区机床工具铸造件及加工行业第一品牌。

拥有员工180人，研发人员占公司总人数的17%，研发人员中本科及以上学历15人，中级、高级职称17人。公司于2006年通过ISO 9000：2001国际质量体系认证，2010年再次通过ISO 9001：2008的认证。公司荣获4项发明专利、7项实用新型专利。

2011年，公司与中南大学于建立产学研合作关系，由教授姜锋科研团队与公司合作研发新一代产品。经过几年的合作，双方通过“高性能金属结构材料”及“材料微观结构与表征”的研究，研发新型高性能铸件产品，提升了公司产品的性能和竞争力。公司与中南大学合作开发的项目“变质钢生产技术研究”“等温淬火球墨铸铁技术研究”“低成本高性能耐腐蚀钢铸件技术研究”已研制成功，并实现产业化生产和销售。

公司还与德国 SHW 机床、意大利 PAMA 机床、法国 FOREST—LINE 机床等海外公司建立合作关系。

**二十、长沙市普星仓储有限公司**

长沙市普星仓储有限公司成立于 2012 年 2 月 27 日，为外商独资企业，普洛斯是公司的唯一法人股东，普洛斯专注于物流、不动产、基础设施、金融及相关科技领域的投资管理与商业创新公司。公司注册资金 2 亿元，占地面积 20.1 万平方米，仓储建筑面积 11.3 万平方米。长沙市普星仓储有限公司区位条件优越，交通便利，可快速接驳至长株潭城市群的各消费市场。公司投资的普洛斯长沙金洲物流园作为综合性的物流园区的定位是成为以长沙市为中心辐射长株潭城市群的城市物流配送中心，成为长沙—益阳—常德城际配送专线的物流枢纽，并为宁乡高新区、宁乡经开区、望城经开区、长沙高新区周边的生产型企业提供物流仓储服务。



普洛斯长沙金洲物流园拥有高质量的物流仓储设施，旨在为长沙西部国内外知名的制造商、电子商务企业与第三方物流公司提供具有国际水平的厂房和物流仓储设施。普洛斯长沙金洲物流园仓库按照存储物品类别区分为丙二类仓库，建筑形式为单层预制轻钢结构，仓库净高 9 米地面、3 吨/平方米，有雨篷、装卸货平台、电动升降平台等物流设施，并配有室内消防栓系统、自动喷淋系统、烟感系统和火灾自动报警系统等消防系统。



**二十一、华力通线缆股份有限公司**

2012 年，华力通线缆股份有限公司成立。公司注册资金 1.08 亿元，占地面积 100 多亩，其中厂房面积近 4 万平方米、综合办公楼面积 4800 平方米，年生产能力 10 亿元。

主要产品有控制电缆、橡套电缆、高压交联电缆、架空导线、钢芯铝绞线、中强度合金绞线、低压合金电缆，以及各种规格的裸铜绞线、裸铝绞线等。公司生产钢芯铝绞线的最大导体截面可达1200平方毫米。公司还根据市场需求开发生产了阻燃型、耐火型电缆，低烟无卤、耐高温、耐腐蚀型特种电缆等新型电缆产品。

公司先后获得“湘潭市名牌产品”“湖南省著名商标”“工业投入奖”。2012年度，获得“湖南省电力公司十大优秀供应商”“小巨人企业”称号。2013年，公司获得湖南省技术监督局授予的工业企业质量监管分类“AA类企业”荣誉，并获2013年国家科技项目成果奖。2014年，获“湖南诚信企业”荣誉证书及万家欢低压电缆获得“长沙名牌”。2015年，湖南省质量技术监督局还为公司产品万家欢、冠驰牌授予“湖南名牌”称号。2016年，获湖南省质量技术监督局颁发的“2011—2015年省级以上产品质量监督抽查连续五年合格”证书。2017年，获湖南省“守合同重信用”单位称号及“和谐共建奖”，获得“两型工业企业认证证书”“两型产品证书”。



**二十二、长沙赛恩斯环保工程技术有限公司**

长沙赛恩斯环保工程技术有限公司主要从事重金属废水处理药剂生产及成套设备、电气自动化的制造。公司成立于2014年4月23日，注册资金1000万元。公司位于宁乡市高新区金沙西路048号，占地面积62.74亩，依托中南大学的科研与技术优势，充分利用“国家重金属污染防治工程技术研究中心”“国家环境保护有色金属工业污染控制工程技术中心”“湖南省重金属污染综合治理工程技术研究中心”“水污染控制技术湖南省重点实验室”等国家级、省部级科技创新平台，致力于重金属废水处理用生物制剂及工程成套设备的生产、销售，环保工程技术研发及推广服务，在重金属废水深度处理与回用行业处于领先地位。



公司开发生产一系列重金属处理用生物制剂，拥有10万吨/年生物制剂生产线，重金属废水生物制剂处理与回用系统、重金属废水深度脱盐与回用系统、高浓度重金属废水资源化利用与回收系统、重金属污染土壤修复中试系统、重金属固废硫化浮选处理中试系统、含砷固废微晶化解毒胶凝固砷系统等成套设备。

## 二十三、湖南星港家居发展有限公司

湖南星港家居发展有限公司成立于1985年,总部位于宁乡高新区星港工业园,是国内最早的床垫生产企业之一。公司总部立足湖南,辐射江西、湖北、河南市场;佛山基地立足广东,辐射全国。作为华中床垫行业的领军品牌,除了拥有自由沉睡、美好生活、舒适享眠、椰梦物语、舒适益心五大系列床垫以外,集团旗下各系列品牌产品各具特色。

公司先后与美国杜邦、礼恩派,德国科德宝、汉高、大象,土耳其贝特丝、比利时贝卡特等企业合作。

## 二十四、湖南银太集团有限公司

湖南银太集团有限公司成立于1996年9月。其前身为裕湘纺织总厂,是集纱线产品研发、生产、销售一体化经营为主,兼顾棉花收购、加工,房地产开发,水力发电,民办高职院校等综合业务的集团公司。集团公司总部暂设宁乡高新区,旗下包括宁乡银太纺织有限公司、炎陵银太纺织有限公司两个大型纱线生产基地。

宁乡银太、炎陵银太两个生产基地共有20万枚纱(线)锭,年产赛络纺、紧密赛络纺、气流纺等各类纱线4.5万吨。集团公司以连续化、自动化、高速化等现代化标准生产要求,根据企业自身情况,设计合理工艺流程,采用当代国际国内先进的纺纱设备,可生产3～100支精梳、普梳纯棉、化纤、新型纤维纯纺及混纺纱线。集团公司主要生产高档牛仔面料用竹节纱(线)、平纱(线)、包芯纱(双芯纱),承接少量多批的高档针织用纱、新型复合织物用纱。

公司产品销往珠三角、长三角等市场。

## 二十五、长沙弗迪电池有限公司

长沙弗迪电池有限公司(长沙众迪锂电池有限公司)是弗迪电池有限公司(曾用名为深圳众迪锂电池有限公司)的全资子公司,成立于2019年5月10日,注册资本5000万元。位于湖南省长沙市宁乡高新技术产业园区欧洲北路88号,由弗迪电池有限公司100%出资。

公司占地面积614亩,总投资约50亿元,项目购置相关重要设备1500余台

（套），建设内容主要包含锂离子电池生产线数条、电池配套原材料数条：如盖板生产线、隔膜生产线、电解液物理混合生产线、精馏回收生产线、电池包零部件生产线、电池管理系统生产线、储能系统生产线、电池包升级拆分生产线、电池组装测试生产线等生产厂房、产线及相关生活配套设施。

公司主要产品为比亚迪最新一款磷酸铁锂汽车动力电池“刀片电池”，“刀片电池”放电倍率大幅提升，成本较之前节约30%，电池包内部的空间利用率比块状电池包的空间利用率提升50%。“刀片电池”33分钟可将电量从10%充到80%，循环充放电3000次以上。

**二十六、湖南中科星城石墨有限公司**

湖南中科星城石墨有限公司为湖南中科电气股份有限公司的子公司，是专门从事锂电池负极材料研发与生产的高新技术企业。在中国锂电池行业负极材料竞争力品牌榜中位居第四。

公司以新能源汽车动力类锂电池负极材料为主攻方向，同时覆盖消费类及储能市场，产品包括天然石墨、人造石墨、以及硅炭、硅氧、软碳、硬碳等新型负极材料。公司与中南大学、湖南大学、北京航空航天大学等多所高等院校建立产学研合作关系，同时与中南大学建立研究生联合培养基地，与湖南大学建立碳素新材料研究实习基地。公司承担并参与国家重点研发计划、湖南省科技重大专项、湖南省战略性新兴产业科技攻关与重大科技成果转化项目、湖南省重点研发计划等多项省部级科研项目。公司拥有“新型储能电池关键材料制备技术”国家地方联合工程实验室、“湖南省锂离子电池负极材料工程技术研究中心”、“湖南省企业技术中心”等多个政府支持的科研平台。拥有已授权发明专利15项、实用新型专利3项，受理中的发明专利54项。公司被评为长沙市第七批智能制造试点企业。通过智能制造和技术改造，公司所生产的产品生产效率提升25%，产品生产周期缩短34%，产品不良品率下降24%。

公司主要合作伙伴包括比亚迪、宁德时代、亿纬锂能、中航锂电、蜂巢能源、瑞浦能源、星恒电源、SKI、ATL等企业。

## 二十七、长沙族兴新材股份有限公司

长沙族兴新材料股份有限公司(以下简称“族兴新材”)成立于2007年,注册资本9700万元。公司主营业务为微细球形铝粉及其深加工产品铝颜料的研发、生产和销售。

族兴新材是国内铝颜料行业中的龙头企业,拥有国际先进的各类铝颜料产品生产工艺和技术,其中高性能金属效应铝银浆、树脂包覆铝浆、致密硅包覆铝银粉、免邦定铝银粉、油墨颜料等诸多技术和产品属于国内独有或国内领先。族兴新材建有企业技术中心,并先后被认定为“长沙市企业技术中心”“湖南省企业技术中心”。

2017年,公司获得授权的发明专利22项、实用新型专利3项,公司主持制定3个,参与制定2个;同时,公司还受邀参与下游涂料行业的3个国家标准制定工作。

# 附录

# 一、领导讲话

## 在纪念建党 85 周年暨表彰大会发言：勇当金洲新区开发建设的排头兵

县政府办副主任　陈亮

（2006 年 6 月 27 日）

全面开发建设宁乡金洲新区，建成县城“一体两翼”新格局，加快与长沙对接，实现快速融城，打造县域经济新的增长极，是县委、县政府审时度势做出的一项重大战略决策。作为金洲新区开发建设的先行军，园区和全体指挥部成员在县委、县政府的坚强领导下，在各级各部门的大力支持下，克服重重困难，抢抓建设速度，强力推进各项工程建设，赢得金洲新区开发建设的良好开局。

**一、强化责任意识，牢牢锁定目标，全身心投入各项工作**

金洲新区是宁乡抢占发展先机，全面提升竞争优势的希望所在，是实现宁乡新一轮高速高效发展的决胜之地。面对这一历史重任，指挥部全体人员高度统一思想，全力抢抓机遇，忘园区地投身到新区开发建设，自始至终以一种强烈的使命感和主人翁的姿态做好每一项工作。在金洲大道和金洲互通建设过程中，园区按照县委、县政府确定的今年 7 月全线竣工的目标，不讲价钱，不怕困难，埋头苦干，一切工作服从和服务于这个目标，群策群力、全力以赴确保项目建设朝着预定目标快速推进。

**二、采取超常举措，坚持连续作战，高效率推进项目建设**

金洲新区的开发建设是从一片荒芜之地白手起家，一切都是从零开始，其难度之大、时间之紧、任务之重、要求之高，均创宁乡城市建设之最。欲建非常之功，必用非常之举。新区建设启动以来，按照指挥长的要求，园区从严明纪律、抓人促事入手，要求平时需两天甚至三天的事情在一天内做好，指挥部和全体建设者打破常规工作方法，打破常规八小时工作制，实行早上 7 点上班、晚上 10 点下班、24 小时轮流值班的作息制度，不分晴雨天，没有节假日，吃住在工地，战斗在一线，付出艰辛的努力。作为指挥部的具体负责人，园区坚持身先士卒，靠前指挥，要求指挥部人员做到的，自己先做好;在工程施工的关键时刻,园区坚持天天深入现场进行调度,常常到深夜一两点以后才回家,项目启动以来仅在正月初一休息一天。指挥部的同志们也是超负荷工作,如今年3月20日前后,指挥部有近20位同志食物中毒,大家除在医院打点滴的时间外,没有一个人请假,都带病坚守岗位。该项目自开工以来,指挥部的工作人员都以工地为家,以坚持在工地工作为荣,扎实而努力地工作。

园区努力工作得到上级的肯定、群众的支持、市场的回报。在项目申报立项过程中,园区积极争取省市部门支持,有时一天往返长沙数次。在征地拆迁工作中,园区与乡镇部门同志一道,深入细致做工作,认真协调、处理好拆迁户的相关问题,仅用一个月时间完成征地1300公顷,拆迁房屋近100户,迁移坟墓900余座,群众主动配合,反响较好,没有出现一例上访、告状等现象,创造宁乡征拆工作的奇迹。在资金筹措过程中,园区不等不靠,通过市场运作突破资金瓶颈,千方百计,先后向社会融资近2亿元投入项目建设,为工程快速推进提供有力的保证。

**三、精心组织协调,凝聚多方力量,全方位优化施工环境**

金洲新区建设是一项复杂的系统工程,涉及方方面面关系需要协调理顺:在施工高峰期,近千人的建设队伍,500多台机械设备日夜施工,要确保优质安全高效推进项目,任何环节都容不得半点闪失。在工作中,指挥部实行负责人联系标段工作制,全面推行"保姆式服务",出现问题随叫随到,立即协调解决,在施工单位因夜间施工不慎挖断国防光缆、长益公司传输线路后,园区都是第一时间赶到现场,连夜协调关系,以最快的时间稳妥解决,没有影响工程进展。指挥部还多次为施工方到株洲、韶山、邵阳等地选购机械设备,帮助他们解决工程建设中的燃眉之急。在工作中,指挥部积极协调与乡镇和部门关系,争取支持,形成合力,以最快的速度、最好的服务解决项目推进中的具体问题,为加快新区各项建设营造一个优质高效的政务服务环境。在施工中,坚持做到文明、安全施工,该项目自开工以来,至今未发生一起大小安全事故。该项目按设计规定为2007年底竣工,通过努力可望提前14个月竣工。

园区在紧抓项目建设的同时,及早谋划新区招商引资工作,通过卓有成效的工作,高新区的良好态势吸引众多县内外客商来此考察,中部服饰园、新创机械、中南大学新材料产业园、玉潭印刷园等一批重点项目即将启动建设,显示出良好的发展前景。作为金洲新区开发建设的参与者,园区将在县委、县政府的正确领导下,进一步解放思想,坚定信心,抓住机遇,迎难而上,以扎实的工作和出色的成绩,勇当高新区开发建设的排头兵,努力确保工作目标,为推动县域超快发展做出应有的贡献。

# 坚持科学发展，实现弯道超车 做大做强高新区

中共宁乡县委常委　刘永红

2009 年 12 月

根据县委、县人民政府“抢擂先导区、决胜大河西，崛起中西部、挺进五十强”的部署，高新区如何在金融危机中捕获机遇，实现弯道超车，在大河西先导区建设中勇当排头兵，成为宁乡挺进五十强的先锋队，是园区要认真解决的发展战略问题。

## 一、通过膨胀式发展，园区已聚集弯道超车的要素

金洲新区启动建设三年来，园区始终坚持“创新、惠民、共建”的开发理念，突出市场化运作，园区开发建设投入超过 15 亿元，建设以金洲大道为轴的 30 余公里园区路网；新区已落户项目 65 个，合同引资 330 亿元；已建成项目 37 个，在建项目 27 个；累计审批用地 9000 余公顷。新区已在先导区内展现出蓬勃的发展活力，已具备弯道超车的能力。

### （一）抓发展机遇，园区发展要素不断聚集

新区从 2006 年开始建设以来，抢抓长沙大河西先导区建设和国家应对全球金融危机刺激内需等一系列重大历史机遇，在融资、用地等制约园区发展瓶颈的因素上取得突破性进展。一是与银行建立战略合作关系。通过做大做优公司资产，加强与长沙银行、工商行、农发行等十余家金融机构对接，取得良好的效果，已与长沙银行、工商银行、信用联社等建立战略合作关系，新区融资总额已超过 5 亿元，还有 5 亿元的额度已报省分行。二是用地报批取得突破。园区组织专门班子，进行用地报批工作，全力破解园区用地瓶颈，金洲新区已审批用地 9000 余公顷，及时解决碧桂园、三一等重大项目用地问题。同时，为承接在谈的重大项目规划部分用地。三是园区品质不断提升。园区按第四代复合型园区进行规划和建设，突出宜工、宜商、宜居，并贯穿于开发建设全过程。项目品质高。园区强化选商引资理念，引进亿元以上项目 26 个，有三一、碧桂园、通程等一批国内知名企业；有族兴铝颜料等一批行业龙头企业；有红宇新材料、邦普新材料、赛瑞纳米新材料等一批得到清华大学、中南大学等高校技术支撑的优质项目。园区资产优。园区坚持市场运作，不断提高企业化管理水平，金洲新区开发建设累计投入 15 亿元，负债仅 5 亿元，园区资产质量高。

（二）抓机制创新，竞争能力不断提升

新区启动建设以来，一直以改革创新为工作主线，致力于练好内功，创新方式，集蓄赶超的势能。一是着力打造产业集群。新区已初步形成重点发展以三一重工、合丰数控机床为代表的先进制造业；以族兴铝颜料、红宇耐磨等为代表新材料产业，邦普循环科技等关键项目的引进，使园区“有色金属粉末—新能源材料—有色金属资源循环利用”等产业链得到逐步完善；光电信息产业中瀚麒光电、鑫洲智能等优势项目已启动建设。二是创立项目引进和退出机制。园区强化合同管理，将严格履约作为合作的基础，建立顺畅的项目准入机制，工作中坚持项目考察、论证，集体决策的办法，逐步实现制度化招商。去年以来，园区将相对效益较低的服饰，塑胶等产业压缩，清退效益低、实力不强的11家入园企业，使园区企业布局更加合理，并预留大项目用地，强化园区对重大项目的承载能力。三是品质化服务助推项目建设。园区着力为企业营造在家创业的氛围，在用地、融资、行政审批、手续代办等方面不断创新，深受企业好评，在项目建设过程中，切实为企业解决突出问题，成功实现客商“零投诉”，促进入园企业不断新增投资、扩产。如园区确保星港床垫项目在签约8个月内建成投产；锦峰钢构一年内连续三次扩产，开发区为其三次调整规划用地；族兴铝颜料在园区启动建设后，决定将其深圳公司总部整体搬迁入园。四是精细管理确保建设质量。园区通过建立健全工程各项管理制度，从源头选准施工队伍，在施工中实行精细管理等办法，在快速推进基础设施项目建设的同时，有效保证工程质量，如金洲大道东线工程被市指挥部评为全线综合管理第一名，金洲大道南线工程质量得到交通部规划设计院雷总工的好评。



（三）抓配套建设，工业新城已具雏形

在金洲新区开发建设中，园区依托优越交通区位和全新发展理念，以新型工业城市建设为重点，突出抓好城市发展布局和基础配套设施建设。一是确立城市发展布局。新区高标准建设的园区市政路网已拉开城市骨架；在金洲大道以北、长常高速以南、银洲路以西至历泉路为环的工业区已做好规划布局，入园企业按分区有序落户；以碧桂园为龙头的居住生活区一期工程已经开盘，吸引省会的许多成功人士来金洲置业；规划以金洲大道、欧洲路、美洲南路为主的几大商业街，以通程、碧桂园商业街为标志的商贸服务业即将动工建设、新区的城市功能布局和发展方向已经定型。二是着力抓好民心工程。三年来，新区共拆迁近

800户，群众对新区发展做出重大贡献。在安置方面，园区做好惠民文章，将安置区建设与工业发展相配套，综合考虑群众居住和经营，使其资产保值、增值，按城市小区建设标准规划建设高新、全民、同兴等6个安置小区，即使群众居住、生活条件更加优越，又为今后工业发展配套提供支持。

**二、抢抓机遇，提升能力，促进新区做大做强**

**(一)在冷静分析形势的基础上，把握机遇、明确新区总体发展战略**

每一次危机的发生，实质上是一次大浪淘沙、优胜劣汰的过程，是对原有产业格局进行调整、升级的过程，当前金融危机的发生，蕴含着促进园区发展的难得机遇：一是国家积极的财政政策和适度宽松的货币政策将成为今后一段时间的主要政策方向，银根、地根都较以往宽松，有利于园区突破瓶颈，加速发展。二是金融危机的发生将加快企业洗牌，这次危机中必将催生一批引导今后发展的优势行业和优势企业，为园区引进大项目、优质项目，促进产业结构优化升级带来难得的机遇。三是当前原材料、劳动力成本相对较低，有利于园区加快基础和配套设施建设，降低经营成本。四是金洲新区作为后发园区，正值起步阶段，已有良好的发展基础，同时没有历史包袱，只要发展战略明确，工作措施有力，执行落实到位，在抢抓机遇能力上应当更胜一筹，在弯道超车的进程中当抢先一步，从而赢得长期的竞争优势。

从以上认识出发，冷静分析，危机之下，当前正是推动园区发展的好时机。园区应加大马力完善创新体系，全面提升园区发展活力。金洲新区的经济发展目标是：至2010年，园区实现工业产值100亿元，建成税收过千万元的企业10个以上；至2020年，园区建成规模以上工商企业200家，实现工业产值过1000亿元，税收过亿元的企业达10个以上。

**(二)在强化科学发展的基础上，突出一个主题、提升三种能力、做好四篇文章，谋划做大做强园区**

1.突出项目建设主题，扩大有效投入，推进重大项目

加大投资、加快项目建设是当前推动园区快速发展，带动各项工作的关键之举，利用当前建材及劳动力成本较低的有利条件。一是在建项目赶进度、保投产。结合“两帮两促”活动，园区确保今年竣工招商项目累计60个以上，重点促亿元以上项目建设，当务之急是推进三一宁乡产业园、长高、邦普、族兴、圣得西、银太、红宇等重点工业项目全面投产。二是新启动一批基础设施项目和民生项

目建设。通过完善园区硬件,以此增强投资者信心,带动民间投资增长,以启动15栋、6万平方米安置户建设为重点,推进民生工程;以加快11万伏电站建设为抓手,协调新区内220千伏天玉线、110千伏雷新历木宁线迁移,加快园区电网改造工作;以银洲路、金沙东路、泉洲路等建设为重点,完善园区路网绿化、硬化、亮化、美化为重点,提升园区品位;以工业水厂建设为重点,解决供水、排污等管网建设问题。

2. 提升三种能力,促进园区科学发展

(1)提升大项目承载能力

一是在用地上取得新突破。一方面抓住大河西先导区的历史机遇,争取调整园区土地利用规划,增加园区可用土地控制面积,扩大园区发展空间;另一方面,加快用地报批工作,今年力争报批用地7000公顷以上,同时强化对引进项目进行合理布局,预留承接重大项目建设的土地。二是加强融资取得新突破。充分借助国家适当宽松的货币政策,加强同金融机构合作,再与2～3家银行建立战略合作关系,促进融资渠道多元化和融资方式多元化。全年力争融资8亿元以上,为开发区的基础设施建设、城市功能提升和对接重大项目提供强有力的支持。同时,积极支持金融机构在高新区设立营业网点,提升园区综合配套功能。

(2)提升产业发展配套能力

一是继续抓基础设施建。以打造品牌为重点,强化园区基础设施建设,在近两年内完善好核心区内的基础设施工程,以路网为基础形成完善的功能分区。二是构建产业链,促进产业集聚。金洲新区着力引进产业链关键节点项目,加速产业链延伸,一方面加大龙头项目引进,形成引进一个、带动一批的格局;另一方面,先引进与重大项目关联性强的配套项目,形成配套产业群,为重大项目的引进创优条件。争取在两年内先进制造业要形成100亿元的产值;新材料产业要形成80亿元产值;光电信息产业要以占地1000公顷的金洲光电信息产业园为平台,形成50亿元产值。三是完成商业网点布局。进一步发展完善开发区商贸环境,拓展现代服务业领域,提升服务业发展水平,面向园区企业提供办公、生活、休闲服务,全面提升新区的城市功能。重点抓好七大工程:争取银太投资5000万元以上,建设临金洲大道的商务中心项目;促进碧桂园商业中心加快建设步伐;规划好美洲路、欧洲路两个商业街,力争今年启动建设;建成全民、高新两个安置区面向园区企业员工服务的小市场;促职教中心尽快启动建设。

(3)提升自园区发展能力

从做大新城公司有效资产,搭建有利于园区大发展的投融资平台出发,做好三项工作:一是强化土地储备工作。树立大开发区理念,规划上分区运作,划出分期利用土地范围,促进土地从分散使用向集约化利用转变,增强土地对项目的调控功能。根据开发进程,有选择、有步骤的将一些优质地块归集到新城公司,作为储备资产。二是做大公司经营性资产。以公司为主体,抓好22万平方米标准厂房建设,既为新城公司增加经营性收入,增强开发区的财力,又能大大改善开发区招商引资条件,成为中小企业和科技型企业的建设孵化园。三是实行公司运作。将园区开发建设、公共事业管理等相关管理工作推向市场,变管理为服务,组建新城公司控股的金洲投资、金洲市政管理、金洲物业服务3家子公司,赋予相应的投融资职能,建立与新城区配套的管理体系,对园区实行精细化管理。

3.做好四篇文章,坚定不移地加快园区升级步伐

(1)做好谋势文章

一是加快省级园区申报工作。新区通过三年发展,已取得良好的发展态势,基本具备省级开发区申报条件,园区与县发改局继续抓实申报工作,促高新区在新的起点向1000亿元产值园区迈进。二是着力为企业提供宽松的发展环境。重点抓好与先导投资公司的合作,借助先导投资公司这一平台为企业提供3亿元以上的融资,解决园区中小企业融资问题,已有圣得西、精密量具项目已进行先期试点;园区探索由先导投、管委会、银行三家合作,给金洲新区入园企业提供融资服务的新方式,为企业应对危机,加快发展提供良好环境。三是加快园区核心区形成步伐。要围绕加快城市化建设进程,按照"科学规划、超前建设、跨越发展"的建设思路,高起点、高水平地规划和建设一批具有现代风格、有开发区特色的市政工程、精品工程,使核心区内形成以金洲大道、泉洲路、金水路、美洲路为主的环路格局,抓好银太商业街、通程商贸中心、职业技术学校等项目,形成城市中心,有效带动、辐射周边开发。

(2)做好人才文章

今后园区的竞争将体现在人才的竞争和创新能力的竞争上,园区将突出经营园区的要求,做好人才文章。一是推进人事制度改革。借鉴现代企业管理模式,完善管委会内部机构设置,采用因事设岗、以岗定人、全员聘用的用人办法,选优配强高新区工作人员,畅通人员进出渠道。同时以提高工作效率为出发点,

注重制度效果，加强内部管理，打造效能型开发建设团队。二是优化企业家创业环境。有一批掌握先进技术和善于经营管理的博导、享受国务院特殊津贴专家、海归博士和博士在新区发展，形成一个高素质人才群体。面对新形势，园区落实县委、县政府关于鼓励企业引进人才的有关精神，在引进和留住高层次人才上求新突破，以企业为载体，为留得住一流人才落户新区，营造良好的创业环境。三是进行园区发展战略研究。着手成立园区战略发展研究部门，重点建立发展合作咨询研究体系，着力引智、借外力策划园区长远发展战略，同时结合开发区的自身优势，针对投资商投资心理和市场需求，制定项目科研报告和推介，引导投资。

(3)做好集约用地文章

一是坚持有限的土地资源向优势企业倾斜。以土地使用税征收工作为契机，在考虑企业实际需求的情况下，将预留的用地调整出来，如今年已对赛瑞、归一等项目用地进行调整，同时鼓励银太、龙丰等企业增加投资，新上科技含量高、效益好的项目，促进节约、集约用地和确保扩建项目用地。二是坚持以投资为基础强化用地控制。在项目洽谈过程中根据项目的投资强度、投资规模、技术先进性、投入产出率等指标，建立动态的项目用地价格、用地规模的评价办法，并在合同中予以明确，避免少投多占、圈地不动的情况发生，提高招商引资的竞争力。

(4)做好服务文章

一是创立招商办法，服务园区引资工作。推行代理招商办法，全面探索利用中介咨询机构进行代理招商的商业化运营模式，在珠三角、长三角地区聘用招商代理，建立起招商网络。园区已与广东省轻工行业协会、广东湖南商会、广东照明电器协会等签订代理招商合作协议，通过代理招商，有雷士照明、宝德数码等 10 个投资 1 亿元以上项目在谈。二是引导外包服务，为企业发展服务。生产性服务业能够在更高层次上推动制造业结构的战略性调整、促进经济增长方式的转变，园区将探索以园区为平台，为企业提供现代化管理、市场营销等全方位的跟踪服务，帮助企业实现规模扩张。一方面，着力引进外包服务机构，为园区企业投供职业技术培训、物流服务、广告和市场研究、工程招投标等生产性服务。另一方面，加强与中南大学、湖南大学、国防科技大学等高校和研究院所的长远战略合作，力促中南大学、湖南大学两个国家级技术转移中心落户新区，打造国内一流的技术成果转化基地，充分发挥科技优势，提升园区自主创新能力，为新区先进制造、新材料新能源、光电信息等优势产业注入新的活力与动力。

# 改进工作作风，加强区企共建，着力打造“改革新区、经济大区、科技强区”

宁乡金洲新区党工委书记　刘永红

2013年3月22日

## 一、为什么要加强作风建设

1.上级有要求。作风建设是党的作风的集中体现。执政党的党风，关系党的形象，关系人心向背，关系党和国家的生死存亡。第一，从党的性质上来说，园区党是中国工人阶级的先锋队也是中华民族的先锋队，为人民服务是党的根本宗旨，以人为本，执政为民是检验党一切执政活动的最高标准。从这个意义上来说，加强作风建设是全面提升党的建设科学化水平的应有之义。第二，加强作风建设是园区党的优良传统。中国共产党是一个有着优良传统作风的党，也是一贯重视作风建设的党。从延安整风到建国初期的毛泽东同志提出“两个务必”，从邓小平同志深刻指出“执政党的党风问题是有关党的生死存亡的问题”的论断到“讲学习、讲政治、讲正气”的教育活动，以及保持共产党员先进性教育活动和“创先争优”活动，这些论述和活动体现党的作风建设一脉相承和与时俱进的创新精神，反映新的时代要求。第三，十八大以来，尤其是新一届中央领导集体执政以来，党中央关于加强和改善作风建设又有一些新思想和新要求。主要是出台中央政治局关于改进工作作风、密切联系群众的八项规定，省委出台“九条规定”，市委出台“六条规定”，县委出台“改进调查研究、精简会议文件、规范新闻报道、坚持勤俭自律、坚持务实高效”的五项规定，这是密切联系群众、保持党同群众血肉联系的新要求，也是园区加强和改进作风的主要抓手。

2.现实有需要。加强作风建设是学习贯彻十八大精神和科学发展观的必然要求，是构建和谐园区、维护人民群众利益的客观要求，也是加强机关作风建设、优化发展环境的迫切需要。新区开发建设已经进入第七个年头，从无到有，从弱到强，取得众人瞩目的成就，对县域经济的贡献也是越来越大，这些成绩的取得与园区新区有一支作风优良、素质过硬、乐于奉献的党员队伍是分不开的，不过，干部队伍的作风状况也还存在一些不相适应的问题，比如有的人不注意学习，因循守旧，缺乏主动性和创造性；有的人工作飘浮，应付上级和同事，实效性差；有的人缺乏敬业精神，工作不认真、不踏实，办事拖拉，效率低下；有的人纪律松弛，自由散漫，有令不行，有禁不止，等等，这些都是作风不实不纯的表现，这些问题虽然只出在少数同志身上,不是机关作风的主流,但是也影响新区的形象,影响新区的发展事业,必须对作风建设切实予以加强。

3.自身有动力。加强作风建设与新区的发展实际也是密切相关,一方面是形势的发展需要。另一方面,也是由于新区现状所决定的。具体来讲,一是由新区的发展阶段所决定的。从发展速度上,新区经济从连年翻番式增长阶段向高位高基数平稳增长阶段过渡,从发展品质上,新区经济从着眼于“快”的发展向着眼于“好”的发展转变,加强作风建设,打造一支高效、廉洁、务实的建设队伍是新区面临的重要课题,尤其是党员干部的作风建设更是重中之重。二是由新区的机构改革所决定的。园区已经成功申报省级工业集中区,在新的平台上进一步完善体制机制,提出更高的要求,转变的作风,适应机构改革的需要。三是由新区的发展定位所决定的。新区总体的发展思路是实施“配套城市化、开发片区化、产业高端化、投资多元化”战略,打造“改革新区、经济大区、科技强区”,力争达建区10周年时建成“两型工业新城,千亿产业园区”,综合实力跻身全市“四区十园”五强,这就要求园区不但要在经济规模上不断迈上新台阶,在作风建设也要打造成为全县的标杆和窗口单位!

二、怎么样加强作风建设

加强作风建设,关键是对园区服务队伍的管理,营造一个风清气正的发展环境。改进作风绝不是一阵风,全区各部门和各企业必须以“咬定青山不放松”的精神、不达目的不罢休的韧劲,坚定不移贯彻落实好、抓出成效。

1.加强学习教育培训,营造作风建设良好氛围。要坚持把八项规定纳入年度培训计划和年度理论学习的重要内容,组织党员干部系统学习有关规定,做政治上的明白人。第一,要认真学习好党的十八大精神和中国特色社会主义理论体系,领会精神实质,做到真学、常学、深学,勤于思考,善于运用,真正学通弄懂。园区要持之以恒、孜孜不倦地学习新理论、掌握新知识,不断提高战略思维、理论思维和创新思维的能力。第二,要认真学习领会市委、县委的各项重大决策和战略方针。对市委、县委的发展战略也应该心中有数,胸怀全局。第三,要根据履行岗位职责的要求,广泛学习相关领域的知识,要注意完善知识结构,学习现代经济知识、科技知识、社会管理知识、法律知识、历史知识等等,认真研究和吸收一切有益于工作的先进经验,加快知识更新,扩大自身视野,提高业务素质,提高发展本领。

2.加强制度建设,建立健全长效机制。要搞好制度设计、专项配套和总结完善工作,把贯彻落实情况纳入年度绩效考评体系和“四优四强”考核体系,推动贯彻落实制度化、常态化、长效化。一是继续完善园区项目建设管理、企业服务等制度设计,真正做到有章可循,有规可依,不断优化企业施工和运营环境。二是促进各项工作落实,要对照监督检查出的问题,认真研究解决。三是将考评结果作为干部任用的重要依据,让考评成为引导作风建设的“指挥棒”。

3.加强监督检查,形成齐抓共管的合力。对各部门服务企业、项目要开展分专题、分领域的经常性专项督查;把监督执行相关规定作为改进党风政风的一项重要工作来抓,执好纪、问好责、把好关,把落实情况纳入年度考核的重要内容;强化作风建设,进一步严格控制非生产性支出,加强有限的资源用到刀刃上,用到扶持企业发展和营造良好环境上。对检查发现或群众反映的违反规定的问题,要迅速介入、准确核查;对经核查属实的,要根据情节给予处理。

**三、几点要求**

1.将改革创新的精神贯彻到园区开发建设中来,“创新”是金洲新区的鲜明特色,也是园区多年来形成的一个核心竞争力。通过新区、企业共同推进创新,加快园区发展是园区的一条重要经验。园区想在今后的工作中还要将改革、创新的精神贯彻到园区开发建设中来。一方面,是在党建工作中创新方法,围绕“作风建设”这个抓手,加强党组织的组建完善,不断提高“两新”组织党组织建设水平,不断提高企业管理经营水平。另一方面,围绕创新型园区开展工作,加大适应市场需要的新产品研发力度,鼓励企业建设研发中心,积极申报专利和国家级、省级企业研发中心,创建高新技术企业,形成园区大力扶植企业创新,企业创新加快园区发展的良好局面。

2.将园企共建的合力凝聚到园区发展目标上来。今年新区的主要发展目标是实现工业总产值280亿元,较去年同比增长30%以上,完成财政收入12亿元,其中工商税收6亿元,同比增长30%以上。目标的实现要靠新区和企业共同努力。加强“两新”组织党组织建设就是一个凝聚合力的好办法,要把这项工作办好办扎实,充分发挥出凝聚力量、改善管理、加快发展的作用。园区今年准备组织企业家沙龙,通过这一形式增强企业家之间的联系、增强企业与新区的联系,争取形成常态化的机制。

3.将优化环境的成效显现到园区发展成果上来。加强作风建设是为优化经济发展环境,优化经济发展环境的目的是促进经济发展。围绕“股东式服务”展开作风建设,不断增强服务意识,不断提升管理水平,不断优化发展环境,不断提高服务效能,真正将“软环境”转换为“硬实力”。

# 在2014年金洲新区干职工会议上的讲话

宁乡金洲新区党工委书记　刘永红

(2014年2月10日)

## 一、2013年工作回顾

关于2013年的工作,新区在极其复杂的情况下取得了突出成就,主要表现在以下三个方面:

一是平台更大。新区经过两年多努力,2013年终于把金洲新区工业集中区党工委、管委会的机构批下来了,明确为副处级架构,而且省市编办批复了新区的"三定"方案。这是了不起的成绩,它标志着新区已经由没有户口的县级园区,在湖南省取得了合法的席位,在园区发展、资源配置等方面进入省市决策部门的视野,也开启了新区向高新区转型的新征程,所以这个意义是非常之大。

二是实力更强。2013年,新区工业总产值突破270亿元、工商税收突破5.4亿元,聚集注册企业超过150家,主要经济指标再创历史新高;2013年,调度项目81个,全年融资12.97亿元,拆迁178户,安置309户,上报用地3356亩,批回用地2007.37亩,保障了项目建设顺利推进;招商引资卓有成效,打了一个漂亮的"翻身仗",新视野和杉杉新材落户新区,这是继三一落户以后的标志性事件;新视野和杉杉新材分别是新区光电信息产业和新材料产业的龙头项目,并且新视野已入选省重点工程;新区把科技创新、创新型科技园区作为工作重点,取得了非常不错的成绩,主导产业集聚度达到85%,高新技术企业产值在工业总产值中占比达到63%,省级高新技术企业达到30家以上,亩均税收产出走在全县前列。

三是影响更广。2013年,新区成功申报了湖南省首批低碳示范园区、长沙市创新型园区、国家新型工业化产业示范基地候选园区、湖南省最具投资价值园区,标志着园区品牌建设取得新进展。2013年,在全体干职工的努力下,新区在全县"四比四抓争先锋"活动和绩效考核竞赛中以总分136.97分的成绩,位列经济发展类单位榜首。

## 二、2014年工作安排

总的来讲,2014年工作一是要科学规划,二是要重点突破。2014年是全面贯彻落实党的十八届三中全会和中央经济工作会议精神元年，也是全面深化改革的开局之年，更是新区站在新的历史起点上的启航之年，所以新区要科学规划，不断深化体制改革，实现体制创新，各线重点突破，全面完成获批省级高新区的新使命。为了完成这个新使命，新区要做好以下三个方面的工作：

**（一）认真落实三中全会和中央经济工作会议精神，做好稳中求进、改革创新的工作**

十八届三中全会尤其是中央经济工作会议确定总的基调是稳重求进、改革创新，把改革贯穿到所有工作当中。中共湖南省委书记徐守盛和长沙市委书记易炼红关于落实中央精神作了重要讲话，总的基调就是要实现转型创新发展，尤其是长沙市委书记员给宁乡提出了一个具体任务：要成为创新发展样板和试验田，要走在全市前列。根据省市的要求，县委书记黎春秋在常委会上作了专题研究和部署，将怎么实现创新发展作为一个重点课题提出来，要求相关部门尤其是建设主体、开发园区，要认真做好研究。所以对学秋主任和产业局关于怎么实现创新发展提出了一些新的思路和要求。

结合开发区实际，落实三中全会精神关键在六个方面。第一，要转型创新发展，重要的是人才。人的思想观念是非常重要的，尤其是领导干部和在经济建设一线的优秀人才，新区要实现由过去简单追求 GDP 增长向又好又快、有质量有效益的增长转变。第二，要转型创新发展，重要的是平台。平台从大的层面上讲，我们一个开发区就是一个重要平台，从微观角度讲，一个企业的研发中心，就是企业转型创新发展的一个平台。当前，经济下行、产能过剩是实体经济面临的最突出问题。从国家层面上讲，地方政府债务水平处于高位，已经影响到整个经济的安全运行，从企业层面上讲，企业能否创新发展，直接关系到一个地方的发展成果。像圣得西以成衣制造模式成为中部地区了不起的服装企业，根据企业竞争需要，圣得西又提出了“一体两翼”的发展模式。一是依托国家企业工业设计中心这个平台，成立服饰研究院，以技术研发、技术创新来推动新的产业升级、产品升级，因为服饰行业大有学问，包括着装都有讲究，今后这方面的培训也要成为新区干职工素质提升的重要组成部分；二是进入电商领域，利用发达的现代传媒和网络技术，将来产品通过电商这种形式直接走向消费者。圣得西这两种举措下来，肯定有大有收获。第三，要转型创新发展，重要的是机制。新区要由过去简单考核企业的投入产出到考核企业的规模、考核企业的发展方式、考核企业的盈利能力，以及考核企业的总量、企业的可持续发展能力，这就是一种机制。第四，要转型创新发展重要的是生产环节。企业的转型创新发展还体现在低端生产环节的转移，低端制造环节外包，企业专营品牌、专营网络、专营技术支撑，打造核心竞争力。红宇新材过去光靠制造产品走向市场、抢占市场，获得原始资本的积累，实现了上市。但红宇下一步的重点是推动转型升级，由从过去的单一提供产品向成为高效节能技术解决方案的提供商转变。第五，要转型创新发展，重要的是走国际化。第六，要转型创新发展，重要的是项目支撑。无论是我刚介绍的企业还是新来的企业，在改革创新方面，都要通过项目支撑来发展。只有做好以上几个方面的工作，才能在认真落实三中全会和中央经济工作会议精神时，才能实现稳中求进，改革创新的大好局面。

**（二）突出做好“五民五感、倍增倍升”工作**

县委书记黎春秋按照长沙市“六个走在前列”的要求，结合全县实际，提出了“五民五感”：就是要以民为先，让群众在物质上更有富足感；以民享为纲，让群众在生活上更有舒适感；以民安为基，让群众在心理上更有安全感；以民权为要，让群众在政治上更有尊严感；以民心为重，让群众在精神上更有归属感。新区要实施以“五民五感”为工作重点，以“四优四强”活动为核心抓手，聚力攻坚，乘势奋进，努力在全市 6 个走在前列大竞赛活动中和建设“活力宁乡、幸福宁乡、美丽宁乡”活动中，争当先行者，勇做排头兵，强力推进经济转型升级，加快产业倍增和园区品质倍升。

怎么做好“五民五感、倍增倍升 ”工作，主要是三个方面，并且要做好 2014 年和将来一段时间内的工作，也是体现在产业、人才和稳定这三个方面。具体内容如下：

1. 以业兴区，培育极具竞争力的产业集群

要通过创新驱动，不断推动转型升级，实现“又好又快、好字当头”的发展。

(1)在产业布局上，打造二三产业协调发展的工业新城

新区最初定位是复合型产业园区，形象上讲是工业新城，第二产业和第三产业要良性互动、齐头并进。在第二产业上，依托光电信息、先进装备制造、新材料等主导产业，推动产业高端化、规模化、全球化，打造极具竞争力的产业集群。如

何实现产业“高端化、规模化、全球化”最为突出的就是在新材料产业领域要打造“中国锂电池谷”，在光电信息产业领域要重点围绕手机整机及配套、液晶显示等发展高端产业，形成全产业链模式，培育具有全球竞争力的高端产业集群。紧紧抓住长沙储能与动力锂电产业园等项目，并以长沙电池产业联盟为切入点，依托国家级电池材料、储能材料工程中心，依托河西高校科研力量和专业投资团队，打造电池材料、电池组件、电池终端产品的全产业链发展模式，努力打造与武汉光谷、中关村硅谷齐名的“中国锂电池谷”，通过5—10年形成1000亿元的产业规模，带动企业100家以上，其中上市公司5家以上。

(2)在平台建设上，打造助力转型升级的“湖南智慧港”

在平台建设上，新区一方面做了自己的孵化器，另一方面，就是把湖南省内的科研转化项目引进来，将中南大学、湖南大学等河西高校群打造成新区的编外孵化器。长沙市委常委、统战部部长文树勋和市工信委领导对此给予高度评价。目前，根据转型升级的要求，根据自己发展的需要，新区要将高校群平台模式升级为“湖南智慧港”模式。“湖南智慧港”模式就是以“一中心、一基地”为依托，完善科研项目成果转化全流程的政策配套和硬件设施，建立服务园区、辐射湖南的“大脑”。“一中心、一基地”即中国(湖南)科技成果转化和知识产权交易服务中心、中国(湖南)高校科技成果产业化基地。2013年，做好了“中央商务区”的策划、规划和推介，并且中央商务区规划获得长沙市规划一等奖、湖南省规划二等奖，战略合作者应者云集。“一中心、一基地”具体方案得到了市县领导的支持和肯定。2014年，必须启动“一中心、一基地”创业大厦建设，3月，要确定战略合作伙伴、完成规划设计、启动项目建设，这些都必须有新的突破和实实在在的成果。要通过“一中心、一基地”的建设，形成涵盖研发支持、知识产权保护、风险补偿基金等产业扶植体系建设，在产业发展上走出一条新的路子。

(3)在项目建设上，要取得新的突破

转型创新发展的关键是项目建设。一是在建项目要强化调度。总工室要加强对已启动建设项目的调度，确保进度，确保合同履约到位。二是违约项目要坚决清理。新区还有一些项目，多年来没有启动建设，是土地资源的极大浪费。要按照国土资源部的要求和县里的总体部署，从3月开始就要逐个项目参照合同约定尽快启动项目建设，重点是银太纺织、长高高压、归一建材、通程集团、赛锐新材等项目的闲置用地,必须逐企业落实高效利用土地方案,以推动项目建设和园区发展。三是龙头项目要强力推动。像新视野是省里的重点工程,企业愿景是做成全球最先进的规模最大的触摸屏企业。该项目得到了联想3亿元的资金支持,元宵节后启动基建,30万平方米一次建成。与其配套的大宇精雕等上下游企业,也将落户金洲新区,这些就是新区重中之重的项目。杉杉新材今年5月开工,8月将要试投产。2015年、2016年、2018年每年都有具体经济指标。目前,430多台(套)超过3亿元的设备已经订购到位。四是项目服务进一步优化。新区要在用地、用电用水、基础设施配套等方面加强保障,重点解决新视野等项目的电力问题,进一步优化服务,确保新视野等重点项目年内启动建设、年内投产,掌握项目建设主动权。

2.以人为本,全面打造一支创业型人才队伍

事在人为,新区的历史就是从无到有,就是由包括县委、县政府领导,也包括我们这些创业者共同做起来的,过去如此,将来更要如此。在人才方面的问题上具体体现在以下几个方面:



一是机构“三定”工作。年前新的主任已经确定,节后组织部将考察确定内设机构相关人员。确定内设机构工作人员是管委会人事工作的基础,一方面一批同志能够走上内设机构领导岗位,解决相应待遇;另一方面,在整个精简职数大背景下,不可能一次性解决大家的问题。在整个精减机构、精兵简政、压缩编制这样的大背景下能够取得这样的成效是非常不容易的。二是加强制度建设。完善好各项制度,结合新的机构运行再完善补充。三是承接县级经济社会管理权限。

干职工素质提升要用好三个平台。一是按中央的部署开展群众路线教育实践活动,二是开展“四比四抓争先锋”活动,三是做好“四优四强”评比活动,要在3月开总结表彰和动员会。所以我们要结合这些平台和活动抓手,还要通过新区企业家俱乐部这种形式,来着力提高整个金洲人的四种能力,这里所说的金洲人包括金洲新区干职工、企业家、产业工人和三个乡镇乡村干部及原住民;四种能力包括,一是提高宏观经济政策联接能力,培育专家型的金洲人,二是提高改革创新承载应对能力,培育黄牛型的金洲人;三是提高发展瓶颈重点突破的能力,培育“狮子型”的金洲人;四是提高要素资源整合运用的能力,培育创业型的

金洲人。通过锻造一支优秀的企业家队伍、干部队伍、工人队伍、村(社区)干部队伍,为我们新区跨越发展提供坚强的保障。

3.以稳为纲,着力构建安全稳定的工业新城

今年,影响新区稳定的因素至少有以下四个方面:一是今年宏观经济仍然面临极其复杂的经济形势;二是新区良性运行面临新的挑战;三是今年新区范围内的村支(社区)“两委”换届、失地农民养老保险问题;四是到今年有超过上百家企业投产,安全生产的压力非常大。

我们在加快发展的基础上提出“以稳为纲”,是根据当前形势和新区发展阶段提出的新要求。怎么把这“纲”把握好?一是从整体经营运行的角度控制债务总规模,要通过减持、降低财务费用、厉行节约、争取上级政策支持等方面控制债务总水平;同时,引进战略合作伙伴,把社会精英和社会资本引入到新区开发建设中来,这是在当前阶段新区发展的不二选择。二是要推动新区安全生产的标准化,去年产业局牵头抓得很扎实。虽然我们有很多企业是生产标准化的企业,但是要继续抓住不放,确保我们安全生产零事故。三是要加快推进东城区污水处理厂的建设,前期的征地拆迁已经到位,整体方案已经出台,今年抓紧招投标,确定战略合作伙伴,争取污水处理厂尽快建成。污水处理厂的建设涉及到新区的承载能力,也是新阶段招商引资的重要窗口。四是要紧密结合县里统筹安排解决老百姓切身利益问题。创园之初我们“创新、惠民、共建”的6个字发展理念,就是体会到园区开发如果没有原住民的支持、没有这种稳定基础,我们所有的雄心勃勃的计划就都落不到实处。这既是群众路线教育实践活动的总要求,也是新区实现良性发展的根本大计。

# 在县委2017年务虚会上的讲话——打造国家中心城市的创新创意中心

宁乡高新区党工委副书记、管委会主任　郑旗

(2017年1月)

随着经济社会的不断发展,创新创意已经成为推动区域经济产业发展的重要推手。12月6日,省委书记杜家毫出席全省科技创新大会时强调:要以全国科技"三会"精神特别是习近平总书记重要讲话精神为指导,坚定不移把创新作为全省未来发展的潜力、希望和出路,全面实施创新引领、开放崛起战略,着力构建科技文化创新体系,打造科技创新基地,为建设"五个强省"提供强大动力。市委炼红书记在中共长沙市委第十三次党代会上也指出,长沙要着力打造国家创新创意中心、智能制造中心和交通物流中心,在创新能力倍增上、创新空间拓展上、创新环境优化上、创新人才聚集上、创新体制机制上求突破。全省科技创新体系建设已经提升到了一个新的战略高度。

一直以来,宁乡高新区定位"三高"和"三新",即:发展高速、行政高效、产业高新,公司运营有新机制、扶持产业有新体系、项目建设有新速度。坚持以创新驱动发展,高新技术产值占工业总产值比例达71.15%,努力打造出省内领先、国内一流、国际知名的创新、创意、创业"三创"基地。目前,我区通过推动湖南省大学科技产业园和湖南省高等院校知识产权运营服务中心建设,大力引进高校科技孵化项目,目前大科园厂房建成面积达58万平方米,与中南大学、华南理工大学、湖南大学、长沙理工大学、武汉科技大学、湖南省航天管理局等20多所科研平台、大专院校建立了战略合作关系,已有二十余家科技孵化型企业入驻大科园,浙大超疏水、凌翔磁悬浮等领域内领先的科技孵化项目正在入驻,15家中介服务机构为入驻企业提供知识产权评估、代理、交易,以及项目咨询、企业征信、会计事务、法律服务在内的全方位服务;产业扶持基金和创投基金已经成立,创新创意平台建设取得了初步成果。

下一步,我区将坚持创建国家级高新区这个目标,按照省委提出的"科技创新、开放崛起"战略,一方面着力推动大科园"五个一"建设,不断完善科技创新体

系，努力将其建设成为全省一流、中部著名、国内知名的“创新、创业、创优”三创基地；另一方面，加大对其他园区企业创新能力的扶持力度，对园区范围内企业的发明专利申请、应用和企业、高校之间的技术交流提供补贴与服务，同时借助明匠智能等高技术化改造能力，提升园区企业智能化制造能力。

**一、全力推动大科园“五个一”建设**

一是打造“湖南人会创新”展示中心。宁乡县委、县政府在“一园一中心”建设现场办公会上提出，要充分利用大科园综合服务楼的空间，打造出一个以“湖南人会创新”为主题的科技成果展示中心。展示中心将收集如超级计算机、北斗全球定位系统、超级杂交水稻、磁悬浮技术、超高速轨道交通、蛟龙号岩心取样器等湖南籍院士、名人的重要科技成果，以实物展示、故事介绍、产品演示等多途径体现湖南人会创新的内涵，配以 VR、AR、太空虚拟现实体验、交互体验、多媒体投影、iPad 集中控制等多种手段，充分展现科技创新的魅力，打造出全省科技成果的市民体验中心、科技工业旅游目的地、科普示范教育基地。目前，省科协提供了关于“湖南人会创新”的书籍《三湘院士科学人生自述集》，高新区已根据书籍介绍的湖南名人、成果、故事，与湖南美术出版社进行合作，完成了大科园展厅设计文案和初步设计方案。



二是创新打造大科园双创 App。与中国互联网协会开展合作，搭建大科园微信平台，开发园区双创 App。App 分为创业者和投资人两个入口，整合创客空间、发明专利、企业服务、投融资服务、协同制造平台、知识产权运营服务、政策申报、政企校研交流平台等基础功能，力争打造一个涵盖园区金融资金、基础服务、专家讲座、企业家交流的开放式网络社区。例如在社区中，可以定期邀请红宇新材、邦普循环、赛诺生物等公司负责人、院校教授、技术专家在 App 中开展交流会，介绍创业者的故事、讲授研发中的难题，院校学生、企业家等社群人士可以在网络中旁听；各类中介机构、服务平台可以在 App 平台上直接对企业开展服务；投资者可以在 App 中查询到园区政策信息、园区企业简介、专家教授介绍、企业设备信息等基础资料，并与园区交流投资意向；App 还将整合园区 2522 台(套)设备功能、型号、厂家、服务能力等信息，企业、投资者、专家教授可以通过平台与各设备拥有企业交流并使用其设备，真正激活园区闲置设备资源，实现从技术到制造到产品的全程协同。

三是拉通一条科技专线。为更好地引进和利用河西高校资源，园区正在积极争取上级支持，希望拉通一条从“一园一中心”往返河西大学城的科技专线，为中南大学、湖南大学、湖南师范大学等高校专家、教授和大学生来园区创业提供免费的交通服务。

四是制作一台创业节目。目前正在与长沙广电进行洽谈合作，推出一台以高校大学生科技创新创意创业为主题的电视节目，大学生在节目中可以充分展示自己的创意与智慧，大学专家、教授可以为每一个创意提供点评和指导，园区组织投资主体和企业为好的创意提供资金支持，大学生们可以组成创业团队入驻“一园一中心”。

五是建设一批标准厂房。在目前已建成的58万平方米标准厂房基础上，今后将根据企业和项目需求提供厂房量身定做服务，如我们的5/6号栋厂房根据发展需求层高由5米调整到7.2米，承重由500公斤/平方米调整到1吨/平方米，在更加符合新材料产业的需求的同时，也进一步节约土地，提高土地利用率。



**二、着力推动园区企业创新体系建设**

一是大力推动政策体系实用化。在“工业十条”“创新十条”“降成本九条”等政策基础上，研究并出台《知识产权运营奖励办法》《高新区发明专利申报奖励办法》《科研成果转化奖励办法》《人才引进奖励办法》等政策措施，鼓励企业在高新区设立总部、研发总部、区域研发中心，鼓励科技成果转化与发明专利申报，大力引进高校教授、博士、硕士等研发型人才，尤其是对回乡创业和归国创业人员的争取与支持，同时完善基础设施配套，做到人才引得进、留得住。

二是大力推动制造产业智能化。按照家豪书记提出的：“力争在超级计算、生物遗传、自动控制等领域组建一批国家级战略综合性平台，争取更多国家工程中心、研发中心、标准中心、检测中心、计量中心等落户湖南”的工作要求，研究对接工业4.0和《中国制造2025》，推进智能制造和“互联网＋”行动，促进“两化融合”，借助明匠智能等能为企业提供智能制造升级服务的企业，完成先进装备制造、新能源新材料两大产业的智能化升级，同时推动3D打印、智能控制、虚拟现实等未来产业布局。



三是大力推进服务产业高端化。完善园区配套与后勤服务体系建设，第一要提升基础配套支撑体系。结合“长沙2049”平台打造，引进1—2家长沙四大名校分校，构建“幼教＋九年制＋高等中学＋职业中专＋大专院校”的完备教育体系；引进 1—2 家三级甲等医疗机构和综合养老服务中心，打造涵盖治病救人、综合疗养、养老休闲为一体的医疗体系；引进 1—2 家大型综合购物商场，与九龙仓·奥特莱斯共同形成综合性购物商贸业态；引进 1—2 家文化创意集团，开发以“长沙 2049”核心区为主体的文化创意产业，与华强中国文化园相结合，打造体现长沙文化内涵的创意文化园；以沃特玛新能源汽车为支撑，完善园区内部公交站点及网络建设，改善园区职工出行条件。第二是要推动物流中心建设。选址长张高速以北、沩水以东、与望城交界处 40 平方千米范围，重点实施“2611”工程，沿金岳路、欧洲路向北拓展跨长常高速、石长铁路和城际铁路连接长益复线互通，并利用石长铁路设中欧专列宁乡东站并开通 6 条专线，打造 1 个重型装备制造基地，在朱良桥和双江口附近新建 1 个三级航运湘江水运码头，拉通金花公路，连接大屯营 1121 军民两用机场，增设保税物流区、海关、检验检疫等综合服务区，形成完整的物流综合业态，打造涵盖公路、铁路、水运、航空等综合交通物流，辐射望城、宁乡、益阳、常德等园区的国家级中心城市的西部交通物流中心。

今后，宁乡高新区将坚持科技创新理念，努力将园区建设成为自主创新能力强、资源利用效率高、产业结构合理、两化深度融合、国际覆盖面广的智慧湾区。

# 二、管理制度

## 宁乡高新区管理委员会招商项目政策管理办法

（宁乡县金洲新区管理委员会文件 宁金管字〔2012〕36号）

为进一步提高金洲新区（以下简称“新区”）节约集约用地水平，保证入园项目质量，实现招商引资项目规范化管理，促进新区招商引资工作健康发展，结合新区产业发展现状和产业结构调整的需要，特制订本办法。

### 第一章　项目准入原则

第一条　符合产业政策原则。入园项目符合国家、省、市及长沙大河西先导区的产业发展规划，符合新区的产业发展规划及战略布局、符合城乡规划及土地利用规划。

第二条　遵守环境保护原则。入园项目须符合节能减排、环境保护方面的要求。对高资源能源消耗型项目、未通过环评项目、不符合产业导向的项目实行“一票否决”。

第三条　符合安全生产原则。入园项目应在签约前将项目涉及易燃、易爆、腐蚀性、挥发性的工艺及原辅材料、设备、产品等安全生产管理的所有事项书面告知园区，并严格按安全生产要求对项目进行生产和建设。对不符合安全生产要求的项目，实行“一票否决”。

第四条　符合经济效益原则。入园项目要满足一定的经济效益指标和项目建设用地控制指标，优先考虑技术含量高、投资规模大、税收贡献高、资源占用少的项目入园。

### 第二章　项目准入标准及优惠政策

第五条　购买工业用地类项目准入条件

1. 按照建设“两型社会”及城乡规划要求，根据新区产业空间布局，合理安排项目用地，新区优先发展先进制造、新材料新能源、光电信息三大工业产业，配套发展现代服务业。其他产业领域项目如世界五百强企业、国家级高新技术类企业、对新区产业链有关键性作用的企业及经新区认定发展前景特别好的优质企业可优先。

2.购买工业用地类项目具体准入要求：新区按项目所属产业领域建立入园指标考核体系，即从项目固定资产投资规模、投资强度、项目单位面积创税额、注册资本等方面进行考核。对达到考核指标要求的项目可在新区内申请购地。

先进制造类项目：固定资产投资规模在1亿元以上，固定资产投资强度在150万元/公顷以上，项目单位面积创税额在10万元/公顷/年以上，其项目公司实收注册资本在30万—50万元/公顷或以上；

新材料、光电信息类项目：固定资产投资规模在5000万元以上，固定资产投资强度不得低于150万元/公顷，项目单位面积创税额在10万元/公顷/年以上，其项目公司实收注册资本在30万—50万元/公顷或以上；

对符合新区产业定位的投资额度在30亿元以上的重大项目、世界五百强企业、国家级高新技术类企业、对新区产业链有关键性作用的企业以及经新区认定发展前景特别好的优质企业，经新区管理委员会审查核定后，按照“一事一议”的原则，给予优惠支持。



3.购买工业用地类项目优惠政策。项目除享受宁乡县出台的现行优惠政策外，新区根据项目创税能力大小设定相关的税收奖励政策。项目税收考核年度为项目竣工投产后的三年，若项目竣工投产后在高新区缴纳的各项税收总额(指不含减、免、抵、退税额的实际入库税收)达到15万元/公顷/年、20万元/公顷/年、30万元/公顷/年、40万元/公顷/年的标准，新区在每年税收考核年度结束后分别按照1万元/公顷/年、2万元/公顷/年、3万元/公顷/年、4万元/公顷/年的标准以产业发展基金的形式给予奖励。



对符合新区产业定位的投资额度在30亿元以上的重大项目、世界五百强企业、国家级高新技术类企业、对新区产业链有关键性作用的企业以及经新区认定发展前景特别好的优质企业，按照“一事一议”的原则，经新区管理委员会审查核定后，可视具体情况提高优惠政策标准。

4.项目用地容积率要求。新区根据项目所属领域，设定不同的建筑容积率要求。其中先进制造业建筑容积率一般不得低于1.0，建筑密度一般不得低于35%，绿化率一般不高于20%；光电信息及新材料新能源产业建筑容积率一般不得低于1.2，建筑密度一般不低于35% ，绿化率一般不高于20%。

5.非生产性配套设施用地所占比例要求。工业项目所需的生活设施、后勤保障、办公服务等非生产性配套用地面积不得超过项目总用地面积的7%，严禁在工业项目用地范围内建造成套住宅、专家楼、宾馆、招待所和培训中心等非生产性配套设施。

第六条　租赁厂房工业项目准入条件

1.租赁厂房生产的工业项目固定资产投资规模不低于300万元，投资强度不得低于300万元/千平方米，项目单位面积创税额不得低于20万元/千平方米，其项目公司实收注册资本不得低于100万元。

2.租赁厂房项目优惠政策。

租赁厂房及办公区总面积达1000平方米的高新技术企业，投产运营三年内每年每千平方米的纳税额为50万元、100万元，新区分别给予企业3元/平方米、6元/平方米的厂房补贴。

3.厂房补贴的金额以产业发展资金的形式分年拨付。奖励金额在每一税收考核年度结束后30个工作日内结算一次。若企业未能达到相应的纳税额，则不享受厂房补贴政策。

## 第三章　项目用地监管及退出机制

第七条　项目建设用地全程监管机制

1.项目签订合作合同后必须按照合同约定积极履约。高新区管理委员会相关职能部门通过项目动态履约监控体系对项目实施情况进行全程监督。监督的内容包括建设项目的用地具体位置、用地规模、建设内容、土地开发强度、规划指标等内容。管委会总工室应将上述内容的执行情况作为项目竣工验收的一项内容。

2.新区对于未按合同约定履约的项目方，按约定追究土地使用者的违约责任，依法收回全部或部分土地使用权并收取违约金。

3.入园项目在完成该项目的公司注册登记、立项、环评、规划评审等前置审批手续后，由新区总工室向企业方发放进场施工通知书，企业方进场施工建设。

4.新区为确保入园项目质量和产出效益，在项目投资合同中约定对项目的税收考核要求。新区对项目税收考核期限为三年，即项目竣工投产后的三年；税收考核要求项目年创税能力不低于10万元/公顷/年。若企业在税收考核期限内未达到约定的税收考核要求，企业应在原地价基础上提高10万元/公顷或在下一年一季度内以现金的形式一次性补足实际纳税额与所约定纳税额的差额部分。若企业逾期一个月未能以现金的形式补缴该差额，新区有权按日加收0.1%的滞纳金且无条件按原出让价收回未开发部分地块。

第八条　项目建设用地退出机制

为督促项目优质高效、节约集约利用土地，新区坚持“引得进、退得出”的原则，建立健全项目用地退出机制，确保项目效益和品质。

1.项目应严格按照合同约定的用地性质、规划设计要求、投资强度、税收强度、投产后年产值的约定履行合同，对违反合同约定事项和达不到约定标准的项目用地，新区有权作为第一收购人，依法按原出让价(不计息)收回合同所涉地块，按即时重置价格收购地面建筑物和构筑物。

2.对无特殊情况符合进场施工条件的项目，在新区向其下达进场施工通知书之日起6个月未能履约启动项目建设的项目，由新区向其下发书面通知，如书面通知1个月内仍未开工建设，新区有权将该项目用地位置另行安排或依法按原出让价(不计息)收回该项目投资合同所涉地块。

3.新区对不能如约推进的项目有权作为第一收购人，依法按原出让价(不计息)收回该项目投资合同所涉地块，按即时重置价格收购收回地面建筑物和构筑物。导致土地闲置满两年的，新区国土部门依法按出让地价款的20%收取土地闲置费。

4.对于低效利用土地的企业用地，参照《长沙市开发(园)区低效利用土地再开发管理办法》进行处理。

5.对原有的项目工业用地，企业在10年内要求改变用途出让的，新区有权作为第一收购人，按原出让价(不计息)收购，按即时重置价格收购地面建筑物和构筑物；10年后要求改变用途转让的，按市场评估确定收购。若第一收购人放弃收购，其他土地受让方受让土地，必须符合新区相关功能定位要求。

## 第四章　附 则

第九条　相关指标解释说明

1. 固定资产投资规模是指项目固定资产投资总额(企业流动资本和购地款除外)。

2. 投资强度是指单位面积上的固定资产总投资额,计算公式为:投资强度=项目固定资产投资总额÷项目总用地面积。

3. 项目单位面积的创税额以税务机关提供的证明为准。计算公式为:项目年创税额÷项目总用地面积。项目年创税额为项目完成在高新区的税务登记后,在会计年度内实际缴纳的税收总额,不含政策性减免、退税等税收优惠政策和由税务机关稽查补税所产生的纳税额。

4. 容积率是指项目用地范围内的总建筑面积与项目总用地面积的比值,计算公式为:容积率=总建筑面积÷项目总用地面积。

第十条　本办法自颁布之日起施行,与原相关规定不符的,以办法为准,由高新区管理委员会招商合作局负责解释。

# 宁乡县大学科技园产业招商政策

一、适用范围

经湖南省大学科技园管委会认定，具有独立法人资格、注册地在“湖南省大学科技园”和“湖南科技成果转化和知识产权交易服务中心”，产值统计归口园区并在所在辖区内纳税的产业性项目、科创中心、研发（设计）机构、科技金融（股权投资、信托、基金、债券交易、科技成果质押和交易）、中介服务等各类企业和项目。其中产业项目必须符合下列条件之一：

1. 由湖南省高校在编教授担任法人；

2. 湖南省高校在编及教授或科研团队股份 10% 以上；

3. 国家、省级科技创新平台（工程技术研究中心、企业技术中心、工程研究中心、重点实验室、工程实验室）产业化项目；

4. 湖南在校大学生担任法人。

二、奖扶政策

（一）装备补贴政策

对单台套价格在 50 万元以上（含 50 万元），经认定的先进装备，根据认定的实际价格给予 6%—8%的补贴。单个企业（集团）年度补贴金额不超过 300 万元。

（二）财税奖励政策

1. 对湖南省大学科技园资产管理有限公司，自成立之日起，3 年内运营阶段（不含建设阶段）所产生的税收县级留成部分全额奖励；入驻大学科技园的产业项目，自投产之日起 5 年内，该项目（享受全额奖励的机构或企业、其他特殊约定除外）税收县级留成的 50%奖励给湖南省大学科技园资产管理公司。

2. 入驻湖南省大学科技园的产业项目，自投产之日起 5 年内，企业税收的县级留成部分的 50%奖励给企业；入驻大学科技园的科创中心、研发（设计）机构、科技金融（股权投资、信托、基金、债券交易、科技成果质押和交易）、中介服务等企业和机构，自入驻之日起，企业税收的县级留成部分 5 年内全额奖励，5 年后企业享受县内各项优惠政策。

3.股权投资机构或企业投资湖南省大学科技园内企业，所获投资收益行程的县级税收留成部分的50%奖励给该股权投资机构或企业。

4.入驻湖南省大学科技园的企业，5年内因技术转让所缴纳的企业所得税县级留成部分全额奖励。

(三)扶持政策

1.企业工程技术中心奖：对当年认定的国家级、省级、市级工程技术中心和企业技术中心，分别奖励5万元、3万元、1万元。

2.企业博士后工作站(企业院士工作站)奖：在县内成立博士后工作站(国家级)或建立院士工作站的企业，按每个工作站10万元的标准奖励。

(四)人才激励政策

湖南省大学科技园内的高新技术成果完成人和从事成果转化实施的科技人员、管理人员、股权投资、管理企业副职以上高管人员，本人年度上缴个人所得税地方县级留成部分全额奖励，奖励期限为5年。

(五)金融支持政策

享受上市过程中的税费优惠政策；县内企业成功上市且募集资金全部投入县内项目的，奖励企业100万元；企业优先获得宁乡产业基金股权投资支持，且对于参股企业，一般情况下产业基金将持有至存续期结束。

宁金管〔2013〕14号

# 关于鼓励科技型中小企业进驻孵化园的暂行办法

## 第一章　总则

一、为营造园区自主创新环境，加快科技成果转化，培育科技型中小企业，发展高新技术产业，提高土地利用效率，根据国家有关法律法规，结合高新区实际情况，制定本办法。

二、本办法适用范围包括恩吉创业园、关山创业园、鑫洲智能多层标准厂房。

## 第二章　项目审核

一、符合国家法律法规、产业政策、环保要求及园区规划和产业布局的科技型企业、研发机构及贸易、咨询、金融等生产性服务业企业按照本办法享受优惠政策。

二、以金洲新区为注册地址注册成立具有独立核算法人性质的单位建设和运营项目，并办理工商营业执照、组织机构代码证和税务登记证的入驻孵化园的企业按照本办法享受优惠政策。

三、由金洲区招商合作局对入驻孵化园的企业进行资格审核，入驻期间每年开展一次资格复审。审核结果经管委会领导集体研究通过后生效。对于经审核或复审不符合条件的企业将不享受本办法所列优惠政策。

## 第三章　资金来源

新区管委会设立孵化园企业扶持专项资金(以下简称“专项资金”)，纳入年度预算管理。

## 第四章　优惠政策

通过项目审核的孵化园企业除享受国家、省、市、县、园区现行的各项优惠政策外，还可享受下列优惠政策：

一、产业导向扶持

电子元器件、半导体照明和显示等光电信息企业和研究机构，锂离子电池材料等新能源新材料企业和研究机构，按照2元/平方米·月获得租金补助。

二、高新技术企业扶持

入驻的企业在新区获批国家或湖南省高新技术企业(或原资质迁移至新区)的补助租金6元/平方米·月,补助期可从获批之日向前回溯一年,但不得超出起租日期。

三、科技研发扶持

入驻企业每千平方米折合的发明专利数分别达到6项、5项、4项、3项、2项,相应补助租金6元/平方米·月、5元/平方米·月、4元/平方米·月、3元/平方米·月、2元/平方米·月。

四、工程中心、技术中心、重点实验室扶持

进入孵化园后获批国家级、省级及市级工程技术中心、重点实验室、检测中心等,相应补助租金6元/平方米·月、5元/平方米·月、4元/平方米·月。

五、人才扶持

海外留学归国硕士以上学历人员,国内博士、博士后及具有副高以上技术职称的人才领办(控股或担任法人代表)的孵化企业,使用面积在100平方米内的租金全额补助,超出的面积补助4元/平方米·月。

海外留学归国硕士以上学历人员,国内博士、博士后及具有副高以上技术职称的人才联办(出资占企业注册资本的20%以上)的孵化企业,补助租金3元/平方米·月。

博士生导师、正高以上技术职称的人才、列入国家、省、市人才引进计划的人员领办(控股或担任法人代表)的孵化企业,院士担任指导专家的孵化企业(以聘书为准)。使用面积在100平方米内的租金全额补助,超出的面积补助5元/平方米·月。

博士生导师、正高以上技术职称的人才、列入国家、省、市人才引进计划的人员联办(出资占企业注册资本的20%以上)的孵化企业,补助租金4元/平方米·月。

六、投入扶持

设备投入(以购买合同和付款凭证为依据)每千平方米达400万元,300万元,200万元,相应补助租金6元/平方米·月、4元/平方米·月、2元/平方米·月。

七、产出强度优惠

税收(以在新区的实际入库税收为准,不含免抵退税额)分别达到50万元/千平方米·年、40万元/千平方米·年、30万元/千平方米·年,相应补助租金5元/平方米·月、4元/平方米·月、3元/平方米·月。

八、企业上市扶持

凡进入企业上市辅导期且每千平方米年纳税在30万元以上的拟上市企业入驻孵化园后承诺将来以新区为注册地址上市的,补助租金8元/平方米·月。

九、争创名牌扶持

拥有中国名牌、中国驰名商标或国家出口名牌的企业,补助租金6元/平方米·月;入驻孵化园后新获荣誉的企业,补助期可从获批之日向前回溯一年,但不得超出起租日期。拥有省级名牌产品、著名商标、出口名牌产品的企业,补助租金4元/平方米·月;新获批的企业,补助期可从获批之日向前回溯一年,但不得超出起租日期。

十、建立标准扶持

对于制定国家标准、行业标准的入驻企业(总部迁入),补助租金6元/平方米·月。

十一、厂房购买补助

按照购买面积进行补助,每平方米补助50元。

十二、其他政策

1.为入驻企业提供"一站式"服务,由开发区产业局全程协助办理工商、税务等手续。

2.协助入驻企业争取国家和省、市政策性扶持资金。

## 第五章　办理程序

一、企业入驻

对于有意向租赁或购买厂房的入区企业,由新区管委会招商局组织进行考察入驻论证。符合产业导向和环保要求的企业签订租赁合同。

二、提出申请

厂房出租、出售合同签订后,符合条件的入驻企业向新区管委会招商局提出书面申请。

三、论证审核

新区招商局组织对企业进行考察论证，将结果报管委会领导集体研究审核。

四、政策兑现

在缴纳租金后或厂房产权过户后将合同、付款凭证等资料交管委会产业发展局收集并初步审核，通过后到管委会财政局办理资金支付等相关手续。

## 第六章　附则

一、关于租金补助的各项不重复进行奖励，符合多项条件时按照补助额最高的条款执行，最高补助至零租金。

二、每家企业享受租金补助期不超过 3 年。

三、恩吉创业园、鑫洲智能多层标准厂房已经入驻企业可以进行申报。

四、享受政策扶持的企业发展壮大后征地设厂选择在新区的，新区给予优先重点支持。

五、本办法自发布之日起实施，由金洲新区管委会招商合作局负责解释。

二〇一三年三月二十九日

# 关于引进非生产性企业总部和地区总部的优惠政策

宁金管〔2013〕13号

第一条　为吸引和鼓励非生产性企业总部和地区总部到宁乡金洲新区（以下简称“新区”）投资建设，打造“两型工业新城，千亿产业园区”，特制定本政策。

第二条　本政策适用于宁乡金新区管理委员会（以下简称“管委会”）认定的企业总部、地区总部、高级管理人员和高级技术人员。

第三条　本政策所指的总部企业和地区总部是指未在新区设立生产基地而在新区内设立的国际性、全国性、区域性的具有决策管理、行政管理、资产管理、研发管理、采购管理、销售管理等综合职能的大型企业及具有部分总部职能的较大型企业，或行使单一管理职能的总部组织、研发机构。

第四条　企业在新区内申请省级以上（含省级）高新技术企业的，自被认定之日起，根据国家政策按15％的税率征收企业所得税。

第五条　各类企业总部和地区总部，其年纳税额在500万至1000万元（含500万元）的，视其财政贡献情况，经管委会审定，自营运之日起3年内按其所缴税收新区留成部分10％—20％给予奖励；年纳税额在1000万元（含1000万元）以上的，自营运之日起3年内按其所缴税收新区留成部分30％—40％的比例给予奖励。

第六条　对世界500强、国内100强企业进入新区设立企业总部、地区总部的高级管理人员和技术人员所缴纳的个人所得税，经管委会审定，自缴税之日起3年内，按新区财政留成部分的50％奖励给本人；如在新区首次购房的，则按购房前3年度个人所得税新区财政实得部分的80％奖励给本人，其奖励额度最高不超过房价的80％。新区管委会财政局根据本园区产业人才发展状况对高级管理人员和高级技术人员的认定标准做相应调整。

第七条　本政策所指的高级管理人员是指具有大学研究生及以上学历，并担任企业副总经理以上职务，或担任其他关键职务且对企业发展具有关键作用，年薪在10万元以上（含10万元），在新区企业连续任职时间3年以上（含3年）的管理人员；高级技术人员是指具有大学研究生及以上学历或高级专业技术职称，在企业担任总工程师以上职务，并主持新项目、新产品、新技术的开发，年薪在10万元以上(含10万元)，在新区企业连续任职时间3年以上(含3年)的技术人员。

第八条　本政策适用于新区范围内企业总部和地区总部；相关政策与新区其他优惠政策不一致的，按就高不就低的原则比照执行；同一项目不重复享受同一类政策优惠；配偶双方均符合优惠政策的人员，视作同一申请人。

第九条　本政策的实施工作由新区管委会负责统筹和审批；新区各局、室根据各自行政职权和工作职责，对申请人及其所在企业进行资料审核和必要的资信情况调查。

第十条　本政策自发布之日起执行，实施中的具体问题由宁乡金洲新区管理委员会招商合作局负责解释。

宁乡金洲新区管理委员会

二〇一三年三月二十九日

# 金洲新区管理委员会招商代理管理暂行办法

第一条　为鼓励境内外法人、经济组织、相关机构和自然人积极参与金洲新区的招商引资工作，加快高新区经济与社会发展，根据国家和省、市有关法律、法规规定，特制定本办法。

第二条　本办法所称招商代理是指管委会委托境内外法人、经济组织、相关机构和自然人为高新区对外推介项目、引进资金的行为；招商代理分为招商顾问、省市政府驻外办事机构的招商代理、专业招商代理。

第三条　招商合作部是管委会招商代理工作的主管部门，全面负责招商代理的管理工作。

第四条　境内外的法人、经济组织、相关机构和自然人具备以下条件的，可作为招商代理：

(一)具有独立承担民事法律责任的，已在境内外正式注册的法人、经济组织和其他机构或者达到中华人民共和国法定责任年龄、具备完全民事行为能力的自然人；

(二)有广泛的对外联系渠道和网络；

(三)有良好的职业道德，在商务活动中无不良记录或投诉；

(四)熟悉园区国和相关国家经济、贸易、投资方面的相关法律、法规和政策；

(五)其他应具备的条件。

第五条　代理人提出代理申请，招商合作部审核其相关资质，报管委会主管领导审定后，根据对外招商引资需要，由管委会与代理人正式签订书面委托协议书，并发放代理证书，管委会与代理人即正式建立招商代理关系。

第六条　代理人的职责：

(一)向招商合作部提供国内外投资商的投资动向并引导客商到高新区投资考察，协助代理项目的洽谈、签约、资金投入等工作；

(二)与招商合作部保持每季度一次的定期联系，并及时通报情况，提供信息；

(三)未经招商合作部部长同意，不得向任何其他人员泄露项目及有关数据等重要资料。

第七条　为有利于开展工作，代理人有权要求招商合作部提供高新区投资环境、政策导向、发展重点以及具体招商项目情况等相关资料。

第八条　招商合作部负责审核认定代理人的业绩，初审代理人的奖励金额，提交管委会批准后，每年集中进行奖励；招商代理的奖励包括：

(一)引进单个项目固定资产投资分别达5000万元、1亿元、5亿元、10亿元以上的有突出贡献的招商代理人，在项目竣工验收后，分别给予10万元、20万元、50万元、100万元的奖励；

(二)招商代理人在享受新区管委会的奖励的同时，所引进项目如符合《宁乡县招商引资中介人和有功人员奖励实施办法》的规定，还可享受宁乡县人民政府的招商引资中介人奖励(含固定资产投资在5000万元以下的项目)。

第九条　招商代理人引进项目固定资产投资额的界定，以宁乡县人民政府组织的招商引资奖励项目联合验收组验收后的数据为准。

第十条　引进境外资金项目或省外境内资金项目的代理人，在项目竣工后3个月内可向招商合作部提出奖励申请，并提交下列材料：

(一)合法验资机构出具的资金到位证明；

(二)投资企业的营业执照有效复印件；

(三)代理人合法身份证明；

(四)填写好的《金洲新区招商代理引资奖励申请表》。

第十一条　代理人领取奖金后，应依照《中华人民共和国个人所得税法》缴纳个人所得税。

第十二条　对弄虚作假，骗取奖励的代理人，除追回已奖励的奖金外，还将依法追究其法律责任。

第十三条　代理人的代理权有效期为两年；在有效期满后，代理人如愿意继续从事代理业务的，应提前30天向管委会提出申请续签代理协议，换发代理证书，方可继续从事代理业务；否则，代理人资格在有效期届满时自动丧失。

第十四条　在有效期内，招商合作部对代理人的绩效进行评估，若代理人在有效期内无任何代理业绩，管委会有权决定不保留其代理资格并不予发放有关奖励；在有效期满时，管委会有权根据代理人的绩效来决定是否延长其代理资格。

第十五条　代理人不得以高新区管委会的名义进行各种违反法律、法规的行为或其他不良商业行为，不得超越委托权限对外签署具有法律效力的文书，否则管委会有权在有效期内的任何时候终止其代理权，由此引起的一切法律责任由代理人自行承担。

第十六条　本暂行办法自发文之日起实施。

第十七条　本暂行办法由金洲新区管理委员会负责解释。

# 安全生产目标管理考核办法

## 第一章　总则

第一条　为加大安全生产管理力度,完善激励约束机制,充分发挥各单位在安全生产管理中的主体作用,不断提高工作质量与管理水平面,确保安全生产方针、政策、法规及各种安全生产规章制度、安全标准、安全措施的落实,激励各单位高度重视安全生产,长年做到安全生产无事故,稳定安全生产形势,确保安全管理工作的连续性,依据安全生产管理规定,特制定本办法。

第二条　各单位必须落实行政正职为安全生产第一责任人的制度,依照"谁主管谁负责"的原则,按职责分工认真执行安全生产责任制,明确安全生产责任人,做到管理到位,责任到人。

第三条　本办法在实施过程中,对各单位的安全工作按照星级考核标准打分,并根据不同单位的施工作业性质及风险程度的大小,将其划为三个考核类别,分别确定不同类别单位的达标标准。

## 第二章　检查考核内容

第四条　安全生产组织机构健全,各单位必须设有安全生产领导小组和专职安全管理人员。

第五条　安全生产管理制度完善,能依据国家和上级部门的有关规定、制度和标准,结合本单位生产实际,建立完善各项安全管理规章制度、安全标准及操作规程,并能够严格执行。

第六条　安全生产基础工作扎实,各种安全会议记录、安全检查记录、培训教育记录、安全活动记录、事故隐患整改记录、事故档案、事故报表等基础资料台账健全,记录完整规范,企业必须制定针对自己企业安全生产特点的安全预案。

第七条　安全生产宣传、培训、教育措施落实。能积极宣传贯彻党和国家的安全生产方针、政策、法律、法规及各种安全生产管理制度、规定、安全标准、安全工作重点;经常组织职工学习安全生产知识、安全生产操作规程,并适当进行各种安全生产演练,增强职工安全意识,掌握安全生产技能;按上级主管部门的要求,认真组织开展特殊作业人员、新工人和转岗工人的安全教育培训工作;确保岗位工人日常安全教育100%,新工人和转岗工人安全教育100%,特殊作业人员培训持证100%,施工作业应急计划教育100%。

第八条　安全生产活动内容要丰富，能认真开展“三标”活动，有计划、有检查、有验收、有整改措施，能坚持每周一次的“周一”安全活动，内容丰富，紧密结合生产实际，并做到“检查、整改、讲评”三落实。认真执行安全生产检查制度，按规定每周进行一次安全检查，班组每天进行一次巡回检查，节假日进行特殊检查。同时，能积极参与上级部门组织开展的各项安全活动，并做到组织措施、活动内容落实。

第九条　安全生产设施完备可靠。每个工区的生产区域、施工现场有明显的安全生产标志，配有足够的消防器材，各种安全监控设施及护栏护罩等防护设施齐全，并做到定期检查、安全可靠。

第十条　生产作业(施工)现场安全管理实现标准化，各工区“三标”管理措施落实，生产现场做到“三清四无五不漏”(场地清、设备清、道路清；无明火、无油污、无杂草、无易燃物；不漏油、气、水、火、电)，施工过程中无“三违”现象，无事故隐患。

第十一条　劳动保护措施落实。能认真开展工业卫生治理和劳动保护工作，各个有毒有害作业场所有治理计划和措施，对职业中毒和职业病患者实施建档管理，体检措施落实；企业必须为职工购买工伤保险，能按照规定为职工配发劳动保护用具用品，并督促职工按规定使用、穿戴劳保护具、用品。

第十二条　向全面推行 HSE 管理方向努力，积极开展安全技术攻关活动，推进安全科技进步，不断提高安全管理水平。

第十三条　安全生产效果好，不发生工业、交通、火灾事故。

## 第三章　考核办法

第十四条　安全生产检查考核由金洲新区管理委员会安全生产领导小组牵头，组织有关人员，每半年对各单位检查考核一次，分别考核出安全生产先进单位、达标单位、不达标单位。

第十五条　确定各类单位的标准。根据考核标准检查打分，并按三个类别考核。

## 第四章　奖励与惩罚

第十六条　全年考核结果为先进单位者，颁发先进荣誉证书，并给予一次性奖励 1000 元；对达标单位，颁发达标荣誉证书，奖励 500 元；对不达标单位，给予通报批评，并扣罚单位奖金 1000 元。

宁乡县金洲新区管理委员会

二〇〇九年二月

# 金洲新区工业集中区管理委员会主要职责、内设机构和人员编制规定

根据省编委办《关于中共金洲新区工业集中区工作委员会金洲新区工业集中区管理委员会机构规格的批复》(湘编办复字〔2013〕31号)精神，按照“小机构、大服务、高效率、少层次”和精简、统一、效能的原则，设立中共金洲新区工业集中区工作委员会(以下简称“金洲新区工业集中区党委会”)、金洲新区工业集中区管理委员会(以下简称“金洲新区工业集中区、管委会”)，分别为中共长沙市委、长沙市人民政府派出机构，合署办公，为副处级机构，委托中共宁乡县委、宁乡县人民政府管理。金洲新区工业集中区党工委、管委会主要职责、内设机构和人员编制规定如下：

**一、主要职责**

(一)负责国家和省、市有关工业集中区发展的法律、法规和政策的贯彻实施。

(二)负责编制金洲新区工业集中区长期发展规划和年度工作计划并组织实施。

(三)依据长沙市城市总体规划，负责金洲新区工业集中区规划实施和建设工程管理工作。

(四)负责指导金洲新区工业集中区内各类企业落实经营自主权，建立现代企业制度，保障企业依法自主经营。

(五)负责组织金洲新区工业集中区招商引资工作，按权限审批、审核投资项目，指导和协调对外经济技术合作与交流等有关涉外事务。

(六)负责金洲新区工业集中区征地、拆迁和安置等社会事务管理工作。

(七)负责金洲新区工业集中区制度、综合、信息、审计、统计、财政收支及国有资产管理。

（八）负责金洲新区工业集中区党群、组织、纪检监察、机构编制、人力资源和社会保障等工作。

（九）承办中共宁乡县委、县人民政府及上级有关部门交办的其他事项。

**二、内设机构**

根据上述职责，金洲新区工业集中区党工委、管委会内设 5 个局（室），均为副科级机构。

（一）办公室

负责全区文电、会务、信息、机要、档案、办公自动化、接待、后勤服务等工作；负责政务协调、信访、新闻宣传、法制建设、绩效考核工作；负责党群、组织、纪检监察、机构编制、劳动工资和社会保障等工作。

（二）经济发展局

负责区内企业设立、入驻、审核等工作；负责编制、执行产业发展规划并进行项目调度管理与服务；负责公共服务平台搭建、向上争取资金和协助企业招工；负责协助对入园企业履约情况进行动态管理和产业项目考核结算；负责安全生产、环境保护工作；承担产业运行资料管理、统计以及与相关职能部门协调工作。

（三）招商合作局

负责全区内外资金和项目引进工作；负责入区企业和项目的落户准备、审批、管理和服务工作；承担外资、外贸、外经和经济技术合作以及相关外事侨务工作；负责招商节会组织和对外宣传工作。

（四）规划建设局

负责全区总体规划和详细规划的编制、报批，参与土地利用总体规划的编制与审查；负责区内建设工程的规划报批；承担区内建设工程的综合协调、调度指导、监督管理；负责区内建设工程的初步设计批复、施工图审查备案、招投标监管、工程技术资料备案管理、联合验收和评估论证工作。

（五）社会事务局

负责全区征地、拆迁、安置工作；承担社会治安综合治理、信访、维稳、计生、项目施工环境、农民工工资调处和企业周边环境维护工作；负责相关镇村的协调工作；承担区内被征地农民技能培训、就业和社会保障工作。纪检监察机构按有关规定设置。

**三、派驻机构**

设立宁乡县财政局金洲新区工业集中区财政分局，为宁乡县财政局的派出机构，副科级。

**四、人员编制和领导职数**

高新区党工委、管委会机关开发区专项编制35名。其中，党工委书记1名（根据金洲新区工业集中区实际情况，经请示省编委办领导同意，管委会书记由宁乡县1名县级领导兼任，不占领导职数），管委会主任1名（副处职），党工委副书记兼纪工委书记1名，副主任3名（正科职）。内设机构和派驻机构副科职领导职数6名。

**五、附则**

本规定由长沙市机构编制委员会办公室负责解释，其调整由长沙市机构编制委员会按规定程序办理。

# 宁乡县人民政府

# 《关于支持工业企业发展的十条政策措施》

为贯彻落实国家、省市关于稳增长的政策部署，大力支持县域工业企业发展，更加突出实力园区建设必须企业多、大企业多、好企业多的目标要求，促进经济新常态下全县工业经济持续稳定增长，特制定如下政策措施：

一、支持工业企业引进。各园区和单位引进工业企业已签订合作协议、涉及支持企业发展优惠政策的，应按照合作协议及时兑现。按照“力度不减、承诺不变、落实兑现”的原则，进一步完善产业专班招商机制、招商引资政策和工业招商奖励办法。县内工业园区每新引进一家设备投入 800 万元以上的工业企业，县财政另行补助招商经费 5 万元。新增建设用地指标优先保障工业企业用地需求，工业项目用地一次性缴纳土地出让价款确有困难的，允许分期缴纳，推动企业加速设备投资投产。促进工业企业建设项目加快落地开工，工业用地允许实行协议拆迁，签订投资合同后，国土部门即可提供勘测定界图，供企业进行地勘、设计、场地平整等前期工作。鼓励实行长期租用、先租后让、租让结合的工业用地供给方式，减轻工业企业用地资金压力。新引进购地建厂的企业，根据企业需求，可由县招商基金提供最高不超过土地价款 25％的免抵押、免担保贷款。新引进工业企业租赁园区标准厂房生产且月租金不高于 15 元/月·平方米的，由县财政和所在园区各给予 5 元/月·平方米的租金补贴（责任单位：县经信局、县国土局、县商务局、各园区）。

二、支持工业企业建设。工业企业投资项目手续办理一律实行并联审批，凡法律法规未明确规定为开工前置条件或行政机关能够通过后续监管解决的事项，一律不得作为开工前置审批。每年发布全县（含各园区）工业企业行政事业性收费项目目录，凡未列入目录的，工业企业可拒绝缴纳。保留的工业企业行政事业性收费项目一律按最低标准执行。工业企业用水、用电、用气开户费按省内最低标准收取。免收工业企业建设生产车间的各类担保金、履约金和保证金。新引进工业企业所缴纳的行政事业性收费和用水、用电、用气开户费，在项目按合同约定投产后给予所缴费用同等额度 50％的奖励，按合同税收达标后再给予所缴费用同等额度 50％的奖励。消防、人防、供水、供电、供气等部门不得强制工业企业使用指定设备。各单位不得对在建工业企业项目进行重复检查、随意罚款和擅自下达停工令(责任单位:县政务中心、县财政局、县规建局、县国土局、县供电公司、县人防办)。

三、支持工业企业用工。由县人社局负责为新引进工业企业免费主办两次以上招工专场,并为其新聘人员免费提供就业培训或专业培训。企业对招聘的专业人才或员工自行进行专业培训的,按相关政策给予企业补贴。给予新引进规模工业企业缴纳"五险"一年过渡适应期,期内优先企业全员参加工伤保险。对在企业工作一年以上,新评定高级工程师、工程师、高级技师、高级技工职称的评定费用,经县财政局核实后,由县工发基金全额补贴(责任单位:县人社局、县经信局)。

四、支持工业企业"创安"。新创建安全标准化三级、二级、一级的工业企业(矿山、烟花和危化品企业除外),由县财政分别补贴 1.5 万元、3 万元、5 万元工作经费(责任单位:县安监局)。

五、支持工业企业"入规"。加强工业企业入规指导,帮助达到规模要求的企业完善相关手续,做到应统尽统。对当年新"入规"企业(注销后新注册的除外),县财政一次性奖励 5 万元(责任单位:县经信局、县统计局)。

六、支持工业企业技改。工业企业 2015 年的技术改造、装备升级补贴按宁发〔2015〕10 号文件执行。从 2016 年起,规模企业当年引进单台价款达 10 万元以上(含 10 万元,不含税价)的先进装备,给予 10%—12%的财政补贴,单个企业(集团)补贴金额不超过 300 万元(责任单位:县经信局)。

七、支持工业企业"申高"。鼓励工业企业申报高新技术企业,相关单位给予全力支持和配合,定期召开县长办公会议调度。经省科技厅认定、科技部备案的高新技术企业,奖励 10 万元(责任单位:县科技局)。

八、支持工业企业上市。支持企业上市和新三板挂牌融资,鼓励上市企业通过增发、配股、公司债券等形式实现再融资。对积极进行股改、挂牌的工业企业,分阶段奖励 80 万元,其中与中介机构签约并完成股改奖励 30 万元、向交易所递交挂牌资料奖励 20 万元、通过交易所审核挂牌成功奖励 30 万元(责任单位:县金融证券办)。

九、支持工业企业融资。鼓励银行业金融机构分类支持重点工业企业,实行名单制管理,适当提高不良贷款容忍度。对面临暂时流动性困难的重点工业企业不降低现有授信额度;对资产负债率较高,但在警戒线以下的重点工业企业不降低信用等级;对出现清偿性风险,但长期盈利能力强、技术先进的企业,不搞"一刀切"式抽贷。建立银行恶意抽逃贷款和财政存款挂钩的联动机制,银行对工业企业的恶意抽贷、压贷行为一经查实,财政部门转出两倍于抽贷额的财政性存款。抓紧设立工业企业续贷基金。对当年销售收入增幅达20%以上、税收基数50万元以上且增幅15%以上的重点工业企业,当年内新增流动资金银行贷款,按照同期贷款基准利率计算利息金额的50%给予贴息,单户企业贴息总额不超过100万元。鼓励工业企业采用应收账款、仓单、股权、知识产权、商标权、订单等质押贷款,单笔贷款500万元以上(贷款期限为一年期或以上)且属于当年新增的,县财政一次性奖励银行10万元(责任单位:县金融证券办、人民银行宁乡支行、县财政局、县科技局、县经信局)。

十、支持工业企业促销。分年度发布全县工业企业产品和市场销售情况调查报告。建立《宁乡县鼓励政府采购及企业本地配套工业产品目录》(简称"《目录》")发布制度。财政性投资及国有融资平台投资建设、市政工程建设、道路交通建设、产业园区基础设施建设及社会公共领域工程建设等项目,在采购招标中不得排斥本地产品参与竞争,同等条件下应优先采购本地产品。对民间投资的建设项目,鼓励同等条件下优先采购《目录》内产品,凡采购《目录》内产品100万元以上的,按实际采购额的0.5%给予补助,最高补助不超过30万元;县内企业在同等条件下优先配套采购《目录》内产品100万元以上的,按照实际采购额的0.5%给予补助,最高不超过30万元。支持企业参加产品产销对接大会、完善营销网络,推动工业企业上网"触电",将首次在指定电商平台上开设网上旗舰店的工业企业纳入工业发展专项资金支持范围。工业企业注册商标的,给予注册费用50%的补贴。对新获得国家免检免验产品或马德里商标的工业企业,一次性奖励10万元;新获得省著名商标的工业企业,一次性奖励3万元;新获得中国驰名商标或国家地理标志保护产品的工业企业,一次性奖励50万元。支持工业企业集聚程度高、产业特色明显的区域申报国家和省级知名品牌创建示范区,创建成功的分别一次性奖励30万元、20万元(责任单位:县经信局、县财政局)。

本政策措施自发布之日起实施,试行2年,仅适用于税收解缴关系在县内的工业企业(矿山企业、烟花企业、物流企业和产业平台项目除外)。奖励、补贴资金由县财政局和各责任单位核定、公示,县财政按年度予以安排。各责任单位要结合实际对上述有关措施进一步细化,出台具体操作办法,确保落实到位。县本级其他支持经济发展的相关政策与本政策措施重复的,按"就高不就低"的原则执行。本政策措施由县经信局负责组织实施和解释,县财政局负责监管和绩效评估,县审计局负责跟踪审核落实情况。

2015年11月6日

# 关于支持重大产业项目降低成本的若干意见(试行)

为深入贯彻落实中央“三去一降一补”要求,进一步降低园区企业生产和运营成本,吸引重大产业项目落户,培育产业集群,加快实力园区建设,现制定本意见。

第一条　符合国家产业政策和宁乡高新技术产业园区产业发展规划,工商注册和税收解缴关系在宁乡高新技术产业园区,且符合以下条件之一的重大产业项目。

(一)固定资产投资2亿元以上(土地款除外),投资强度200万元/亩以上的新建项目。

(二)年纳税额30万元/亩以上的投产企业。

(三)科技成果获得省部级及以上奖励,或获批省级及以上企业工程、技术中心、重点实验室的高新技术项目。

第二条　对于年用电量在500万度—999万度的,区财政按现在0.8元/度的基础电价补贴企业0.2元/度;年用电量在1000万度—1999万度的,补贴企业0.25元/度;年用电量在2000万度以上的,补贴企业0.3元/度。低于0.5元/度部分不再进行补贴。

第三条　符合条件的项目可享受信用担保和产业发展基金重点支持,由区财政补贴担保费用,基金支持的综合成本年利率控制在6%。

第四条　新能源新材料、高端装备制造以及其他符合国家战略性新兴产业目录的重大产业项目,按照程序和要求已批准新进入宁乡县规模以上工业企业统计名录库的企业(承诺正常生产3年以上、按要求上报统计报表),经相关部门审核后,区财政按企业实际设备投资总额的10%给予企业一次性补贴,最高补贴不超过1000万元。

第五条　园区按企业要求定制提供的厂房,企业可采取租用的方式获得厂房使用权。区财政按市场价格给予企业自租赁之日起前2年免租,后3年减半收取的优惠支持。自租赁之日起5年内购买标准厂房的,园区按该企业累计已缴纳租金1∶1比例配置资金给予企业一次性补贴。

第六条　鼓励引进企业(或资本)进行闲置土地或低效利用土地的开发利用,开发闲置土地的新项目投产后达到合同约定的,按区级财政贡献部分的50%连续三年对新项目进行补助。

第七条　在原合同兑现的前提下,现有企业租赁厂房或购地建厂扩大产能的,由区财政对其扩产所形成的区级财政贡献部分的30%连续三年给予补助。

第八条　在宁乡高新区的企业高管当年缴纳个人所得税在1000万元—2000万元的,企业高管个人所得税区级财政贡献部分的50%由区财政按政策安排补助给个人;企业高管当年缴纳个人所得税在2000万—3000万元的,企业高管个人所得税区级财政贡献部分的80%由区财政按政策安排补助给个人;企业高管当年缴纳个人所得税在5000万元以上的,企业高管个人所得税区财政贡献部分的100%由区财政按政策安排全额补助给个人。

第九条　原则上同一项目(或企业)的同一事项不能重复享受区本级和上级优惠政策,即已享受上级优惠政策的同一项目不再享受本政策。如遇政策标准不一致的,则按“就高不就低”的原则执行。凡属招商引资过程中给予了“一事一议”政策支持(如产业扶植资金等)的项目(企业)不予补贴。若企业5年内存在撤资、转移、搬迁等行为的,应全额退回政策补助资金。

上述补助(贴)事项须经区招商引资领导小组考核认定后予以执行。涉及跨年度和连续几年的补助(贴)事项,若考核当年未达到本《意见》第一条规定或双方合同约定的,则中止执行补助(贴)。

其他本意见未尽事宜,由区招商引资领导小组按照“一事一议”原则确定。执行过程中的具体问题,由宁乡高新技术产业园区管理委员会负责解释。本意见自发布之日起开始施行。试行期5年。

# 三、媒体报道

宁乡高新技术产业园区部分年份媒体报道一览表

附表 1

| 名称 | 发布时间 | 来源 |
| --- | --- | --- |
| 《激情在这里迸发——来自金洲大道建设工地的报道》 | 2006.6.23 | 《今日宁乡》 |
| 《宁乡金洲新区跻身国家级平台》 | 2011.9.26 | 《长沙晚报》 |
| 《宁乡金洲新区党委书记刘永红:创新发展模式跑出"金洲速度"》 | 2012.6.12 | 《长沙晚报》 |
| 《香港九龙仓4亿元落子宁乡金洲新区》 | 2014.9.10 | 《长沙晚报》 |
| 《宁乡金洲新区征拆安置工作"零上访"》 | 2014.5.23 | 长沙电视台新闻频道 |
| 《金洲新区工业集中区:"园区是来解决问题的"》 | 2014.11.24 | 《湖南日报》 |
| 《高新区以创新引领造就"金洲速度"》 | 2015.5.2 | |
| 《总投资达46亿元 5项目成功落户金洲新区》 | 2015.5.8 | |
| 《"一园一中心"主攻高校科技成果转化》 | 2015.6.27 | |
| 《8项目入驻湖南省大学科技产业园》 | 2015.11.28 | |
| 《政府携手社会资本,第四批PPP项目开始征集》 | 2017.6.23 | 中央电视台财经频道(CCTV-2) |
| 《一把千年不灭的科技之火》 | 2017.8.10 | 《中国财经报》 |
| 《动能加速 湖南宁乡高新区争创国家级高新区》 | 2017.8.27 | 《中国工业报》 |
| 《湖南宁乡高新区打造中国(金洲)储能谷》 | 2017.11.20 | |
| 《杉杉能源:高端产品将从宁乡走向世界》 | 2017.3.24 | 《湖南日报》 |
| 《长沙新材料产业亿元企业达93家》 | 2017.3.31 | |
| 《宁乡举办对话西线工业走廊第三期论坛》 | 2017.12.15 | |
| 《宁乡高新区18个在建项目全部复工 科技快线将为创业提供免费公交》 | 2017.2.9 | 《长沙晚报》 |
| 《13亿元项目牵手宁乡高新区》 | 2017.3.18 | |
| 《宁乡园区:找准定位,以国际视野差异化发展》 | 2017.5.27 | |
| 《宁乡高新区:精准招商 打造新材料产业全链条》 | 2017.12.8 | |

# 后　记

《宁乡高新技术产业园区志(2005—2017)》(以下简称"《高新区志》")经过多次修改,终于完稿付梓。它的面世是宁乡高新区管委会高度重视修志工作的必然结果;是高新区各级部门、驻园机构、园区企业通力合作,密切配合的体现;更是宁乡高新区文化建设的一项重要成果。

2014 年 8 月,根据长沙市人民政府有关通知精神和长沙市地方志办公室的相关要求,宁乡高新区管委会(时称"金洲新区工业集中区管理委员会")成立修志机构,启动修志工作。由于各种原因,修志工作一度停止,未能成稿。但收集了部分资料,并形成部分初稿,为后续修志工作打下一定基础。

2017 年 11 月,宁乡高新区再次启动修志。2018 年,经过一年多的努力,几易其稿,数次修改,形成 30 万字的初稿;11 月 12 日,初稿经长沙市地方志办公室评审通过。2020 年 7 月 30 日,最终定稿。

《高新区志》全面记述宁乡高新技术产业园区 2005—2017 年间自然、政治、经济、文化、社会等方面的历史与现状,保存大量有价值的历史资料,发挥志书"资政、存史、教化"之功能。在志书编纂过程中,高新区主要领导亲自过问,精心指导;各部门的负责人在繁忙的业务工作之余,提出许多有价值的修改意见。这是《高新区志》编纂工作得以顺利进行、完成定稿的根本保证和前提。

在志书付梓之际,对给予《高新区志》编纂工作关心和指导的各级领导表示衷心的感谢!对园区各部门、驻园区机构及园区企业的鼎力支持致以深深的谢意!对编辑部全体成员的辛勤劳动致以崇高的敬意!

由于编辑水平有限,难免有错漏之处,恳请专家及读者批评指正。

宁乡高新技术产业园区志编纂委员会

2020 年 8 月 6 日